首都文化研究丛书　　　　　沈湘平　杨志 主编

融汇亲和的
京味文化

王 旭 著

中国社会科学出版社

图书在版编目(CIP)数据

融汇亲和的京味文化／王旭著. —北京：中国社会科学出版社，2019.3
ISBN 978-7-5203-4229-2

Ⅰ.①融… Ⅱ.①王… Ⅲ.①文化史—研究—北京 Ⅳ.①K291

中国版本图书馆 CIP 数据核字(2019)第 057639 号

出 版 人	赵剑英
责任编辑	冯春凤
责任校对	张爱华
责任印制	张雪娇

出　　版	中国社会科学出版社
社　　址	北京鼓楼西大街甲 158 号
邮　　编	100720
网　　址	http://www.csspw.cn
发 行 部	010-84083685
门 市 部	010-84029450
经　　销	新华书店及其他书店

印　　刷	北京君升印刷有限公司
装　　订	廊坊市广阳区广增装订厂
版　　次	2019 年 3 月第 1 版
印　　次	2019 年 3 月第 1 次印刷

开　　本	880×1230　1/32
印　　张	12.375
插　　页	2
字　　数	237 千字
定　　价	69.00 元

凡购买中国社会科学出版社图书，如有质量问题请与本社营销中心联系调换
电话：010-84083683
版权所有　侵权必究

丛书编委会

顾　问：许嘉璐　龙新民　阎崇年　崔新建
　　　　张　淼　陈　丽　李建平

主　编：沈湘平　杨　志

编　委：常书红　程美东　裴　植　王　旭　戴俊骋
　　　　程光泉　石　峰　赵亚楠　唐　萌

总序一

崔新建

　　北京师范大学北京文化发展研究院执行院长沈湘平教授主编出版四卷本"首都文化研究丛书",嘱我写几句话,以为序。写序乃画龙点睛之笔,至少是锦上添花之事,通常是大家名宿所为。我深知,自己既无锦上添花的本领,更没有画龙点睛的手笔,不具备作序的资格。机缘巧合,我同北京文化发展研究院、沈湘平教授、这套丛书的由来都有点关系,就借机把我所了解的情况作个交代,且算作补白,以答偿沈主编的谬托。

　　2002年,北京师范大学迎来百年校庆。建立北京文化发展研究院,是校庆期间确定的教育部与北京市共建北京师范大学的一个重点项目。2003年,北京师范大学北京文化发展研究院正式成立。当时还在北师大哲学系工作的我,荣幸地获聘兼任该院的北京文化发展战略研究所所长,成为研究院的首批兼职研究人员。2004年,研究院被北京市哲学社会科学规划办公室、北京市教委批准为首批北京市哲学社会科学重点研究基地。其间,我总有机会参加研究院举办的各种学术研究和交流活动。2006年,我离开北师大,先后在北京市委宣传部、北京市社会科学界联合会等单位工作,虽然参加北京文化发展研究院的活动少了,但每年总能在第一时间收到该院主持编写的《北京文化发展报告》。2016年到北京市哲学社会科学规划办公室工作后,同研究院的工作联系更多了。近两年,研究院连续举办了"城市文化发展高峰论坛""中小学传统文化教育论坛"和名家圆桌·"思想与学术40年""坐标2018"等系列学术研讨活动,编辑出版《京师文化评论》,在学界产生了很大反响。研究院发展的15年,恰好是文化建设在北京日益受到重视、更加自觉以文化创新驱动城市发展的15年。如今,研究院又推出"首都文化研究丛书",必将在北京推进全国文化中心建设的过程中发挥应有的作用。

我与沈湘平教授的相识、相交,始于1991年,如今已超过27年。我们曾经在学院的同一个学科同事多年,并曾在学院的党委班子中做过搭档,属于相互非常了解的好朋友。他才思敏捷、才华横溢,是典型的湖南才俊。多年过去了,他的思想敏锐度不减,学术底蕴却日渐深厚。不过,我觉得他最大的特点是,勤奋努力,做事认真富有成效,属于愿意做事且能做成事的那种人。他担任北京文化发展研究院执行院长以来,研究院的学术活动空前活跃,成果显著,影响力大增,就是证明。就拿主编这套丛书来说,有的人可能还在坐而论道没有起而行之,有的还在因为诸多困难和顾虑犹犹豫豫,一年左右的时间他已经把成果摆在大家的面前了。丛书的其他作者,大多数我也比较熟悉,有的也是我曾经的同事。正是他们这种说干就干的做事方式,才会有如今丰厚的收获。

说到这套丛书的由来,我也算是个知情者。2014年,习近平总书记视察北京时,明确提出了北京作为全国政治中心、文化中心、国际交往中心和科技创新中心的城市战略定位。2017年,北京市成立由市委市政府主要领导任组长的推进全国文化中心建设领导小组。市委书记蔡奇同志提出:首都文化是个富矿,是北京这座城市的魂。首都文化至少应包括源远流长的古都文化、丰富厚重的红色文化、特色鲜明的京味文化和蓬勃兴起的创新文化。首都文化内涵的挖掘,成为服务文化中心建设的一个重大研究课题。在市社科规划办工作的我,在接到组织首都社科专家开展首都文化内涵研究的任务后,我感到,北京文化发展研究院是适合承担这一研究任务的团队之一。当把这个意思跟沈湘平教授沟通后,他非常爽快地接受了这一任务。之后,他们很快就行动起来,并形成了一些阶段性成果在《北京日报》理论周刊发表。现在,又在较短的时间内把更深入系统的研究成果呈现了出来。

　　我从攻读硕士研究生时候起，就对文化研究有很大兴趣。文化哲学的教学与研究，始终是我的研究方向之一。我感到，开展首都文化内涵的挖掘，有一些基本的问题需要逐步厘清。比如，是提首都文化好还是提北京文化好？单从概念说，似乎二者不能画等号。从世界范围内看，每个国家都有自己的首都；从历史上看，中国至少有七大古都。就此而言，作为首都的城市，在文化上会有一些共性的东西，这都可以称作首都文化或都城文化。另外，北京在历史上也并非一直是首都，北京文化也并不仅仅是首都文化。但就当代中国而言，首都就是北京，北京就是首都。在这个意义上，首都文化就是北京文化，二者没有区别。再比如，文化内涵主要靠挖掘还是靠提炼？一般地说，文化资源无法穷尽，需要不断挖掘；而这些文化资源所蕴含的观念、规范、思维方式等即文化的内涵，则主要依靠从中提炼概括。还比如，古都文化、红色文化、京味文化、创新文化，是构成首都文化的四个方面，还是形成首都文化的四个元素？这四者之间的关系又是如何？北京的古都文化、红色文化、创新文化以及京味文化又有什么特点或特色？这些问题都需要通过深入的研究来具体回答。相信广大读者可以从这套丛书中找到部分答案，或提供解决问题的某种思路。我也相信，丛书的出版将成为深化首都文化研究的新起点。

是为序。

（崔新建，北京市人大副秘书长、政策研究室主任，北京市社科规划办主任）

总 序 二

　　文化是一个国家、一个民族、一个城市的灵魂。文化兴则国运兴，文化强则民族强，文化繁荣发展则城市繁荣发展。坚持和强化北京作为全国文化中心的核心功能，是中央着眼世界和全国作出的重要战略定位。2014年2月和2017年2月，习近平同志两次视察北京，都特别强调了这一点。2016年北京市又专门制定了《十三五时期加强全国文化中心建设规划》，这是北京市首次就加强全国文化中心建设做出一个重点的专项规划，从官方的顶层设计上明确了文化中心建设的指导思想、总体目标、基本原则、发展格局、主要任务和保障措施。2017年8月，北京市成立推进全国文化中心建设领导小组，强调建设全国文化中心，要集中做好首都文化这篇大文章，重点抓好"一核一城三带两区"，即以培育和弘扬社会主义核心价值观为引领，以历史文化名城保护为根基，以大运河文化带、长城文化带、西山永定河文化带为抓手，推动公共文化服务体系示范区和文化创意产业引领区建设,把北京建设成为弘扬中华文明与引领时代潮流的文化名城、中国特色社会主义先进文化之都。放眼整个中国乃至当今的世界,巴黎、纽约、伦敦、香港、上海、深圳等各大城市文化发展可谓是各领风骚,相互激荡。回看北京自身,新时代首都文化建设这篇大文章刚刚起笔,京津冀协同发展正在大力推进,文化认同问题更加凸显,雄安新区的崛起更是给国家文化中心建设带来新的思想契机,在这样的背景下,如何更好地发挥北京文化发展凝聚荟萃、辐射带动、引领创新、展示交流和服务保障的功能,推动北京朝着成为世界文化名城、世界文脉标志的目标迈进,成为北京文化研究的焦点问题。

首都文化是以悠久的北京地域文化为基础,会通涵融各地域、各民族文化,吸收借鉴外来文化,所形成的各种精神观念及外在呈现形态的集合。首都文化具有鲜明的历史性、地域性、融合性、首善性、创新性和先进性,既是中华文化的重要组成部分,也是中华文化的集大成者。首都文化主要包括源远厚重的古都文化、先锋引领的红色文化、融汇亲和的京味文化和蓬勃开放的创新文化四个方面。其中,古都文化是首都文化的根脉和底色,红色文化是首都文化的核心和灵魂,京味文化是首都文化的活态与表征,创新文化是首都文化的动力与动能。四个方面相辅相成、有机统一,共同塑造着北京的首都风范、古都风韵和时代风貌,构成了首都独特的精神标识。

一 源远厚重的古都文化

古都文化泛指历史上作为都城的城市所创造出的代表一个时代或一个国家的最高水平的文化。北京古都文化主要指北京在辽、金、元、明、清时期作为全国的中心区域及对外交往与交流中枢所创造的，代表中华文化特质和当时文化发展最高水平，并积淀传承至今的文化结构、文化要素和精神气质。

一是至正庄严。作为五朝帝都，北京文化具有强烈的国家、民族的正统意识。在建筑格局上，北京依据"天人合一，法天而治，象天设都"的传统都城规划理念，遵循辨正方位、讲求对称、突出中心的原则，以宫城为中心，以贯穿南北的中轴线为基准，把庞大复杂的城市要素组织成一个整体，"威天下，朝四夷"，方正不偏，庄重威严。北京 2008 年申奥成功后，中轴线再次向北延长 4 公里，直达奥林匹克公园绿色丛林中的仰山，体现天人合一的和谐境界。中华人民共和国成立之后形成的以"神州第一街"长安街为中心的东西轴线与南北中轴线相互映衬，形成了北京特有的城市结构中枢系统，也铸就了首都文化中正庄严的物质形态。

二是雍容博大。作为帝都文化的集中体现，北京古都文化具有从容大气、雍容华贵的气质，她是城市文化、都城文化中的"贵族"。其无与伦比的恢宏壮丽、金碧辉煌的皇家建筑,是这种气质、气派最直观的体现。在悠久的历史中,古都北京以高远博大的胸怀承载、吸引、融汇、萃取、发展各方文化,形成兼容并蓄、多元一体、包罗万象的自身文化。无论在文化的规模、结构、种类、高度、精度上,其他城市都不可比拟。

三是崇文厚德。作为古代全国政治中心,建都、定都北京的历代帝王都尊崇儒家思想,强调以文教化。中央政府在这里设置国子监等大量文化机构,组织殿试等系列文化活动,京师与全国各地以及其他国家、地区之间都有着多样的文化联系与交流,北京成为人才渊薮和文化津梁,形成崇尚人文的传统和"郁郁乎文哉"的气象。3000年来北京独特的历史积淀和自觉追求,也孕育了北京古都文化厚德的重要品格。这座古都里的人们"敦厚以崇礼",做人德为上,做事德为先。德泽育人、容载万物,最终凝结为北京古都文化的重要基因,首善之区也就成为千百年来人们对首都北京独一无二的历史定位与期许。

四是协和宁远。北京位于东北平原、蒙古高原、华北平原三个不同自然地理单元的交汇部,处在农耕文明和游牧文明的交汇处和东北、西北、西南几条古代大道的交汇点。北京的统治者一方面承续华夏民族的王朝正统,另一方面秉持"克明俊德,以亲九族。九族既睦,平章百姓,百姓昭明,协和万邦,黎民于变时雍"(《尚书·尧典》）的古训，形成一种包容、和睦的文化形态。北京作为五朝帝都，有四个朝代是少数民族建立的王朝，但无论是汉族作为统治者还是少数民族作为统治者，都很注意处理民族关系。汉文化与少数民族文化的交融，中西文化的交汇，传统文化与现代文化的会通，为北京协和天下、长治久安的文化特色注入了更为丰富的内涵。

古都文化是红色文化诞生、发展的重要基础和土壤，为后来北京率先接受和传播马克思主义，开辟红色文化奠定了思想方法的基础。正是在古都文化的熏染下，京城独特的"一方水土"孕育了鲜活的京味文化。古都文化的智慧、气度、资源也为北京了解世界风云变换和世界发展趋势，引领创新潮流孕育了先机。

二 先锋引领的红色文化

北京有着光荣的革命传统、红色的文化基因，是一座英雄之城、革命之城、红色之城。首都的红色文化凝练、彰显了中国人民的革命精神和品格，并在当代实践中形成了爱国、创新、包容、厚德的北京精神。在首都北京，红色遗存遍布于山川之中，革命事迹传颂于大地之上。红色文化蕴含着丰富的革命精神和厚重的历史文化内涵。

一是忠诚正义。北京红色文化的首要特点是敏锐坚定的政治意识，始终不渝地对党忠诚。近代以来长期的斗争实践，使得北京的仁人志士们逐渐认识到，没有一个坚强政党领导，中国革命无法取得成功。李大钊、陈独秀在五四新文化运动时期最早介绍马克思主义，为中国共产党的建立进行了思想上、理论上的准备。1920年10月李大钊领导成立北京共产党小组，是国内最早的共产主义小组之一。在革命、建设和改革实践中，北京都始终坚定地拥护党的领导，维护党中央权威，具有极强的政治意识、大局意识、核心意识和看齐意识，始终在思想上、行动上与党中央保持高度一致。同时，北京人民矢志追求和坚持民族大义、人间正义，威武不屈，富贵不淫。在日常生活中，面对不平，北京人也往往选择挺身而出，见义勇为。

二是爱国为民。爱国是北京红色文化最鲜明的特质，也是北京精神的核心和灵魂。北京象征着中国，自觉地与中华民族同呼吸同命运，北京人具有最强烈的"天下兴亡，匹夫有责"的观念，对祖国怀有最浓烈、最深厚的热爱之情。近代以来几乎所有的爱国运动都从这里发起，然后席卷全国。中华人民共和国成立之后，北京由皇家主宰、官僚把持的城市真正变成了人民的城市，人民成为这座城市的真正主人。城市建设的核心理念从君权主体论转向了人民主体论。长期以来，北京始终坚持人民至上，切实尊重人民主体地位和首创精神。

三是担当牺牲。经过28年的浴血奋战，北京成为中华人民共和国的首都；又经过近70年的建设，北京已经由1949年的200万人的民生凋敝的城市发展为3000万人的生机勃勃的国际大都市。在此过程中，北京人民形成了不懈奋斗、不怕牺牲的意志品质和顾大局、敢担当、守纪律、重奉献的精神风貌。1921年，北京最早建立了产业工人党小组。1922年，长辛店工人罢工的胜利将京汉铁路大罢工推向了新高潮。在被日军占领的期间，北京人民进行了一系列艰苦卓绝的斗争，平西根据地抗日和焦庄户地道战名垂青史。1949年石景山发电厂的工人组织起来，成功地保护了电厂，保证了北平的供电，为北平和平解放做出了重大贡献。中华人民共和国成立之后首钢、燕化等一批现代工业建设起来，成为首都现代工业脊梁。从石传祥、张秉贵到李素丽、宋鱼水，一代代北京人传承着爱岗敬业、踏实奉献的精神风范。

四是首善力行。首都文化的长期浸染形成了北京自觉而强烈的首都意识。北京始终发挥着思想引领高地、价值观高地和道德高地的作用。100年前，十月革命一声炮响给中国送来马克思主义，这个开天辟地的大事就发生在北京。中华人民共和国成立后，党的思想理论、方针政策无不自北京发布。真理标准大讨论的思想解放和改革开放的号角也是在北京吹响。从邓小平理论、"三个代表"重要思想、科学发展观，到习近平新时代中国特色社会主义思想，作为中国共产党人集体智慧结晶的马克思主义中国化的理论成果都诞生于北京，进而指导、辐射全国，影响世界。同时，作为共和国的首善之区，北京在培育和践行社会主义核心价值观，构筑中国精神、中国价值、中国力量，夯实人们共同奋斗的思想道德基础方面始终走在前列，发挥着表率和引领作用。

忠诚正义、爱国为民、担当牺牲、首善力行的红色文化，以马克思主义为指导，是继承弘扬包括北京古都文化在内的中华民族优秀传统文化、吸纳人类先进文化的产物。红色文化为京味文化增添新元素、新特质，为创新文化提供主旋律、正能量，始终以先进文化统摄和引领整个首都文化发展。

三　融汇亲和的京味文化

在长期的历史发展中，北京逐渐形成一种独具地方韵味的市井文化，即京味文化，以天子脚下、皇城根中、胡同中、四合院里的平民文化为主体，上承宫廷文化和缙绅文化的营养；以北京地区的汉族文化为主体，横融满、蒙、藏等其他兄弟民族文化的精粹。京味文化是首都寻常百姓的文化，是首都文化中最鲜活、最接地气的部分。

一是诚信重礼。京味文化深受儒家伦理的影响，养成了一种讲究诚信、注重礼仪的古朴民风。北京至今犹存一批始建于明清或民国的老字号，具有浓郁的儒商精神，诸如践行"同修仁德、济世养身"的同仁堂，坚持"全而无缺、聚而不散、仁德至上"的全聚德等，充分体现了京味文化重诚信的一面。如果说注重诚信是儒家伦理的内在表现的话,那么注重礼仪则是儒家伦理的外在流露。北京人向以凡事讲究礼数、"有礼有面"著称,"彬彬有礼"四个字早已融入北京文化的每一个"细胞"里,流露在北京人的举手投足间。这些礼仪不论贤愚、不分贵贱,都是那么周到热情。

二是通达自在。京味文化继承和弘扬了元代以来的市民文化精神,追求个性自由、闲适安乐。北京人居于京城当然尊重社会地位,却又视富贵如浮云,并不刻意追过闻达,更瞧不起蝇营狗苟。无论生活水平是高是低,人生顺遂还是坎坷,京味文化所体现的是一种安适闲散、知足常乐的人生态度。基于这种通达,北京人普遍展现出一种直面现实的幽默感,善于自我调侃。北京人的善"侃",更多时候不是为了交流信息,而是一种与外界积极保持联系、缓释生活压力、倾诉内心不平的方式。

三是雅俗共赏。在北京,传统上作为俗文化的平民文化与宫廷文化、缙绅文化等不同的文化层级间能和平共处,又相互影响,京味文化就是在雅俗文化之间互鉴互易、相生相济基础上形成的,从而既具备北京地方韵味,又具有一定程度的宫廷气象与鸿儒风范;既具有多元的品味,又具有较高的追求。清末民初的政治变革,结束了两千多年的王朝统治,宫廷文化大量流出,部分精华内容渗透于民间,融入了京味文化之中。随着五四新文化运动的兴起,民俗民情受到进步文人的重视,使京味文化得以登堂入室。这样一种由上至下和由下至上的双向运动，使得京味文化具有了大俗大雅、以雅统俗、以俗存雅、雅俗共赏的特点。

四是和乐交融。京味文化是不同地域、民族、阶层文化会通、交融的结果。这样一种交融是你中有我、我中有你，充满世俗情趣的愉悦互动。比如，戏曲方面，国粹京剧前身是清初流行于江南地区的徽班，徽班进京演出同来自湖北的汉调艺人合作，相互影响，又接受了昆曲、秦腔的部分剧目、曲调和表演方法，逐渐融合、演变，才发展成为饮誉世界的皇皇国粹。饮食方面，各类菜系逐渐汇入北京，酝酿发展，最后形成了今日北京蔚为壮观的饮食文化，诸多美食脍炙人口，国内外耳熟能详。中华人民共和国成立后，大批机关干部、军队官兵、知识分子和普通民众从全国各地汇聚北京，以大院文化的方式为京味文化融入了多元一体、昂扬向上的新时代的革命元素，推动京味文学继续向前发展，发展出了新京味文学，以邓友梅、王朔等作家为代表的新京味文学风靡一时，并很快衍生出以何冀平、冯小刚、姜文等为代表的京味戏剧和京味影视，至今影响不衰。不同文化的和乐交融，共同熔铸了开放、包容、大气、生机勃勃的京腔、京韵与京味。

诚信重礼、通达自在、雅俗共赏、和乐交融的京味文化以源远厚重的古都文化为基础，又丰富和活化了古都文化，也以最接地气的方式涵养着红色文化。古都文化和红色文化共同锻造了京味文化独有的精气神。京味文化还为创新文化提供了丰富的资源、有益的启迪，使首都的创新打上了深刻的京味烙印。

四 蓬勃开放的创新文化

创新文化是指在一定社会历史条件下，在创新及创新管理活动中所形成的文化，主要包括有关创新的价值观、制度规范、物质文化环境等。首都蓬勃兴起的创新文化是北京人民大胆探索、勇于创造、自强不息、锐意进取的精神体现，表现为敢于开拓、宽容失败的创新氛围，各得其所、人人出彩的创新机会，要素齐全、人才密集的创新优势，科技与人文深度结合的创新特色。

一是传承超越。作为千年古都，北京在发展中始终吐故纳新，荟萃精华，涵养出了海纳百川、包容天下的精神，既注重文化传承，又勇于超越。中华人民共和国成立之初，基于全国生产力落后、技术薄弱的现实，北京明确提出"建设成为我国强大的工业基地和技术科学中心"的目标。1959年，总结市区工厂过多、布局不合理以及供水紧张、环境污染等教训，北京正式决定"今后除十分特殊的情况以外，在规划范围内一般不再摆工厂"，实现了城市发展思想上的一个重要转折。上世纪80年代，北京一再强调"工业建设的规模要严加控制"，"今后北京不要再发展重工业。"到90年代初，北京确定城市性质是"全国政治中心和文化中心，是世界著名的古都和现代国际城市"。近年来，针对首都发展中的"大城市病"，毅然决定疏解非首都功能，通州城市副中心建设、京津冀一体化和雄安新区崛起等重大决策应运而生。

二是涵容出彩。包容是北京精神的重要内涵，也是首都文化的重要特征。在首都的创新创业中，人们既为成功者喝彩，也为失败者加油，形成了全社会"鼓励创新，宽容失败"的环境氛围。北京生活成本高、压力大，可谓居大不易，但是四面八方的人愿意来到北京，一个极其重要的原因是北京拥有其他地方无法比拟的干事创业的机遇，这正是首都文化重要的软实力。随着中国的迅速崛起，不仅中国以空前的方式深度走向世界，世界也以空前的方式深度走进中国，北京作为中国的首都迎来了前所未有的世界机遇。把世界的机遇变为中国的机遇，也让中国的机遇成为世界的机遇。这些机遇不仅属于这座城市，而且属于生活在这座城市的每一个人。在这里，人人拥有出彩的机会。

三是居高致远。北京是国家理念、制度、科技、文化创新发展的重要策源地，富集了其他城市难以企及的国家级创新资源和平台。北京是我国教育、科技、人才乃至企业、市场渠道最为密集的地区。全国半数以上的两院院士在这里工作和生活。北京是拥有央企总部数量位居全国第一，拥有世界 500 强企业总部最多的城市。

与此同时，北京还引领全国乃至世界流行文化、大众文化发展的方向，北京电影节、北京音乐节、北京戏剧节、北京国际青年戏剧节、北京国际旅游节等大型文化活动应接不暇，北京正成为国际文化活动中心、文化创意之都和时尚设计之都，引领积极向上的时代潮流。

四是化物弘人。作为国家创新中心，北京强调科技以人为本、创新以人为本，以满足人民日益增长的物质特别是精神文化需要为出发点，进一步带动全国科技发展以造福人民。一方面注重挖掘传统文化资源，把传统文化精神融入到现代科技成果之中。另一方面注重网络虚拟技术、人工智能技术的创新，一大批网络动漫、游戏，走出国门。正是以人文为导向，首都创新最大限度地为人们创造了便捷、绿色、舒适的生活条件，惠及所有城市居民，首都因此而变得更加和谐宜居，人们的生活更因此变得日益幸福，对全国乃至世界越来越发挥着引领示范作用。

传承超越、涵容出彩、居高致远、化物弘人的创新文化是首都文化中最体现时代精神、面向世界和未来的维度，为古都文化实现创造性转化、京味文化顺应全球化发展提供强大支持。创新文化是红色文化的题中之义和重要基因，创新文化助力红色文化，保证首都文化可以更好地引领全国、辐射世界。

至正庄严、雍容博大、崇文厚德、协和宁远的古都文化，忠诚正义、爱国为民、担当牺牲、首善力行的红色文化，诚信重礼、通达自在、雅俗共赏、和乐交融的京味文化，传承超越、涵容出彩、居高致远、化物弘人的创新文化，构成了首都文化的主要内容。

走进新时代，中国人从站起来、富起来进入到强起来阶段，人民日益增长的美好生活需要与不充分不平衡发展之间的矛盾成为社会主要矛盾。坚定文化自信，铸就中华文化新辉煌成为新的历史使命。北京作为全国文化中心，更是肩负对外展示国家文明形象，对内增强文化自信，对全国文化建设起着引领示范作用。为此，北京师范大学北京文化发展研究院以古都文化、红色文化、京味文化、创新文化为专题，编撰了这套"首都文化研究丛书"，力图对首都文化进行深入细致的研究和阐释，总结其发展过程中的经验和教训，以做好首都文化这篇大文章，更好发挥首都全国文化中心的凝聚荟萃、辐射带动、创新引领、展示交流和服务保障功能，为把北京建设成为充满人文关怀、人文风采和文化魅力的文化名城贡献自己的一份力量。

本研究丛书是北京市社会科学基金重大项目"文化发展基础理论及指标体系研究"（项目号17ZDA07）和北京师范大学学科交叉建设项目"文化发展理论与北京文化战略研究"的阶段性成果之一。丛书共分四册：常书红、杨志撰写的《源远厚重的古都文化》；裴植、程美东撰写的《先锋引领的红色文化》；王旭撰写的《融汇亲和的京味文化》；戴俊骋撰写的《蓬勃开放的创新文化》。

北京师范大学北京文化发展研究基地
2019 年 1 月

目 录

导 论 …………………………………………（ 1 ）
第一章 帝都之影：京味文化的形成与演变 ……（ 10 ）
　第一节 京味源起与概念生成 ……………（ 11 ）
　第二节 京味文化的历史演变 ……………（ 23 ）
　第三节 京味文化的内在特质 ……………（ 48 ）
　小结 ………………………………………（ 59 ）
第二章 新旧之间：京味文化的构成与要素 ……（ 62 ）
　第一节 衣食住行与京味土壤 ……………（ 63 ）
　第二节 民间习俗与京味底色 ……………（ 93 ）
　第三节 市井日常与京味风韵 ……………（ 101 ）
　第四节 文艺作品与京味旋律 ……………（ 113 ）
　小结 ………………………………………（ 123 ）
第三章 诚信重礼：京味文化的传统延续 ………（ 126 ）
　第一节 制度规设与礼法传递 ……………（ 127 ）
　第二节 老字号与京味品质 ………………（ 135 ）
　第三节 京腔京韵自有多情 ………………（ 150 ）

第四节　京风学脉与都城气象 …………（159）
　　小结 ………………………………………（172）

第四章　通达自在：京味文化的个性表达 ………（174）
　　第一节　旗人生计与散逸基调 ……………（175）
　　第二节　商业空间与京味发育 ……………（190）
　　第三节　休闲文化与京味范围 ……………（194）
　　第四节　江湖消退与规则重构 ……………（203）
　　小结 ………………………………………（209）

第五章　雅俗共赏：京味文化的兼容博通 ………（211）
　　第一节　皇权投射与社会生活 ……………（212）
　　第二节　文化转向与雅俗空间 ……………（219）
　　第三节　经济运转与京味流风 ……………（239）
　　第四节　知识转型与文人群像 ……………（253）
　　小结 ………………………………………（259）

第六章　和乐交融：京味文化的和谐共生 ………（261）
　　第一节　都城形制与市井风华 ……………（262）
　　第二节　土气洋气与京城品位 ……………（272）
　　第三节　多元文化与京味扩张 ……………（284）
　　第四节　到京华去与文化符号 ……………（299）
　　小结 ………………………………………（310）

第七章　传统之后：京味文化的传承建构 ………（312）
　　第一节　传承京味与重回原乡 ……………（313）
　　第二节　建设京味与政策导引 ……………（322）
　　第三节　消费京味与重塑认同 ……………（331）

第四节　百年演进与当代发展 …………………（345）
小结 ……………………………………………（352）
结语——京味文化之断想 ……………………（354）
参考文献 ……………………………………（362）
后　记 ………………………………………（365）

导　　论

　　每个城市都有属于自己独特的性格与味道。上海的繁华，香港的忙碌，西安的古朴，青岛的清爽，苏杭的玲珑剔透，桂林的山水如画，昆明的四季如春，拉萨的高远澄净。而历史上作为京城至今仍是"首善之地"的北京①，传统帝都的城阙、街景与风俗，亦独具京师大气与京味风韵。现代作家老向在其《难认识的北平》一文中，这样描写20世纪30年代的北平：

　　　　北平有海一般的伟大，似乎没有空间与时间的

---

①　北京历史悠久，它作为城市的历史可以追溯到3000年前。秦汉以来，北京地区一直是中国北方的重镇，名称先后有蓟城、燕都、燕京、析津府、大都、顺天府、北平等。其中，包括封国都城、少数民族政权都城和大一统王朝的帝都。由于地理环境和社会变迁，北京从最早的聚落地建造、封国都城直至元明清的王朝首都，城址多有移动和变化，也有各种不同的称呼。本书为统一体例，除特别指称外，均以北京为名。另外，本书所附图片基本为网络公开资源。

划分。它能古今并容，新旧兼收，极冲突，极矛盾的现象，在她是处之泰然，半点不调和也没有。

北京，似乎总是一个令人向往的城市，高度浓缩着整个中国的历史内涵与朝代命运。自然，这不仅仅来源于她的帝都景象与恢宏气度，更重要的是——她的文化底蕴、深厚历史、地区风情与城市品位，深深印刻在每一代京城人乃至来京之人的思想轨迹和居住体验之中。即使是游览北京的匆匆过客，也都会强烈地感觉到一点，那就是北京丰厚的文化积淀和特有的人文环境。正如老北京人所说的，"北京到处是黄金、到处是风景"，可谓多朝名胜览江山，令人流连忘返。

"传统"与"现代"文化的交织冲突，深刻地体现于城市空间之内。我们尝试穿越到百多年之前的北京：当你站在清末民初的街市上展眼望去，可以看到汽车与马车、人力车齐驱前进，身穿儒服的传教士与长辫子的学堂生，时髦姑娘与小脚女人同行，中式门店与西式餐饮并立，胡同更夫的日常散漫与近代巡警的井然有序构成对比，光鲜洋货与黯淡土货随手可及，欧美式建筑顶部西洋钟的准确响动取代了传统钟鼓楼定期定时的人力击打，老人家吞吐烟袋与年轻诗人吸食纸烟的二元场景、旗袍与西装混杂于各色人群之中。正如1906年时，《京话日报》的主笔彭翼仲在其文章中所言："北方风气开的慢，一开可就大明白，绝没有躲躲藏藏的举动。较比南方的民情，直爽的多"①。自然，民国时期北京这种新旧杂糅、多彩纷呈和颇显矛盾的现象，在当下多半会被理解为一种过渡时期的历史特色，而百多年前身处转型时代的知识人也认为城市文明继续进化仍然任重道远。②

清代"三山五园"图

北京是中国早期文明形成的重要起源地，同时在"帝都"历史中也孕育出元明清大一统的辉煌文明。诚然，京师者，四方之腹心，国家之根本。政令四达，制内御外。作为元明清之后的政治中心与文化中心，北京城市建设中轴纵贯、左右对称、规整严谨，多具庄严雄伟。内外城形胜甲天下，陶然亭的芦花，钓鱼台的柳影，

---

① 《北方人的热血较多》，《京话日报》1906年5月15日。
② 季剑青：《民国北京的现代经验》，《读书》2015年第2期，第151页。

西山的虫唱,玉泉的夜月,潭柘寺的钟声,可谓"诚万世帝王之都"①,充斥着南来北往的旅居者、常住者和京籍人,共同塑造了与京师文化在动态平衡发展下的京味文化。清代士人黄钊在《帝京杂咏》中如此描述北京风物之美:"水鸟沙禽拍拍飞,沿堤垂柳更依依。玉渊潭畔游鱼出,一角斜阳客已归"。

如果文化也有籍贯的话,那么北京就是京味的老家。此处所谓的"京味",既是指北京特有的地方风物韵味,更是指北京作为都城那种帝王气象、官绅云集和鸿儒骈阗的大家风范,共同演绎了历史时期和当今时代民众的日常生活和行为习惯②。京味风情蕴含于北京的城市肌肤之内,名胜兼具旖旎与壮阔,"六街三市通车马,风流人物类京华"③。在悠长的历史中,以紫禁城所代表的皇家文化与以胡同、四合院为代表的市井文化在北京相互融合。京味文化不同于上流文化、皇家文化抑或士人文化,其灵魂与落脚点在于市井文化、庶民文化。也就是说,沿着旧途行进的"京味"更多是一种普通民众生活的现实遗存、历史记忆与人文关怀,民国时期逐步达到

---

① 孙承泽:《春明梦余录》卷二《形胜》,北京古籍出版社1992年版。

② 赵园认为,"京味是由人与城间特有的精神联系中发生的,是人所感受到的城的文化意味",见赵园:《北京:城与人》,北京大学出版社2002年版,第14页。

③ 董解元:《西厢记诸宫调》卷1。

了极致的程度。

然而，京味在历史的发展中，寻常巷陌之间亦有"洋味"，与中国从农耕文化时代逐步走向工业经济时代的步伐如影随形。自晚明开始，西方的冲击就使得古老北京充满了多元的色彩，1800年之后英国伦敦、法国巴黎以另类的新气象，逐步超越了遥远东方北京城的规模与繁荣。不可忽视的是，三千多年的城市建造史、八百年建都史的深远文化沉淀，使得北京背负的传统过于沉重，现代化的步履似乎显得格外缓慢与内在掣肘，面对变革快、变革频繁与变革彻底的时局，在融合过程中不得不大量容留旧的事物、吸纳新的元素——这是一个自觉与被动交融的过程，展现出交替时代的变换色彩。尤其是，在近代中国新旧交合与时代转轨之际，才更能体现出京味的独特意涵与历史情感。"天朝"疆土从金瓯无缺、统御万方直到风雨飘摇、悬于一线，甚至有被瓜分的危险，可谓内忧外患，风潮四起，京味在此进程中也融汇了诸多另类的底色与历史资源。

也正因京味文化的"民间性"，多具乡土人情、市井民风、技艺绝活和胡同街巷等要素，人们一提起京味文化，不会立刻想到巍峨的紫禁城、不可接近的太和殿、绵延的十里长街、庄严的王府大院、华丽的皇家花园、天坛皇穹宇、金碧辉煌的高门府第和莫测的宫闱秘事，而是第一反应地想到高耸的城门楼、金黄的琉璃瓦，笔直的街道胡同，恬静的四合院落，五方杂处的商业区，货真价实的老字号，熙熙攘攘的东安市场，梨园中的传闻旧事，地道可口的风味小吃，独具特色的民情习尚，"俚而不俗"的方言土语，京腔京韵的戏曲艺术，西式教堂与中式寺庙，还有悦耳的叫卖声，诚挚的邻里情，①天桥"练把式"，唱和"数来宝"的乞讨者，香椿树下的家乡味，侃爷们的开怀大笑，街巷中的世风之谈——

> 正所谓：巷中比户有弦歌，街市胡同多行客；
> 南城酒肆声满路，京味尽藏市井中。

北京的城市空间与街区角落形塑了京味特质。植根于北京人民俗惯习之中的京味，在北京的城市发展和历史延续中生根发芽、不断完善。除此之外，人类社会历史的步伐跨入近代之后，文化才开始突破民族、国家的界限而具有了世界性意义。华洋变迁与欧风美雨的浸染，也让晚清之后的北京较早有了一些"洋气"与"摩登风"：国人与洋人、国货与洋货、中学与西学、传教士与卫道士，在北京这个舞台上竞相上演，形成近代北京特殊的社会万象与人间悲喜。宫廷中多域外之人，礼仪之争、华夷之辨乃至中西文化交通的影子也充斥其内，如《清史稿》中有载："郎世宁，西洋人。康熙中入值，

---

① 参见李淑兰：《京味文化史论》，首都师范大学出版社2009年版，第244页。

高宗(乾隆)尤赏异。凡名马,珍禽,异草。辄命图之,无不栩栩如生。设色奇丽,非秉贞等所及",这种多元交融的底色是其他城市所不能比拟的。故而,汪曾祺先生在《胡同文化》一书中颇具感慨:"哪儿也比不了北京"。

北京亦是文化之都、名胜荟萃,"北平图籍载连舸,挂一漏万无完篇"。才士困奔走,知识人北上,集散琉璃厂,名家云集,真正的"谈笑有鸿儒",形成了特有的宣南士乡。著名诗人北岛在《城门开》中说:"瓦顶排浪般涌向低低的天际,鸽哨响彻深深的天空",京味文化是与个人体验密切相连的。世俗文化与个人之间不应有太大距离,反之则曲高和寡、水清无鱼,陷入无穷低落。也就是说,鸿儒谈笑的同时,各个阶层融合于此,往来亦有"白丁"。自清末民国的市民文化大发展,京味文化形成了一种胸怀包容的鲜明特质。

民俗与文化的变化可以反映出社会的变迁。具体来看,京味当然不是高冷或排斥的,它不游离于市井文化之外,而是包含在主流文化之内;不偏执一端以致显得与普罗大众异常疏离,也不独辟蹊径看似不庄不谐;它的亲切感与近距离,雅俗共赏,上续历史传统,中接百姓日常,而下应现实生活,传承与创新并存、进步与保守并继。在实践中不断丰富自身的内容与特性,深深地融合在时代的搏动与文化的脉系之中。总体来说,京味文化包容着社会万象,百业杂处,在民众的社会交际与日常生活中不断被丰富与革新，成为一种独具魅力的文化模式。如果赋予京味文化两个高度凝练的形容词，那就是：交融博雅、融汇亲和。

在欧洲中世纪的德国，有一句流传广泛的谚语：城市的空气使人自由。这个来自13世纪的警句指明了人类集聚与居住方式的走向——城市化是一个必然，而且城市能够提供更好的物质条件和相对公平开放的竞争环境。如今，在北京逐步向全球性大都市迈进的激亢步伐中，极富特色的京味文化如"大家闺秀般而又不肆意张扬"地维护着老北京那种难以消逝的精神家园和生活底色。我们在自由呼吸现代化空气的同时，也需要感染几分历史的品味。

质言之，京味文化在时代的风云演变、城市发展的过程中，愈发珍贵地凸显出了作为"地方"的北京文化特质，同时又衬托出作为"京师"的北京其丰富的人文涵养。那些古老的，随着岁月流变，日见其沧桑；现代的，追步时代的速度，愈秀出风采。国贸大厦的窗台很高远，坐在向南的落地窗前，街景的威严与柔情尽收眼底。各色车子在道路上川流不息，不同的路人成群结队，看似有秩序地塑造着城市的白日光景。

然而，在日新月异的现代社会，情怀显得渺茫而遥远。传统乡土社会的生活日出而作、日落而息，春华秋实，总是一种温馨而安静的场景。当下，夜晚的北京被万家灯火的光影所点缀，晨光熹微，到了白天从各种小区出入匆忙的"北漂"和北京人脸上,展现出现代城市忙碌的底色。车水马龙,有条不紊地运转在凝滞的空气之中,而在这份颇有些沉重的快节奏背后,是否能捕捉到京城古巷似曾相识的烟火气息与窃窃私语?漫步于曾经斑驳脱落的青石砖瓦、胡同小道旁,睥睨遥远的大厦高楼,是否心里还存有一份对老城京味的向往与体认呢?

作为历史与现实记录的文本,仍然充满生命力地畅谈着京味的流风。"走遍了南北西东,也到过了许多名城。静静地想一想,我还是最爱我的北京"。京味是一场人与历史之间的长期对话,不断消逝的古都旧景和失传的民间歌谣,有人提出老北京的"城愁",那么此种"城愁"到底是什么呢?就让我们走进京味文化的内涵世界,打开京城的历史之门,探寻时光的足迹,充分体验京味带给我们的震撼和追忆吧!

第一章　帝都之影：京味文化的形成与演变

一部京味文化史，就是一个近代中国京畿社会变迁的缩影与窗口。京味不仅是城厢市井生活的折射，也与政治格局、经济贸易、文化转型和知识阶层承袭息息相关。

京味在刻画和渲染着城市纹理和色彩的同时，也将此种味道上升到惯性的层面，影响和塑造着民众的生活。所谓京味，并不是单一的皇家文化或士人雅文化，而是一种庶民文化、宗教文化和俗文化的多元形态，几乎囊括了参与其中各个社会各阶层的意识表达和日常话语，呈现出某种共享色彩，与帝制末期的政治社会的转向颇为暗合。正是在北京这个"众音齐奏"的舞台上，每位参与者各抒己见，各个社会阶层留下了自己的印记，不同的文化现象陆续交响，亿兆斯民同构共生，这些只言片语不断交织在一起进而连续递进，演奏出贴合京师肌肤与历史资源的一种声乐共鸣。

第一章 帝都之影:京味文化的形成与演变

帝都的强势气息遮盖住了京味的市井与民间特质,有朝廷而无社会,但是皇权之潮消逝之后,民间生机勃发,京味就成为北京最核心的文化内涵。

正因为此,关于京味的各类物质、精神乃至现实遗存,仿佛一幅幅老照片,就共同绘制出了古今新旧之间的浮光掠影与变迁轨迹。

第一节 京味源起与概念生成

基于帝都气象的导引,北京成为东方皇城的典型标志。元代之后,北京步入了大一统的都城时代。在帝国北京的政治屋檐下,融合了传统时代人们向往流动的极限。政治是影响中国社会风貌的显著因素,作为"帝都"的北京,在近代化过程中,成为与上海对峙的南北"双星",俨然一幅北部中国的画卷,"假如政府南迁,教育文化机关又要南迁,北平便不想活矣的境地"[1],民国学人就意识到北京的繁荣离不开政治的支持,政治元素根深蒂固且渗入城市变革之骨髓,甚至国都地位不复之后,"国内各市之岁入状况,实以北平最为贫困"[2]。我们将目光转移到近代中国的具体情境,商业文明与西方文化的扩展也具有一个按照城市层级顺序的传播过程。

---

[1] 铢庵:《北游录话·2》,《宇宙风》第 20 期,1936 年 7 月 1 日。
[2] 北平市政府秘书处编印:《北平市与国内六大市岁入之比较》,《北平市政府统计特刊》,1934 年版,第 31 页。

作为京师的北京，其城市层级和所承担的功能不可避免地带有多元色彩，文化也在与城市扩张过程中相互激发，蔚为大观。也正如民国时钱穆之言，"北平如一书海，游其中，诚亦人生一乐事"，京风—京味酝酿于历史的发展中，京味是一种北京文化的地域呈现。

图 1—1　乾隆十五年北京城市分布

城市是文化的物质承载和个人具体活动在空间上的投射。李淑兰在《京味文化史论》中总结中国古代北京的文化有两个鲜明特点：第一是底蕴厚实，可以用深、博、精三个字概括;第二是内涵丰富,兼容并蓄。① 而京味文化则不同于京师文化,京师文化是以"帝都"为核心,由此展演出的皇家气派和上流文化,而京味文化是以"市井庶民"为核心,最初渊源和整合自京师文化,从晚清开始催生出的具有民间特质的社会文化,其发展轨迹和近代化的过程息息相关、相伴而行,是一种满、汉、西融合型文化,并在社会变迁中发展为可以代表京城风貌的地区性文化。

众所周知,北京的历史极为厚重,北京文化的源流亦在历史延续中相当深远。历史与文化密不可分,早在1920年代,北京就被学术界与西安、洛阳、南京、开封并列为"五大古都"。在之后的历史沿革与变化中,学术界虽也有六大古都、七大古都等不同说法,但是北京作为中国古代后期的第一大古都确属毫无疑问之事。以文化类型区分中国古代的演变,有人提出长安文化、汴梁—临安文化、北京文化三种沿革性线索,北京当然也是没有缺席的。清初著名学者顾炎武在其《历代宅京记》中,对北京的地理优势和自然物产亦有独到的描述,称赞北京真乃"帝都"也,煌煌然达近千年之久。

根据考古发现,在六七十万年之前,周口店猿人就点燃了北京文明的第一缕光辉。到了公元前 3000 年,人

---

① 李淑兰:《京味文化史论》,首都师范大学出版社 2009 年版,第 1—2 页。

口密集的部落就出现在这片土地之上①。经典文献《礼记》中有载:"武王克殷、反商,未及下车,而封黄帝之后于蓟",作为西周封国的蓟城,乃是见于文献之中较早的王都。"山环水抱必有气",幽州王气盛况,后见之明的堪舆学家和风水学家对北京的地理位置曾有以上论断。不过,其言虽不足采信,却也说明了北京的地理位置确实优越,是建都的不二选择。②中国古代前期形成了长安—洛阳为代表的东西两京制度,到了古代后期则逐步转变为以南京—北京为代表的南北两京制度,实现了方位的历史转向。在地理格局和自然条件上,北京市平均海拔43.5米,"东临辽碣,西依太行,北连朔漠,背扼军都,南控中原",天文分野折射在地理分布之上,明成祖建制北京消弭元朝余威,颇合传统五行哲学之说。具体来说,北京其西部的西山,为太行山脉;北部的军都山为燕山山脉,均属昆仑山系。两山脉在北京的南口(南口是兵家要地)会合形成向东南巽方展开的半圆形大山湾,山湾环抱的是北京平原,地势由西北向东南微倾。河流又有桑干河、洋河等在此汇合成永定河,可谓"幽州之地,左环沧海,右拥太行,北枕居庸,南襟河济,诚天府之国"。正如元末明初人陶宗仪在《南村辍耕录》中所说:"京师,以为天下本。右拥

---

① 王勇编著:《京味文化》,时事出版社2008年版,第3页。
② 当然,除了地理位置优越和险要,明清两代建都北京还有基于北部边疆安定与威服游牧民族的现实考量。

太行，左注沧海。抚中原，正南面，枕居庸，奠朔方"。长期身处政治中心的事实，使得北京的文化持续性繁荣。

自1987年以来，北京列入联合国教科文组织《世界文化遗产名录》中的，就先后有故宫、长城、周口店北京猿人遗址、颐和园、天坛、明十三陵共6项极具北京特色与文化的重要历史建筑及人类遗迹，皆是世界文明的瑰宝与遗存。而入选国家非物质文化遗产（intangible cultural heritage）名录的包括：智化寺京音乐、昆曲、天桥中幡、"聚元号"弓箭制作技艺、荣宝斋木版水印技艺、厂甸庙会、京西太平鼓、京剧、北京抖空竹、景泰蓝工艺、象牙雕刻、雕漆工艺、同仁堂中医药文化共13项。除此之外，北京市共有文物古迹7309项，99处全国重点文物保护单位（含长城和京杭大运河的北京段）、326处市级文物保护单位、5处国家地质公园、15处国家森林公园，这些都是北京灿烂文明的历史活化石。

现代意义上的京味文化，大约形成于19世纪末20世纪初，并且在之后几十年有了相当程度的变化和革新，这一过程与北京城市的发展互为表里，共同构成了北京文化进程的内部脉络，成为当代北京风貌的历史温床。当清代城市贫瘠的市井生活中投射出京味的影子，这种文化背后又与城市的进步如影随形，北京在此过程中凸显出皇城、都市与市井三股神奇的火焰，共同构成了魅力京华独特的精神与意蕴。可以确认，一种城市文化的形成往往与城市位置和层级息息相关。法国年鉴学派代表人物布罗代尔在研究威尼斯、安特卫普、热那亚、阿姆斯特丹和伦敦等欧洲城市时,认为:"城市是与其相关的区域不可分割的,由中心城市、次级城市以及这一区域的腹地形成一个等级制的系统,在这个系统内,中心城市在经济上剥削和统治次级城市和乡村"[①]。

实际上,在传统中国城市地理中,一省的省会是其唯一的政治中心,同时也往往是唯一的经济中心和文化中心。但是,在与西方文明交汇以来,新沿海城市的兴起打破了这个传统框架。一个地方的兴盛,先以经济—文化中心的面孔出现,而后才卷入政治旋涡。因此,在沿海省份中造成了二元或多元的中心,如辽宁的沈阳与大连、河北的保定与天津、山东的青岛与济南、浙江的杭州和宁波、温州、福建的福州和厦门、广东的广州与汕头。故而,在全国范围内,大致形成了北京(或南京)与上海的二元中心[②]。明清之后,北京城市设计精巧,有"通都九市十三门,毂击星街;神策五营廿四旗,翼分卦位"[③]之誉。京师胜景兼具大气与韵味,明末清初的梁于涘在《瓮山圆静寺》中对万寿山一带如此

---

① 布罗代尔:《15 至 18 世纪的物质文明、经济与资本主义》第 3 卷,施康强、顾良译,生活·读书·新知三联书店 1993 年版,第 9 页。

② 周振鹤:《从北到南与自东徂西:中国文化地域差异的考察》,《复旦学报》(社会科学版)1988 年第 6 期,第 93 页。

③ 于敏中等编纂:《日下旧闻考》,北京古籍出版社 2001 年版,第 12 页。

第一章 帝都之影：京味文化的形成与演变

置笔：

> 山光湖影半参差。蒲苇沿溪故故斜。石瓮讵能贫帝里，金绳多半敕官家。
> 农依一水江南亩，客倦经年蓟北沙。景物亦清僧亦静，无心要过隔林花。

1840年之后，北京面临了百多年的风风雨雨，晚清时期经历了西方列强的入侵，民国年间经历了巨大的思想冲击和社会变迁，曾经长期引以为傲的天朝上国和帝都气象，在对外不断疲软中成为一个颇为矛盾的反讽，失去了曾经荣耀的光环。1949年之后，北京以新的面貌与精神走进了共和国时代，开启了新的历史阶段。

历史时间的流逝给城市文化带来了调和的空间。京味文化的形成并非朝夕而就的，京味从字面上理解，也就是北京成为京城之后的事。京味酝酿于北京建城、建都的历史过程之中，而作为一个概念的京味文化、一种生活方式的京味文化和一个接近民众生活的京味文化，其正式形成则在于20世纪初期。当然，京味的形成与塑造，在于以北京为空间，婚丧嫁娶、方言民俗、民间艺术等社会现象逐步定型与释放，并影响到老北京人的日常生活与社会交际。同时，京味文化的扩展，则在于近代传统士人与新知识分子对于北京文化的颂扬与追索，并最终演变为颇具特色的地区文化、社会文化，共同展示着北京的独特魅力。

北京让京味之所以成为京味,京味让北京之所以成为北京。京味文化包括了多种元素,最重要的有四种:宫廷文化、缙绅文化、庶民文化和中国化之后的西方文化。其中,前三种文化体系容纳了社会各个阶层及其所属的文化圈层,而中国化后的西方文化,则与近代中国的变局与处境密不可分。也就是说,前者属于传统的,后者属于现代的,但彼此并无优劣,共同构成了京味文化的内在系统。需要注意的是,除了以上罗列,京味文化的构成还有少数民族文化和宗教文化等有机内容,传统儒家宗庙文化具有深厚的生存沃土,汉化佛教仍具有顽强的生命力,道教信仰依然在民间社会繁衍流传,这些方面也是不能忽视的,如赶庙会、教堂礼拜、清真菜、敬门神、打鬼等民间习俗和饮食习惯烙印于老北京人生活的痕迹之中。1912年之后,北京各个民族、各个阶层之间,在历史的沿革中,不断交融,正如清帝退位之后所"宣示皇族暨满、蒙、回、藏人等,此后务当化除畛域,共保治安,重睹世界之升平,胥享共和之幸福",实现了彼此界限的又一次大融通。

不过,尽管京味在内涵和对象上似乎并没有一个界限分明的判定,"京味几乎是一个大箩筐,什么都可以往里装"。但是就基本状况来说,京味文化与各个阶层社会生活的范围基本重合,应当包括北京的环境和人文两方面,即北京的风土习俗和北京人的精神气质。社会

第一章　帝都之影：京味文化的形成与演变

图1—2　北京崇文门

生活与京味文化之间，是一种同向同构的共生关系。作为一个以农耕文明为母体的国度，京味文化在最初形成过程中，商品流通主要以小手工业、农产品、山货等与农业相关的物品居多，而休闲娱乐也基本上延续着京师文化时代士人所需求的范畴。总之，京味元素在政治中成长，又在改朝换代中不断更迭。在明清的北京市井社会，居住的城市尚未发育成为一个具有西方式、现代化的生活空间，但却沿袭着农耕生产方式下商品百业特色的都市风趣。

可以说，京味更多是一种韵味，宫廷文化、缙绅文化、庶民文化和中国化之后的西方文化，宫廷是封建权力的中心，与普通民众的民俗生活和社会日常相互交织、有机结合。由此可见,京味文化一种混合型文化,而非哪种单一的文化构成。既有某种尊贵特点,也有不少"草根气";既有高雅的层面,也往往与市民好恶相结合;既存在于象牙塔的学校中,也凸显在街市胡同内。正因京味构成的多样性,我们可以从社会生活的多个方面看到京味的影子。

　　清代早期确立的旗民分治体系,分流和重构了北京城的商业和人口格局。随着中后期等级制度的渐次破解,内外城秩序从朝廷擘画的有序模式走向无序发展,民人涌入内城而旗民四下分散,以至于混杂而居,之前那种严密的军事化组织不复存在,这就使得旗人—民人的制度藩篱成为陈迹,更加催生了丰富的社会生活。大到岁时节气、婚丧嫁娶,小到日常交际、柴米油盐,京味的范畴和特征雅俗共赏,渗透于个人的生活品味和交往过程内。京味是扎根于老北京的特色文化,在动态的历史进程和特色不一的地域文化中,其认同的标准和形式或有所差异,但其一定是与民众贴近同时又反映民众日常生活结构和内容的。

　　近代以来,社会环境与文化冲突日趋剧烈,京味文化的形成与民众的日常生活、赶集庙会乃至休闲娱乐息息相关,与跋山涉水、舟车劳顿来京的外籍人员相比,北京人的短距离交际、贸易等活动,发展出独特的京味空间。代表着京味特色的一些生活方式,在社会交往中从甲地传到乙地,由张三传给李四,最终形成一个相对稳定的文化模式。京味的具体行进过程，也是北京城市的演变过程和民众日常生活的变迁轨迹。

实际上，京味文化在很长时段里以京师文化的面孔出现，故而我们不应把京味文化看作固定不变和静态的概念，京味的生命力也在于不断更新。抹去细微性差异，从整体上看，中国传统的社会结构，是有朝廷而无民间。明清之后，城市管理除了被权力统辖的衙门机构之外，还有以绅士为核心的官民连接体制。清末各色民间团体、职业类型的发展，城市图景的多元性远远超过了以往任何时期。近代以来，中间力量或者说中层社会的发育，在辛亥革命之后又演变为国家—社会的双重模式。我们知道，京师时代的北京文化，无疑是建构于政治的驱动之下，即使是市井文化和民间力量有所衍生，也属于派生的产物，很难有施展的空间。而政治体制的变革乃至民国时期北京都城地位的失去，客观上使得民间文化呈现出另类的辉煌，可谓京味文化发展的黄金期。也就是说，从京师文化到京味文化的转型，是多因素导致的。既有政治力量的消退，也有民间力量的兴起，更有社会结构变革的内部原因。

京味是一种城市文明，老舍在《四世同堂》写道："北平虽然作了几百年的'帝王之都'，它的四郊却并没有受过多少好处。一出城，都市立刻变成了田野"，城乡之间的差异无疑是明显的。正如赵园回忆：直至1980、1990年代，三环路边还有农田，是近些年出生的新北京人难以想象的。京味来源于最广大民众的日常生活和社会交往，随着人们生活的多样化，京味的内涵也随之变动。正因城市社会群体的多样性和文化要素的多元性，诸如"皇城文化"、"民俗市井文化"、"民族宗教文化"、"士子文化"、"商贾文化"、"梨园文化"、"手工艺文化"等次级文化形态也兴盛勃发。

京味是"紧贴肌肤"的，沾染于城市发展的每个毛孔里，一点一点在生活中汇成城市的性格和巨大的张力。这也是京味独特的生命力，皇家文化随着政治控制力变化大盛大衰，而京味文化不温不火，保持着相对稳定的发展形态。也就是说，京味文化的形成是一个历史过程，京味仍在不断扩充、继续完善和新陈代谢，处于动态变化之中。并且，相信在历史的沿革中，终将会成为一个京味荟萃的优秀文化系统——自然，作为文化的京味应该是健康、积极向上和有生命力的。

很明显，京味文化作为一个介入北京文化研究的窗口，是非常具有可行性的。"北京学是一门兼具历史性和现实性、典型性和普遍性、世界性和时代性的大课题"[①]。陈平原先生在讨论"北京学"时，指出"北京学"应该包含三个层面：第一，城市史；第二，城市

---

① 王光镐：《北京历史文化特征新探》，《北京日报》2015年6月29日，第021版，第1页。

学；第三，城市文化①。京味文化不仅与城市史和城市学内部发生联系，而且也应包含于城市文化之中，并属于最能代表北京的城市文化。作者又说："相较于一百多年的上海或三十多年的深圳，北京的地层太复杂了。不说建城三千年，单是建都八百年，就够你忙乎的了。不仅传统与现代、中国与西方，还有南北文化的交融，以及不同民族对话的深刻烙印"②。因此，"北京学"层次丰富，线索复杂，深沉有趣，潜力极大，但要想把它做深、说透、写好，则很难，可谓中肯之论。

是啊，北京及其长期形成的文化形态是如此复杂，京味文化孕育其中，又如何能够简单呢？因此，考察京味文化，应该在传统与现代、新与旧、地方性与普遍性之间，择取出京味的精髓与内核。接下来，我们有必要探讨一下京味文化的历史演变。

第二节 京味文化的历史演变

文化的历史比农业文明还要古老，而文化形态与文明的延续性乃至发展活力息息相关。一种文化的生命力，最终也影响一个民族和国家的命运，失去本土文化的城

---

① 陈平原：《"北京学"的腾挪空间及发展策略》，《北京社会科学》2016年第6期，第5页。

② 陈平原：《"北京研究"的可能性》，《北京社会科学》2015年第12期，第9页。

市无疑是"无根之城"。

如果从元大都算起，北京至少也是七百年帝都，长时间位居全国政治文化中心，这些优越条件，使京味文化具有了皇家气派，都城辉煌，俨然"鲜衣怒马，华奢相高；舞女歌儿，奢淫相尚"，这也构成了其不同于其他地方文化的独特性。某种意义上，京味文化与京师文化具有较多的重合性。但是京师文化先于京味文化的出现，京味文化与京师文化之间是难以分离的。从北京建城开始，北京文化史可分为燕文化、幽州文化和京师文化三个不同的时期。在都城时代，北京文化其特征是多元性与庄重性，各色文化要素在兼汇、混融之后形成了独具特色的京师文化，严肃有余而活力不足。上面提到，京味文化渊源于京师文化，京师文化是京味文化的母体，此处论及京味文化的演变阶段，就不能不介绍京师文化。

宫廷文化占据京师文化的主体，缙绅文化和庶民文化则构成京师文化走向市井、走向社会和走向大众的基础。北京从地域性城市步入都城时代，经过了很多年的发展。早期历史上的北京一带，"苦寒沙碛之地，莫甚于燕"，"临岐未断归家目，望月空吟出塞诗"，"羸病扶持逆旅间，长途杳杳指燕山"，可谓铁马秋风穿塞北，边烽接北平，似乎多是一番苦涩的味道。从西周燕都"蓟城"发展到汉唐时期军事重镇幽州，北宋苏辙在穿过"燕山如长蛇，千里限夷汉"的长城一线之后，看到

第一章　帝都之影：京味文化的形成与演变

了塞北与中原"居民异风气，自古习耕战"的景象①，仍感慨北京与中原风俗的殊异，多了一些北国风光、边塞征戍、异族情调等光华。辽金时期，北京再次成为北方区域政权的陪都或首都，"惟燕京乃天地之中"②，自此正式开启了都城时代。元、明、清三朝，"星拱紫垣岩宿卫，天临华盖肃行旌"，"漭漭黄云覆白沙，铁衣万骑迫中牙"，塞北之苦寒渐而为天子风气所遮蔽，北京进一步成为统一国家的首都，民国至今虽小有断裂，但也基本连续地保持着国家政治中心的地位。

也就是说，政治中心是北京近千年来最核心的城市功能和最突出的城市色彩，能够决定北京城市发展方向的首要因素，无疑是政治中心独有的无比强烈的权力驱动。在京味文化的发展中，"京韵大气"是首要的，文化发展于"京"的基础之上，如元朝开设烧制琉璃的官窑，是琉璃厂之名的来源。清代康熙后期，官方为了皇宫的安全，将原来习惯在内城举办的灯会和书肆下令移到琉璃厂窑前，于是形成了春节逛厂甸的习俗，琉璃厂不断发展，演变为琉璃厂文化街，乃至成为"京都雅游之所"，这些都是政治塑造下京城秩序与生活的体现。

伴随着之后多次的历史变迁，尤其是近现代的政权

---

① 苏辙：《栾城集》卷16《奉使契丹二十八首》"燕山"，上海古籍出版社1987年版。

② 宇文懋昭：《大金国志》卷13《海陵炀王上》，中华书局1986年版。

更迭，以城市布局与建筑存废为主要象征的北京城市命运几度起伏变幻。当然，政治因素对北京的塑造优劣互见，也势必继续左右城市发展的未来运行轨迹。①京师文化深刻影响到北京人的内心世界，地理位置"近接政府则教令易施"②，最易沾染朝廷与权力之雨露。"燕京地广土坚，人物蓄息，乃礼义之所"，兵部侍郎何卜年在回奏有意迁都的金主海陵王时如此回答，称赞有加。光绪年间极为流行的旅游指南《朝市丛载》中，其"都门杂咏"中有一则《皇城宫殿》小诗："巍巍帝阙令森严，咫尺天颜不易瞻。四海升平真气象，九霄湛露喜同占。"③，仍然是不厌其烦的叙述京师之气派。

还要注意，京味文化的许多特点，既有北京自身的因素，也有外来的诸多因素。这个外来，包括了其他地区，也包括了其他国家。自元代之后，北京五方杂处，汇集全国各地精英，人口呈现翻倍式增长。北京人的构成非常广泛，包括皇族、贵族、官员、胥吏、商人、普通市民、手工业者及流民、乞丐等。明代北京作为都城，万历六年（1578）北京地区总人口185万人，城市人口约80万人；清代北京作为一统国家的都城，光绪八年

---

① 孙冬虎：《政治塑造北京：改朝换代之下的城市命运》，《北京史学论丛》，2015年版，第10页。

② 林传甲著，杨镰、张颐青整理：《大中华京兆地志》，中国青年出版社2012年版，第2页。

③ 徐珂编：《实用北京指南》，商务印书馆1920年版，第134页。

(1882)北京地区总人口达245万人①,其中城市人口约80万人,到了光绪三十四年(1908)则有94万人②。京师行人辐辏,毂击肩摩,清廷虽然严禁无业游民和来历不明之人在京城停留,但是在实际执行中却难以阻挡外地人来京的急切脚步。到了1930年,北京常住人口达到150万左右。

除此之外,大量驻华官员、外国传教士、游历者,北京的人口结构愈发复杂,京味此刻呈现出多元的底色与气息。16世纪之后,接受过欧洲良好教育的传教士,陆陆续续漂洋过海,开启了东方之旅,尽管目的各异,但是带来了与中国传统完全有别的西风。清朝建立之初,耶稣会士汤若望就担任了朝廷钦天监第一位西洋监正。到了"康熙四十九年(1710),中国共有59名耶稣会士,并且至少有70处传教驻地和208所教堂"③。北京作为帝国中枢,情况更为复杂,到了1860年之后,正所谓"夷商既分布各口,又得内地游行,天主教布满天下,夷酋住在京城,中国虚实,无不毕悉"。多元性造就了多彩纷呈的都市景观,清代士人无不自豪地形容北

---

① 韩光辉、王洪波:《封建王朝上升时期北京人口增长的社会经济机制》,《北京史学论丛》,2013年版,第68页。

② 韩光辉:《北京历史人口地理》,北京大学出版社1996年版,第128页;王均:《1908年北京内外城人口与统计》,《历史档案》1997年第3期,第103页。

③ [美]费正清:《中国:传统与变迁》,张沛等译,世界知识出版社2002年版,第282页。

京之繁华:"凡天下各国,中华各省,金银珠宝、古玩玉器、绸缎估衣、钟表玩物、饭庄饭馆、烟馆戏园,无不毕集其中。京师之精华尽在于此,热闹繁华,亦莫过与此"①。清朝帝制崩溃后,以皇权为依托的宫廷文化江河日下、不断低沉,最终融入京味文化之中,成为平民喜爱和可以共享的文化内涵之一。

1793年(乾隆五十八年),九月份的京城尚未褪去燥热,风尘仆仆的马嘎尔尼使团跋山涉水,到达了今承德的热河行宫,拜见了自诩"十全老人"的乾隆皇帝弘历。在航海动力技术尚未处于风帆时代之际,马嘎尔尼克服种种困难,在所谓"神意"的护佑下,顺着季风与洋流,带着贸易通商的希望,抵达京师。来到避暑山庄,向乾隆帝呈送了英国国王的亲笔书函并敬献了礼品,向中国提出了开埠、通商、划一小岛给英国等要求。但是重视跪拜礼的大清帝国,仍然秉持着"天朝物产丰盈,原不籍外夷以通有无"的华夷分别之观念,拒绝了使团的诉求,埋下了天朝之后面对危机应接不暇的伏笔——尽管清王朝的拒绝并非没有道理。

城市空间格局由封闭走向开放,亦在于皇权式微和旗汉界限的瓦解。清廷最早试图通过分居的设计,分列八旗,拱卫皇居,使得"满汉界限分明,疆理各别",互不干涉,各自群体有归属的居住范围,从而形成了内

---

① 仲芳氏:《庚子记事》,中华书局1986年版,第14页。

城和外城两个大的空间布局,是一种民族等级与隔离制度的具体表现。然而,随着旗民数量增多膨胀、形成旗人豪强,掣肘商业发展,这一早期铸定内城繁荣、外城萧条的格局到了清中期就显示出极大的弊端。旗民分隔的制度逐步瓦解,市肆集中由官府统一管理,定时启闭的惯例也慢慢不复存在,皇城禁苑的庄严渐次消解,朝廷私有的城市空间向市民的开放,各民杂处,北京城市从划块分割到走向一体化发展,饱含京味的市井文化更加繁荣和健康。

民国以后,北京的人口数量更是爆炸式增长,大量贫困的旗人及其家眷,大批外省客民以就业、做工、求学以及乞食流民等原因迁来或原居北京,"京师为人海,每年南来北往之旅客何止数千万"。来自各地的商人、士人在北京继续设立会馆,利用同乡等因素扩展社会关系,使得会馆也成为京味文化的特色之一,同乡会也多具实力,传播了全国各地的物质生产和地区文化。据1914年6月天津《大公报》的报导,当时在北京城南各会馆或客店等候机会者竟达11万人之多,和现在的劳务市场相比也不遑多让,民国时期甚至有文人称之为"人鬼杂居"。因此在一百多年前,法国作家维克多·谢阁兰游历北京之后感慨道:"整个中华大地都凝聚在这里"。可以说,旅居北京的人们为京味文化的形成注入了新鲜的血液和持续发展的动力。

就都城整体模式而言,清代北京的城市规模和辐射范围基本定型。其形制上，大致是延续了元明两代的建造，奠基了京味发育的建筑基础。战国时燕国置右北平郡，西晋时右北平郡改称北平郡，这是北平历史上第一次出现在行政地区名中。1421年，明成祖迁都北平改名北京，举国之力建设新京师，形成了明代南京北平凤阳十三布政使司的全国格局。经过历代的建设，北京皇城的分布逐步形成了"里九外七皇城四"的大致格局，也就是内城有九座城门，外城有七座城门，皇城有四座城门，划分为东、西、南、北、中五个行政区。其中，内城是政治和军事中心，外城是配套的商业区和居住区。清代北京以城墙为层次序列，分为外城、内城、皇城、紫禁城（宫城）四个部分，沿着城墙同心圆环绕。朝廷秉持满汉有别的分居政策，以皇城为中心，内城周长约24里，皇帝和他的后妃、子女们住在紫禁城，充满了神秘感。

京师的城门根据等级以及建筑规格的差异，分为宫城城门、皇城城门、内城城门、外城城门四类。其中，内城共辟9门，北面2门为德胜门和安定门，南面3门为正阳门、崇文门和宣武门，东面2门为东直门、朝阳门，西面2门为西直门和阜成门[①]；外城辟有5门，由东而西为广渠门、左安门、永定门、右安门、

[①] 清代主管内城治安、兼管外城治安的机构被称为步军都统衙门，由九门提督统领调配。

第一章 帝都之影：京味文化的形成与演变

广安门；皇城内部辟有4门，为天安门、地安门、东安门和西安门。此外，在内外城衔接处还辟有东便门和西便门，可通往城外。故而，又被称为四九城①。其中宣武门、正阳门和崇文门及城墙是内外城的分界，以北为内城，以南为外城，所以外城也称南城。从1924年开始，北京政府又在前门与宣武门之间开辟了一座和平门，1927年完工运行，促进了城内交通的便利，减少了来往车辆的拥挤。

北京是庄严方正的，"中轴突出，两翼对称"的建筑格局，使得京师一派庄严气质。中轴线贯通南北，南起永定门、前门、午门、故宫，出神武门、地安门，北至钟楼，长达7.8公里。皇城与内城交错分布着宗庙、官衙、行署、仓廒、贡院、防卫设施以及许多园林苑囿等建筑，王宫府第和各等旗民住宅错落其间，而外城在清代中期之前则是商业的聚居区。清人震钧曾说，北京的主要商业区多达十余处，客商川流不息，一片车水马龙之景，所谓"京师百货所聚，唯正阳街、地安门街、东西安门外、东西四牌楼、东西单牌楼、暨外城之菜市、花市"。清廷权力中枢地处京师，对京畿长官多有制约，机构叠床架屋，也客观上形成各具特色的商业发育空间。京师九门，皆有课税，而统于

---

① 当然，除了以上罗列，城池有一套防御体系，还包括城墙、城门、瓮城、角楼、敌台、护城河等多道设施。

崇文一司，崇文门规范来往客商。就以东直门来说，是京城所需木材运输与存储的必经之地，清代在此外建水关，管理进京货物。又增设"春场"，每至立春时顺天府尹于此鞭"春牛"、"打春"。东直门外是三教九流的汇集之地，郊外盆窑小贩、日用杂品占据瓮城一带，但瓮城庙中的药王雕像极为精细，市人称"东直雕像"。① 砖窑大多云集在东直门外，因此东直门不仅走拉木材车，还走拉砖瓦车。清人朱一新根据自己分纂的《顺天府志·坊巷门》写成《京师坊巷志稿》，就非常详细记载附入了北京的坊巷胡同，不仅包括了各类官署与王公宅第，其他诸如寺观、会馆、桥井也囊括在内，仅仅记载清代北京有名的街巷胡同就有2077条，地理分布可谓一目了然。

"前三门外货连行，茶市金珠集巨商"。北京德胜门城楼东侧，曾是"晓市市场"，至今还有一堆以"晓市"命名的胡同。北京城中，商贾云集百货齐聚，"京师前门外廊房头条胡同比户鳞栉，皆系灯铺、画铺，共约五六十家。所售纱绫、玻璃各灯，穷工极巧，尽三冬之力，制造齐全"②。除"前三门"外，以朝阳门关厢最为热闹，由于各地珍奇经过，也被称为奇货门。1903年，东

---

① 党洁编著：《北京城旧影寻踪》，北京理工大学出版社2012年版，第11页。

② 《图绘伶伦》，《申报》，清光绪丙子二月初七（1876年3月2日），第2页。

第一章　帝都之影：京味文化的形成与演变　　33

安市场选址在皇城旁边的东华门，临近八旗兵神机营的练兵场，使得清初以来不允许经营商业的内城逐渐繁华起来，是北京建立最早的一座综合市场，形成为商业中心。故而，宣统年间有竹枝词专门形容东安市场的兴盛："新开各处市场宽，买物随心不费难。若论繁华首一指，请君城内赴东安"①。据1933年的统计，在市场内的9条通道中，店铺267家，摊位658个，经营的商业种类有60种之多，其中包括16个经营区，有畅观楼、青云阁、中华商场、丹桂商场、桂铭商场、霖记商场和东庆楼7个小商场，"百货杂陈，游人如蚁，殊为北平全市之唯一最大商场"②。然而，东安市场也并非独霸晚清民国的市场，逛厂甸、走庙会等活动更加流为风气。

我们再以粮食和生活物品市场为例，清代早期北京正阳门外（四门三桥五牌楼）是最主要的物资集散地，包含了大米铺、粮食商等多种类型。乾隆、嘉庆之时，市场范围扩大至东直门、朝阳门、宣武门外。到道光时，市场又扩至崇文门外、西直门外、东便门外、广宁门内、广渠门内等地。内城和皇城外有许多米局、米铺，形成东四、西四牌楼粮食市场，以旗人的需求最盛，而汉人

---

① 兰陵忧患生：《京华百二竹枝词》，杨米人等：《清代北京竹枝词（13种）》，北京古籍出版社1982年版，第123页。
② 马芷庠、张恨水审定：《老北京旅行指南》，北京燕山出版社1997年版，第346页。

图 1—3　北京内城旗人的住宅

的交易空间主要在南城。① 京城以外的通州也是批发集散市场，旗汉分居制度消解后，内城商业更趋繁荣。民国十七年（1928年），正阳门的箭楼辟为国货陈列所，到了30年代又增设电影院，1949年艺人魏喜奎等组织大众游艺社在此演出。可以说，真正意义上市民生活和商业繁荣，基本围绕着内城与外城及其相关的公共空间产生。在庄严的等级秩序之下，祭祀建筑、传统的商业街区、皇家庙宇、传统居住区有机串联，成为老城严谨规划背后的市井活力。

近代京城承袭千年古都宗教文化的遗产，儒、释、道

---

①　邓亦兵：《清代前期北京粮食市场分布》，《中国经济史研究》2018年第4期，第19—27页。

宫观寺庙众多,为全国都市之冠①。万寿山寺院众多,圆镜寺"霜寒半陂水,木落一禅关。食施湖中鸟,窗窥塞上山"。佛教的法源寺、潭柘寺、戒台寺、云居寺、八大处,道教的白云观,伊斯兰教的北京牛街礼拜寺,藏传佛教(喇嘛教)的雍和宫,天主教西什库天主堂、王府井天主堂,基督教的缸瓦市教堂,崇文门教堂等建筑星罗棋布,遍布街巷,宗教文化也构成了京味的来源之一。北京内城的寺庙广布,统治者时而支持时而又政策压制。除了西式教堂开始兴建,"或曰神父,或称教友,变换姓名,各立标号",中国传统"儒、释、道"宗教场所则是祭祀与信仰主流。据相关统计,明代北京有名可数的佛教寺庙数量约为810所左右。清代之后,朝廷不干预寺庙的建设,这个数字成倍增长,据美国学者韩书瑞估计,至少有2500多座。乾隆年间编制的《僧录司清册》中登记了2240座北京寺庙,这还只是有常驻僧人的汉传佛教寺庙,大量藏传佛教寺庙、道教寺观及无常驻僧人的民间小庙尚不包括在内,是一个相对保守的估计。政局不稳定,宗教从业者生计难以保障,到了1930年,北平市社会局登记的寺庙数量则降到了1734座,且这是全部佛、道、民间寺庙的

---

① 习五一:《近代北京寺庙的类型结构解析》,《世界宗教研究》2006年第1期,第34页。

总数①。京师八门瓮城内多数建有关帝庙,安定门内建真武庙,"食施湖中鸟,窗窥塞上山"的圆静寺,象征佛教"四大部洲":"南瞻部洲"、"北俱卢洲"、"东胜神洲"和"西牛贺洲"的万寿山谐趣园,为乾隆年间兴建的藏式宗教建筑群,碧云寺、戒台寺、孔庙、满族祭祀堂子各有香火信众,这些遍布京城的宗教场所和寺庙建筑,乃是北京皇家信仰与民间风俗的重要表征,也成为京味滋生的空间。

规模不同的寺庙庵观曾经遍布在大街小巷与皇家宫苑之内。"一弘天半澈,百道润边悬"的京西香山碧云寺,经乾隆诗歌的传颂,香火鼎盛。万寿前山智慧海和殿前牌楼正面和背面有一个石额题字,上书一首佛教的偈语:"众香界、祇树林、智慧海、吉祥云",在清代为京师僧俗的朝拜圣地,皇家力量推助了宗教信仰的繁盛。不仅如此,以各种民间神祇为主题的寺庙也吸引了诸多信众。具体来说,以庙会为核心的民众活动,有耍狮子、踩高跷、小车会、旱船等。技艺中有耍中幡、拉洋片、双簧等,可谓"灯花百货,珠石罗绮,古今异物,贵贱杂沓"②,令

---

① 鞠熙:《碑刻所见 18 世纪北京内城民俗的变化》,《华东师范大学学报》(哲学社会科学版)2015 年第 2 期,第 75 页;根据其他资料记载,1928 年北京共有登记寺庙1631 个,1936 年 1631 个,1947 年有 728 个,见北京市档案馆:《北京寺庙历史资料》,中国档案出版社 1997 年版。

② 丁世良:《中国地方志民俗资料汇编·华北卷》,书目文献出版社 1989 年版,第 12 页。

第一章 帝都之影：京味文化的形成与演变

人大开眼界，成为京味文化的派生品，也吸引了数量众多的香客，正可谓"击太平鼓无昏晓，跳百索无稚壮，戴面具耍大头和尚，聚观无男女"，宗教活动与商业买卖交叉化发展，别有意趣。定期集市的庙会有土地庙、花市、白塔寺、护国寺、隆福寺、半集市一半佞神迷信的东岳庙等，京城民俗终岁勤苦，间以庙会为乐。清代人称为城郭之间，五顶环列①；京师周边，二山兴盛。根据《燕京岁时记》的记载：

> 开庙之日，百货云集，凡珠玉、绫罗、衣服、饮食、古玩、字画、花鸟、虫鱼以及寻常日用之物，星卜、杂技之流，无所不有。②

四月潭柘观佛蛇，已成清代京城之民俗。临近"浴佛法会"、"莲池大会"、"龙华圣会"之时，善男信女与游玩散客，云集古寺。至迟于清乾隆年间，北京东部的丫髻山与妙峰山在民间并称"二山"，都是北京百姓朝顶进香的圣地。每年农历四月初一到十五，是妙峰山进香的时间，对市民有强烈的吸引力，据《燕京岁时记》记

---

① "五顶"是对老北京五座碧霞元君庙的俗称，具体言之就是东直门外的东顶、左安门外弘仁桥的大南顶和永定门外南顶村的小南顶、西直门外的西顶、安定门外北顶村的北顶，以及右安门外十里草桥的中顶；"二山"是说丫髻山和妙峰山。

② 富察敦崇：《燕京岁时记》，北京古籍出版社1987年版，第53页。

载:"每届四月,自初一开庙,半月香火极盛"。每逢节庆或定期集会时间,40里山路灯火不绝,有那"自了心愿"的茶棚、粥棚和给香客缝鞋的缝绽老会,给予游人极大方便。① 四月十八日是碧霞元君诞辰之际,京城民众"群从游闲,数唱吹弹以乐之。旗幢鼓金者,绣旗丹旐各百十,青黄皂绣盖各百十,骑鼓吹步、伐鼓鸣金者称是"。几乎是"大抵四时有会,每月有会。会则摊肆纷陈,仕女竞集,谓之好游荡可,谓之升平景象亦可"(《旧京琐记》)。城市生活中既有宫廷礼乐仪式,也有城市艺人的日常演出与民俗节庆中的底层游艺,"绝活儿"与"玩把式"成为天桥附近与城郊庙市独特的风景。

明清之后,北京除了皇族、官员之外,平民主要由读书人、技艺人、商人、宗教从业者和一般劳动者组成,其中以下层绅士人数为最多,大批不事生产的皇族贵胄和官员商绅,他们的消费需求和生命内容激发了京师社会生活的繁荣。北京具有奇特的融合力,天朝不仅"怀柔远人",亦"凝聚万方",不同出身、不同民族、不同地域、不同阶层乃至不同国家的人汇集北京,使得北京自元代开始就是一个全球性和国际化的大城市。欧洲同期的城市,基本没有达到北京同等城市规模的。

根据相关研究,清代北京城的主要商业中心,大致

---

① 刘鹏:《北京的庙会》,《北京档案》2008年第1期,第41页。

围绕皇城均匀分布，内城的商业中心主要服务于周围居民，以综合性的零售业为主；外城的商业中心不仅服务于城区居民，还为郊区农民和更远的商业腹地提供商品，长途贩运贸易和中转批发贸易所占比例较大①。到了民国，北京外籍人口已经有了一定比例，而且外国商品也成为市面随处可见之物。北京西单与南城一带的三友实业社、真光照相馆、雀巢公司、南洋兄弟烟草公司、化妆品公司等大中小企业纷纷成立。据记载在1935年厂甸春节庙会集市上，在百余家玩具商摊中，有80余家销售日本玩具②。在清人吴趼人的小说《二十年目睹之怪现状》中就写道："他便把门面装潢得金碧辉煌，把些光怪陆离的洋货，罗列在外"，洋货从晚清开始就成为市井生活中的一个历史符号与商品印象。

经济要素的变革带来了强势的城市变革，也给很多民众的生活取向与情趣赋予了很多纵深化意义。繁华的商业区和流转集市，现代化的生活方式与体验，提供了物资集散的空间，也给京味文化的形成创造了广阔的舞台，有一首竹枝词形容北京由宣武门外的香厂市场改为新世界商场的盛况："香厂翻成新世界，如云仕女杂流民。五居楼阁冲霄起，戏馆茶寮百味陈"，可以"说一

---

① 刘新江：《清代北京城市经济空间结构初探》，《城市史研究》，2009年，第232页。

② 刘娟等选编：《北京经济史资料》，北京燕山出版社1990年版，第392页。

时市女骈集,较之厂甸或且过之"①,融合有戏剧、电影、魔术、杂技、曲艺等多种演出场地;1919年建造的城南游艺园,亦包括了剧场、电影场、舞场、旱冰场、保龄球场、曲艺场、杂技场,热闹非凡。甚至,民国时期的集邮爱好、投资股票等活动,也蔚为一时之大观。

清代皇家专饮位于颐和园西五六里的玉泉山之水,康熙云"酌泉水而甘",乾隆亲题"功憨无双水,名称第一泉",其"水清而碧,澄洁似玉",采汲之水经西直门入宫。而普通民众多凿井而饮,不可私取玉泉山水,据清光绪十一年《京师坊巷志稿》记载,北京内外城共有水井数1258个,大多水质咸苦,只有极少数甘甜,能饮用的不多,只有王府井附近的水质尚可。清末之际,"京师自来水一事,于卫生、消防关系最要,迭经商民在臣部禀请承办"②。自来水引入城市建设与规划之后,习惯水井抽水的北京人感慨:"机关一启,汩汩其来,飞珠走雪,如天然之泉脉,巨室既引之,厨房、浴室亦联于铜管,取之不竭,足食足用。各大街之口,亦有龙头,由附近铺户代售水等"③。"一自维新修马路,眼前

---

① 京都市政公所编:《京都市政汇览》,"关于劝业行政事项"1914年版,第104页。

② 北京市档案馆、北京市自来水公司、中国人民大学档案系文献编纂学教研室:《北京自来水公司档案史料》,北京燕山出版社1986年版,第4页。

③ 林传甲著,杨镰、张颐青整理:《大中华京兆地理志》,中国青年出版社2012年版,第42页。

王道始平平",市政建设的完善改变了北京的风尘。《都门竹枝词》中所说的,"马蹄过处黑灰吹,鼻孔填平闭眼皮。堆子日斜争泼水,红尘也有暂停时",城市环境大大改观。无疑,新生事物和方便快捷的民用技术给老北京人带来的心理震撼是可以想见的。

　　船坚炮利的锋芒遮掩不住现代化渗透的车速,也给京人的生活模式带来了别样的日常体验。"楼上楼下,电灯电话;耕地不用牛,点灯不用油",原本在士人眼中的奇技淫巧逐步内化为生活的必要组合,蔓延于近代中国社会发展的脉系之内。现代化的生活方式加深了京味扩展的空间,从清末开始,最早仅仅在东交民巷出现的电力照明,逐步在北京广泛使用,这使得夜晚的北京市井生活增添了很多内容。技术改进之后,使城市夜晚呈现出不同于白日的另一种景象,斑斓的灯光不仅渲染了都市的繁华,更极大增添了诸多生活内容,夜生活的概念随之产生,人们的时间观念得以扩展,生活方式也相应改变。

　　行文至此,我们稍作总结,晚清至于民国时期,北京城市生活的变化,不仅表现在城市规模的扩大和人口数量的增多。各种新兴因素在为城市带来巨大活力的同时,也对北京原有的城市文化传统与市民的生活方式产生很大冲击。这里主要包括三种新的趋向:

　　第一,"王气"渐次消沉,市井气、京味文化通过日常生活的丰富,逐步建构起来,京味在民众的社会生活与交往结构中不断扩张，塑造着京城的生活节奏和商业模式；

第二，西式元素纳入京城文化的演进系统内，使得京味在洋气、市井气和"传统气"中渐次形成，京味逐步向最基层渗透，并衍生为颇具平等色彩的底层文化，在民间开枝散叶；

第三，由社会生活变化引发的思想变化，活跃开放的社会潮流，与京味文化互动互生，在消费需求的催动中，最终影响到了京味文化的近代化走向，演变为代表北京的地方性文化，也影响了近代北京的城市底蕴。

图1—4 站在火车上的官绅

第一章　帝都之影：京味文化的形成与演变

值得一提的是，晚清北京"帝都"环境的变化，"各国不能不仰息中华"①的既定印象猝然破裂，给京味同时带来了机遇与挑战。也就是说，欧风美雨的广泛传播，社会时局的巨大变化，使得北京的社会生活和城市景观更为多元化，市政建设、城市改造乃至商业空间愈趋定型，奠定了京味文化形成的社会基础。光绪初年至清末新政时期，象征文明的电车、汽车、火车乃至与城市管理相关的警察制度、消防措施已经粗具雏形，成为京味文化升级的前提之一。

清初"内城逼近宫阙，例禁喧哗"，朝廷秉持"首崇满洲"之策略，根据吴长元《宸垣识略》卷5记载：内城所编八旗居址，界限甚清，无论是宫廷秩序还是住所分布，都有强烈的禁令与规则。晚清庚子变乱，北京罹遭兵难，但是尚未失去控制力。到了1911年，中国近代史资料丛刊《辛亥革命·关于南北议和的清方档案》中描述清末的地方秩序："未乱之区，或以宫廷不和，而妄相窥测"，朝廷已经成为空架子，局势暗流涌动。民国建立之后，如《清宣统政纪》中所言："从前营业、居住等限制，一律蠲除，各州县听其自由入籍"，原本威严不可亲近的皇城禁苑相继开放，王府井、西单等商业新区逐步兴起，新颖的生活方式不断冲击传统的社会

---

① 齐思和等编：《筹办夷务始末（道光朝）》卷2第1册，中华书局1964年版，第100页。

风俗。1915年,社稷坛改为中央公园。1925年,孙中山先生在北京逝世,曾在社稷坛拜殿内停放灵柩,接受各界人士吊唁。1928年,社稷坛拜殿改名为中山堂,而后社稷坛也改名为中山公园。

这个改变打破了内城依赖行政力量保障资源输入的格局,商业发育和民众生活的空间大大拓展。新式城市道路、城市沟渠、排水管、新式建筑的兴建,电力照明、电报电话、新式交通工具、自来水等带有现代城市元素的公共事业隐然起步,北京显现出一派欣欣向荣的"新城"景象。当然,凡在天地之间者,莫不变,京味也不再像古代社会那样,保持着长久的稳定性。

西方力量的强势介入,也一度使得古老的"京味"有所破坏,蒙上了一层黯淡的色彩、五味杂陈。第二次鸦片战争期间,"北京大约有三百万人口,但从宽敞的街道、被废弃的房屋、满人城区和汉人城区里大片荒废的地方来看,我们大胆地估计,这里的实际人口不会超过一百万"①。通州八里桥失守后,安定门首先见证了英法联军的狂傲。据清人赘漫野叟在《庚申夷氛纪略》中描述:

街市间累肩接踵,扶老携幼,牵男抱女,背负

---

① 斯温霍:《1860年华北战役纪要》,中西书局2011年版,第204页。

第一章　帝都之影：京味文化的形成与演变

袱被，手提筐笼，竭蹶喘汗，妇女纤弱，褴褛羞缩，踉跄颠仆，蓬首垢面，号啼之声，相续不绝于路，此皆无力穷家之苦况也。若夫王公、大臣、汉官、富户之家属，乍闻天津失守，犬羊内窜，早已迁徙出都，百无一存。其余官民，力稍逊者，至寇氛近逼，危迫之时，勉强迁徙出都者，亦十之三四。①

北京西山一带的"三山五园"②也遭到极大破坏，暴源清的《卜竹斋文集》中记载："（1860年）九月初，夷人焚五园三山，圆明园内外胜景，悉成微烬矣"。到了晚清，八国联军入侵北京时，正阳门城楼和箭楼（1903年被清政府修复）、崇文门箭楼和朝阳门箭楼被焚③，战后不得不重建，成为古老帝国和京城人的苦涩味道：

> 逮庚子之役，联军入京，城楼遭毁，城墙炮弹之迹，或如蜂窝。和议既成，筹款重建，仅一城楼，而报销闻至百万。说者谓其实不过二十余万已足。然工料之坚实，局面之堂皇，与庚子前有过之而无

---

① 齐思和等编：《第二次鸦片战争（二）》，上海人民出版社1979年版，第13页。

② "三山五园"一般是指万寿山、香山、玉泉山和圆明园、畅春园、静宜园、静明园、清漪园。

③ 北洋军阀统治时期，为修环城铁路又拆毁了几处瓮城和箭楼。北京城墙在日本占领时期和国民党统治时期也有不同程度的损毁。如1915年德胜门瓮城和闸楼被拆除，1921年德胜门城楼被拆除。

不及焉。①

吴承炬在《东园诗钞》中感慨：八国联军庚子年，夫人城比帝城坚。百官接踵触尘雾，万户伤心生野烟。饱含天朝帝都威仪的城墙，此时也呈现出"城垣驰道，蔓草荒芜，不复能行，其门楼亦多拆卸"的衰颓征象，从明清的"江米巷"到后来改称"交民巷"，反映了京师内部秩序的微妙变化。实际上，不止西方人的破坏，1900年义和团拳民运动狂飙，曾一把火将大栅栏商业区付之一炬。著名文献《清稗类钞》中记载："光绪辛丑，孝钦后率德宗自西安回銮，都中街市萧条"②。京师威严与秩序尽丧，以致于"数百万生灵，嗷嗷待哺，觅食维艰，穷蹙情形，不堪言状"③。而且，以圆明园为代表的皇家园林被肆意破坏，北京被八国联军洗劫和骚扰，据《泰晤士报》称，仅仅第二次鸦片战争期间："被劫掠和被破坏的财产，总值超过600万镑"。1901年，清廷在北京与十一个国家签署了《辛丑条约》，"皇城子民"的自信被一次次瓦解。当然，除了西人的侵扰，清中期开

---

① 《正阳门城楼》，《时事报图画旬报》，第2期，宣统元年（1909）二月中浣。

② 徐珂编撰：《清稗类钞》（第5册），中华书局1984年版，第2296页。

③ 故宫博物院明清档案馆编：《义和团档案史料》上册，中华书局1979年版，第552页。

始的天理教起义、太平天国起义和各类民变的躁动也一度深入宫禁，打破了帝王家的优容。

实际上，西方人眼中的北京，是一个不断变化的印象。伴随英法联军侵入北京，一批欧洲人于1860年开始以胜利者兼现代文明传播者的双重视角重新观察北京城。对比13世纪西方世界所形成的北京乃"无与伦比"之城，以及17世纪晚期传教士留下的富丽之城的记载，1860年的入侵者对北京的印象发生了严重的断裂[1]，原本震撼于东方文明的西来者此时则嗤之以鼻，北京几乎成为一个文明衰颓的象征符号，有时候还遍布"残垣断壁、碎砖乱瓦"。

18世纪中期之后，无论是各个差会传教士还是来华游历者，摩肩接踵，对于京师北京的描述，除去少许所谓"慕中华礼义"之客的猎奇描绘，或会集中于对新颖的习俗民风的称道，在大部分情况下，行文中蕴含有一种西式文明的优越感。中国人慵懒散漫、贫病麻木和缺乏活力的形象，被淋漓尽致地展现和集合于对城市日常的观察之中。可以说，京味文化又是在夹杂痛苦、狼狈不堪的民族情感中形成的。因此，解读"京味"之沉重，也在于它身上又背负着极为沉重的历史积淀。

总而言之，京味的内涵极深、包容很广、范围很宽。

---

[1] 周增光：《十九世纪六十年代北京国际形象的断裂与重塑》，《北京社会科学》2018年第6期，第86—87页。

那么，我们由表及里，京味文化的内在特质是什么呢？

第三节　京味文化的内在特质

之所以认为京味是帝都秩序的"市井投影"，其中的历史与文化过程前两节已做说明。因此可以说，京味在时代衍生中成为北京的城市性格，京味也是庶民文化快速发展的结果。作家刘一达在《有鼻子有眼》一书中如此评价京味：京味表现出来的是一种心境，这种心境可用八个字来概括：恬淡冲和，超脱通达。京味文化当然不是媚俗的，也并非低俗恶质的。刘先生的总结，固然精到，高屋建瓴，可毕竟忽略了京味文化其中一些"市井气"、一些"接地气"和一些"草根气"的必要内涵。上至达官显贵，下至市民农夫，还有外国游客，皆能体悟到京味带来的震撼。

天上神仙府，世上帝王家。宫禁的诡秘与祸福莫测毕竟和普通民众相距甚远，西苑三海和景山等皇家园林气象庄严，充斥着湮没无闻与不可外道的故事。皇家文化强势之际，京味还是"襁褓中的婴儿"。在朝廷意志与精密导控之外，京味文化的灵魂在于市井与庶民，"昔日帝后游兴场所，今咸为士民宴乐之地"[①]。当今，两个美丽的公主早已不在，原本清仁宗嘉庆皇帝庄敬和

---

①　汤用彬：《旧都文物略》，北京古籍出版社1999年版，第57页。

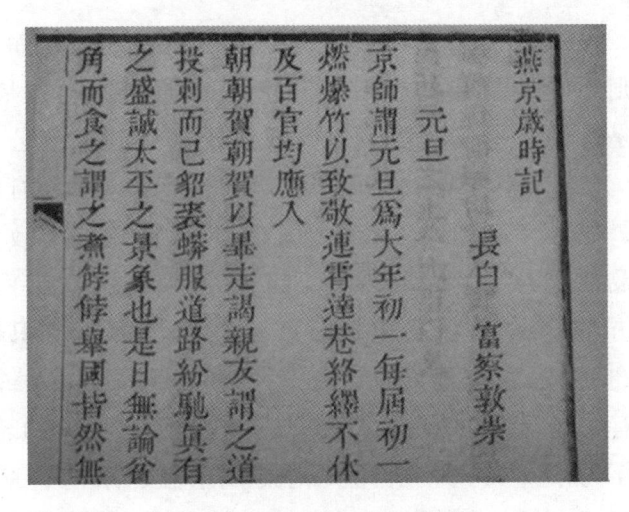

第一章　帝都之影：京味文化的形成与演变　　49

图1—5　《燕京岁时记》书影

硕公主、庄静固伦公主的陵墓所在之地，是为公主坟。不仅仅此一处，朝阳区的佛手公主（和硕和嘉公主）坟，京城人言道"一出便门往东看，石人石马六把罐"①，此类京味可谓是一种现实遗存、历史记忆与人文关怀。人员博杂，帝王将相，才子佳人；行旅客商，贩夫走卒，共同在城市的兼容中共享生活品味，京华生活风靡一时。

京味文化的精髓还在于品，在于"地道"，在于点滴日常，在于用心体悟。京味不是一个空泛的概念，它融合于城市生活的方方面面，是首都文化的基本样态与

---

① 据文献《旧都文物略》记载，佛手公主坟园寝"墓前石兽、翁仲甚宏丽"，"银汉分光"牌坊蔚为一时胜景。

表征。民众日常除了衣食住行，还有精神生活，而精神生活则无疑是京味的核心表达。在长期的历史发展中，特别是晚清、民国之际，"大权统于朝廷，庶政公诸舆论"，光绪二十九年（1903年）9月7日，清政府设立商部，倡导官商创办工商企业。在清末新政各类政策规设以及社会力量勃兴的现实下，北京逐渐形成了一种独具地方韵味的市井文化，即京味文化。清廷意识到了"重农抑商"之弊而转向"恤工惠商"政策之后，城市商业有一个显著的增长，京味文化的雏形已经若隐若现。

作为市井文化，京味文化集"京腔、京韵、京味"的风情于一身。胡同、四合院、大院、茶馆、城墙、牌楼、戏院、陶然亭、大栅栏、琉璃厂、后海等是市井生活的场所和地标。岁时节令、婚丧嫁娶、婴儿"洗三"与"满月"、老人寿辰及遛鸟、放鸽、养花、种草、扎风筝、抖空竹是老百姓的生活习俗与情趣。北京烤鸭、风味小吃、干鲜果品以独特工艺保证了正宗的"北京味道"。京味文学、京味戏曲、京味影视、民间工艺等独树一帜，以北京人艺为代表的京派话剧更是成为话剧艺术的国家流派。以充满北京地域气息的北京话为载体的京剧、京派相声，在国内外产生深远影响，成为京味文化的重要象征符号。正如有人描写：

> 种种叫卖之声，有如老生，有如净；有快板，有慢板，收废纸的一声换洋取灯儿，有如老旦的哀

第一章 帝都之影：京味文化的形成与演变

切，深夜叫卖饽饽的长腔使馋鬼们几欲断肠。①

京味文化以天子脚下、皇城根旁、胡同巷内、四合院里的平民文化为主体，上承宫廷文化和缙绅文化的营养；以北京地区的汉族文化为主体，有机融合着满、蒙、藏等其他民族文化的精粹。近代中国革命运动的烽火与曲折，红色文化亦给京味增添了别样的肃穆色彩。中华人民共和国成立以后，北京建立了许多大院，又形成了相对独立的亚文化即大院文化。大院文化与胡同文化紧密交融、互相影响，给京味文化增添了新的时代元素。在上世纪50年代之后，北京的城市规划、建筑设计、下水道、城市供暖、地下轨道交通与道路规划设计以及高等院校的规划建设等方面都受到了苏联因素的突出影响②。以苏为师的历史，北京街市一度也有一些苏联文化的影子，这些都是"京味"形成过程中的文化资源。

京味文化融会多元、植根百姓，具有极强的亲和力。林语堂先生曾经这样赞许北京："它是一个理想的城市，每个人都有呼吸之地，农村幽静与城市舒适媲美。那里的街道排列恰当，清晨在花园中拔白菜的时候，抬头可以看到西山的雄姿——然而距离一家大百货商店，只有

---

① [日] 内藤湖南、青木正儿著：《两个日本汉学家的中国纪行》，王青译，光明日报出版社1999年版。

② 李扬：《20世纪50年代北京城市规划中的苏联因素》，《当代中国史研究》2018年第3期，第104页。

一箭之地"(《动人的北平》)。不错,京味的亲和魅力,使来自天南地北的人们很容易将这里视为自己的精神故乡,产生浓重的归属与依恋。

可见,京味文化是首都寻常百姓的文化,体现在老百姓的全部生活之中,是首都文化中最鲜活、最接地气的部分。总体来说,京味文化是由宫廷文化、缙绅文化、庶民文化和宗教文化四者相互交织、有机结合而成的。我们可以给京味文化总结出四大特征。

一是诚信重礼。

北京自晚清民国时期开始,虽然也有不少城市近代化的探索,但当时的北京一直以"文化古都"的形象示人,与"摩登上海"形成鲜明对比①。京味文化深受儒家伦理的影响,养成了一种讲究诚信、注重礼仪的古朴民风。北京至今犹存一批始建于明清或民国的老字号,涉及零售、餐饮、医药、食品、烟酒、丝绸等行业,书店、照相、美发、洗染、浴池等服务领域,档次可高可低,与百姓的衣食住行密不可分。这些老字号具有浓郁的儒商精神,诸如践行"同修仁德、济世养身"的同仁堂,坚持"全而无缺、聚而不散、仁德至上"的全聚德等,充分体现了京味文化重诚信的一面。

如果说注重诚信是儒家伦理的内在表现的话,那么

---

① 李扬:《"苏联式"建筑与"新北京"的城市形塑——以1950年代的苏联展览馆为例》,《首都师范大学学报》2017年第2期,第143页。

注重礼仪则是儒家伦理的外在流露。北京人向以凡事讲究礼数、"有礼有面"著称,"彬彬有礼"四个字早已融入北京文化的每一个"细胞"里,流露在北京人的举手投足间。比如张口就是"您"——把"你"放在"心"上,在街上跟老熟人见面握手时要摘下帽子;远道的客人来家里串门,送客必须要送到胡同口;与人交际要有来有往,送礼要有送有还,等等。这些礼仪不论贤愚、不分贵贱,都是那么周到热情。老舍先生曾经不无自豪地说,北京城中"连走卒小贩全另有风度",全然有一种独特气质。①

二是通达自在。

京味文化继承和弘扬了元代以来的市民文化精神,追求个性自由、闲适安乐。特别是在清代,北京城居住着大量旗人,见过风云变幻的大世面,又不必过度为衣食而忙碌,于是逐渐养成了一种追求闲适、讲究情趣的生活样态,嗜好下棋饮茶、提笼架鸟,而不愿过度营求,对待外界荣辱也能心平气和。这样一种生活样态逐渐影响到其他社会人群,从而形成京味文化的基调。

北京人居于京城,是一种令人尊重的社会地位,却又视富贵如浮云,并不刻意追过闻达,更瞧不起蝇营狗

---

① 黄月平、常克省:《文化:北京城市发展之魂》,《北京时报》2018年1月22日,第14版,第4页。

苟。无论生活水平是高是低,人生顺遂还是坎坷,京味文化所体现的是一种安适闲散、知足常乐的人生态度。基于这种通达,北京人普遍展现出一种直面现实的幽默感,善于自我调侃。北京人的善"侃",更多时候不是为了交流信息,而是一种与外界积极保持联系、缓释生活压力、倾诉内心不平的方式。北京人真诚率性、大方豪爽、乐于助人,无论辈分、职业,喜欢称"爷",虽有些许玩世不恭,却并非傲慢,而是骨子里透出的一份自信与自在。① 此种对生活处境的顺应与对生活情趣的追求所反映出来的精神境界,是一种不可复制的人文景象。

总之,通达自在是深蕴于京味文化中的一种情趣、一种识度、一种格调和一种生气。

三是雅俗共赏。

在北京,传统上作为俗文化的平民文化与宫廷文化、缙绅文化等不同的文化层级间能和平共处,又相互影响,京味文化就是在雅俗文化之间互鉴互易、相生相济基础上形成的,从而既具备北京地方韵味,又具有一定程度的宫廷气象与鸿儒风范。

北京并未把底层文化遗忘在市井的角落里。大雅近俗,俗而能雅,出门偶得,随处可见。医、卜、星、相、

---

① 见张华强:《故都子民:北京人京味作家笔下的北京人文化性格》,西北大学硕士论文,2018年,第25页。

皂、隶、娼、优、卒，社会各界广泛参与塑造了京味的民间内涵。既具有多元的品位，又具有较高的追求，"势家歇马评珍玩，冷客摊前向故书"，精致从容。三教九流、五行八作、什样杂耍，京味作家赵大年用"俚而不俗，戏而不谑"来形容京味文化，至为准确。北京人视野开阔，总体文化素质较高，文化活动得到各阶层的认同和参与。当然，精英文化总是和普罗大众的日常生活有一些距离。

阜成梅花报暖春，京师花木类多奇，风物奇特，小胡同、四合院、大杂院、古城墙，天桥的杂耍，白塔寺的庙会，厂甸的春节，乃至小酒铺闲聊，马路边唱戏，练把式，无不浸透着一种独特的乡土气息。例如，北京梨园界的不少人有较高的文化艺术修养，他们极力推敲曲调和唱词，揣摩动作造型，加上一些文化人积极参与，促进了京剧表演精益求精，日臻化境，受到社会不同阶层的喜爱。①

就连老北京的市声、叫卖也让人着迷，作家张恨水甚至断言："我也走过不少的南北码头，所听到的小贩吆唤声，没有任何一地能赛过北平的。北平小贩的吆唤声，复杂而谐和，无论其是昼是夜，是寒是暑，都能给予听者一种深刻的印象"（《说市声》）。各类庙市如关帝庙、观音寺、七圣祠、五圣祠、龙王庙、娘娘庙、真武

---

① 宋卫忠：《民俗北京》，旅游教育出版社2005年版，第13页。

庙、土地庙、三圣祠、火神庙、药王庙、地藏庵、九圣祠、财神庙、弥勒寺、吕祖祠等，往往"人烟辐辏，车马喧阗。夜间灯火之繁，灿如列宿"[1]，共同勾勒出雅俗之间民众的日常生活与心理世界。有人曾经归纳京味的三种来源,：一是作为历代国都的京城，皇室权贵及其后裔的生活方式，行为模式所构成的帝都遗风。二是前清遗老、八旗子弟和众多小生产者等组成的成分极为复杂的市民阶层的崇官重礼习气。三是由五行八作、三教九流等下层市民体现的行业行为特征"[2]，这其中是离不开雅俗共赏和上下互动的。

清末民初的政治变革，结束了两千多年的王朝统治，宫廷文化大量流出，部分精华内容渗透于民间，融入了京味文化之中。随着五四新文化运动的兴起，民俗民情受到进步文人的重视，使京味文化得以登堂入室。这样一种由上至下和由下至上的双向运动，使得京味文化具有了大俗大雅、以雅统俗、以俗存雅、雅俗共赏的特点。

四是和乐交融。

京味是渗透与飘荡在皇权社会下的一股伏流，与市井发育的深度与广度息息相关。京味的成长与形成有不同的面相，融合了多样化的文化资源。京味文化是不同

---

[1] 富察敦崇：《燕京岁时记》，北京古籍出版社1980年重印本，第63页。

[2] 许自强：《再谈"京味小说派"——兼评〈化俗为雅的艺术—京味小说特征〉》，《北京社会科学》1995年第2期，第52—58页。

第一章　帝都之影：京味文化的形成与演变　　57

图1—6　街头杂耍的民间艺人

地域、民族、阶层文化会通、交融的结果。这样一种交融是你中有我、我中有你，充满世俗情趣的愉悦互动。旗俗与汉俗、西学与中学、传统与现代，皆熔炉于北京这一空间之中。京都雅游之所的琉璃厂，也交融于和乐的氛围之中。

　　京味少不了视觉、味觉与感觉的身心体验，构成了居京休闲、娱乐和民俗生活的核心内容。比如，在戏曲方面，国粹京剧前身是清初流行于江南地区的徽班，徽班进京演出同来自湖北的汉调艺人合作，相互影响，又接受了昆曲、秦腔的部分剧目、曲调和表演方法，并吸收了一些民间曲调，逐渐融合、演变，才发展成为饮誉世界的煌煌国粹。① 此外，满族与汉族文化的交融还形成了曲子词、相声、小品等以说唱为主、幽默喜乐的曲艺。在饮食方面，各类菜系逐渐汇入北京，酝酿发展，最后形成了今日北京蔚为壮观的饮食文化，诸多美食脍炙人口，国内外耳熟能详。

作家梁实秋在散文名著《雅舍谈吃》中写了大量京城美食，诸如全聚德、便宜坊的烤鸭；正阳楼、烤肉宛、烤肉季的烤羊肉；厚德福的铁锅蛋、瓦块鱼、核桃腰；玉华台的水晶虾、汤包、甜汤核桃酪；致美斋的锅烧鸡、煎馄饨、爆双脆、爆肚；东兴楼的芙蓉鸡片、乌鱼线、虾籽烧冬笋、糟蒸鸭肝；忠信堂的油爆虾、盐焗虾，等等。其中提及的许多美食并非起源于北京，而是从其他各省传来，逐渐发展成熟。

在文学方面，京味文化吸收了少数民族的文化精髓，逐渐发展出了以《新儿女英雄传》《骆驼祥子》等荟萃汉族、满族、蒙古族等各族文化精髓的京味文学。中华人民共和国成立后，大批机关干部、军队官兵、知识分子和普通民众从全国各地汇聚北京，以大院文化的方式为京味文化融入了多元一体、昂扬向上的新时代的革命元素，推动京味文学继续向前发展，发展出了新京味文学，以邓友梅、王朔等作家为代表的新京味文学风靡一

---

① 黄月平、常克省：《文化：北京城市发展之魂》，《北京日报》2018年1月22日，第14版，第4页。

时，并很快衍生出以何冀平、冯小刚、姜文等为代表的京味戏剧和京味影视，至今影响不衰。改革开放之后，新文学风潮也于北京不断孕育发展，甚至在海子、骆一禾等人的新诗中，也免不了几分古都的影子和浸润。不同文化的和乐交融，共同熔铸了开放、包容、大气、生机勃勃的京腔、京韵与京味。①

小 结

帝都消退而城市文化勃兴，构成了京味的时代投影。元明清的京师文化是一种辐射全国的政治文化，以宫廷文化为主体兼及士人文化。而京味文化更多是体现为一种地域性文化，以民间文化为主体而辐射至各类亚文化。进入20世纪之后，古都北京逐步由封建"帝都"走向现代化大都市，京味的内涵也在不断扩展。清帝退位，民国肇建，建都北京的呼声仍然是全国主流，"将来国都地点，南北人士强半主张在北"。但是北伐运动之后，北京已经失去了作为都城的基础和现实条件。

作为帝制时代末期的市井强音，文化逐步走出帝制、步入民间，京味发育为一种以商业和日常为核心的内部体系，并不断传衍和再生。可以说，正是在政局变幻和

---

① 刘文尧:《京味文学发展态势的思考》,《文艺报》2007年12月30日。

文化传承中，诚信重礼、通达自在、雅俗共赏与和乐交融的京味文化以源远流长的古都文化为基础，又丰富和活化了古都文化，也以最接地气的方式涵养着象征中华人民共和国成立的红色文化与大院文化，告别故旧换新颜。可以说，各类文化型态共同锻造了京味文化独有的精气神，京味是一种立足人文的生活尺度。当然，京味文化还为创新文化提供了丰富的资源、有益的启迪，使首都的创新路径打上了深刻的京味烙印。这些文化资源都接续于传统并不断延续，正如王朔所言：

没有遗迹，一切都被剥夺得干干净净。

故此，我们传承京味、建设京味、消费京味乃至于重塑京味，必须追根溯源，与具体社会环境相融汇，或正如林徽因与梁思成在对北京城市规划中所言：今后我们的建设，必须强调同社会环境相配合。可以说，京味文化是一种近代性文化，同时京味也离不开京师气质的文化奠基。千年北京发展与演变的历史世相，在京味文化的形成中，构成了各个阶层的社会群像，普通人可以在帝制中国的等级秩序中享受着作为文化京味的浸染。

著名的文学家老舍曾说：没有民族风格的作品，是没有根的花，它不但在本乡本土活不下去，而且无论在哪里也活不下去。人类总是在时代变迁中明白过去的价值，也更加珍视过去的意义。作为地方文化的京味文化，与京师文化相辅相成、相得益彰,共同展示了元明清大一统时代的表率与示范作用。同时,京味在当下的时代变革中,又在现代化与传统之间凸显老北京与新北京之间特殊的文化张力和界限。对于京味文化中不健康和低俗的内容,也应去芜存菁,不断扬弃。

第二章　新旧之间：京味文化的构成与要素

从清代中后期延续至今，北京文化在都城、市井与知识三大转型中，形成了目前足以代表北京文化的京味风韵，其结构演变与历史过程，呈现出多方向、宽轨辙与交融性等核心特征。通过第一章的论述，我们可以在这里给京味文化下一个简单的定义：京味文化是一种近代北京社会变迁的历史文化图景，同时也是一个在动态演进过程之中逐步定型的心理认同。

京味不是一个简单的生活场景，而是结合着生活、文化与历史的纠缠，共同绘制起近代北京城市中的都市迷影和民俗往事。众所周知，地理、文化和制度是经济繁荣与社会发展的三个基本因素，而文化形态又影响了制度的建构与延续。北京的文化氛围影响了世代之人，而人是有历史、文化和情感世界的动物。"短篇圣手"林斤澜先生指出，居住过北京的许多现代作家都在文章中赞美过北京的韵味——蓝天、黄叶、叫卖声，从容、悠闲的情调。

京味与社会相联结就是一个生活的众生相，与上海的"魔都幻影"与"摩登之风"不同，北京文化在京味的新旧之间展现出特殊的张力。1911年，辛亥鼎革之后，作为故都的老北京，却更多是一种比较古雅和相对保守的城市印象，俨然成为一个有生活味、有文化气和有古朴风的北部中心，散发出独特魅力。那么，如果把京味文化放在历史的"显微镜"中和"折射镜"下，形形色色的京味内容，自然就勾勒出了北京特有的文化图景和城市印记。

第一节 衣食住行与京味土壤

食为政首，上自国家戎祀，中至制度演变，下至百姓生活，无不与之关联。衣食住行、柴米油盐酱醋茶与婚丧嫁娶是民众日常生活的最基本组成部分，是一切社会民俗的基础。革命先行者孙中山先生在其《民生主义》第三讲中就说："大家都能各尽各的义务，大家自然可以得衣食住行的四种需要"。那可不是，当下和平门附近的全聚德烤鸭店，仍然生意兴隆。

不过，老北京的京味特色，在发展演变中已经超出了满足生存需要的范畴，而是激发出民众的消费欲望和追求美好生活的诉求，呈现出平民化、习俗化和多元化的特征。

1、京味美食

古人云：民以食为天，民食问题一直以来都是人们最关心的问题。明清时期，北京朝廷粮食供应在很大程度上依赖于漕运，进而形成了体系完备的漕运仓储制度。京味的内涵太丰富了，但是京味的第一反应就是"吃食"，饮食的风味弥漫在老北京的角角落落，可谓舌尖上的京味、延绵不断的食文化。

老北京人对吃的讲究，非其他地方可比。北京的童谣唱道："小椿树，棒芽黄，掐了棒芽香又香；炒鸡蛋、拌豆腐，又鲜又香你尝尝"。北京小菜既有家的味道，也充满了对自然季节变化的把握。著名作家梁实秋先生曾说：要是没有豆汁儿和大冰糖葫芦，那还是北京吗？作家的内心是敏锐的，同时也说明了"吃什么"对于北京文化与生活的重要性。

京味美食飘香于被京味渲染的文化氛围之中，京师百货云集、苏脍南羹、佳肴汇聚，几乎可以尝到来自全国各地的菜系与小吃，号称"皇都品汇"、"帝京品物"，海内与天下无双。至今，北京的小吃街仍是热闹非常，如王府井小吃街、什刹海小吃一条街（原前门小吃迁来）。清代北京的饮食，有的登堂入室，而有的难上大雅之堂。清人潘荣陛在《帝京岁时纪胜》一书结尾，以对联来赞美北京的美食之众：

第二章 新旧之间：京味文化的构成与要素

> 饮食佳品，五味神尽在都门；京肴北炒，仙禄居百味争夸。

清末民初的北京人常说：逛小市、听小戏、吃小馆，居京市民的经济能力决定消费的规模与纵深，汇聚中华各地商人巨贾的北京，连同本地"吃皇粮"的官绅，在需求中衍生出很多独具特色的地方市井生活与娱乐行业。北京小吃极多，出门随处可见，故而俗称"碰头食"或"菜茶"，清代的《都门竹枝词》中生动地写道：

> 三大钱儿买甜花，切糕鬼腿闹喳喳，清晨一碗甜浆粥，才吃茶汤又面茶；凉果糕炸糖耳朵，吊炉烧饼艾窝窝，叉子火烧刚卖得，又听硬面叫饽饽；烧麦馄饨列满盘，新添挂粉好汤圆。爆肚油肝香灌肠，木须黄菜片儿汤。

这首颇有食趣的竹枝词就描绘出了北京小吃的多样性。除了老北京人，其他旅居北京的人来自中国的天南海北、各个角落，也产生了许多地方特色性小吃的需求，既有家常菜，也有地方菜，以致于"无鱼不成席，无鲜不下咽"。

京味美食是有阶层性的，老字号、品类齐全的京菜乃至各地的"土菜馆"，最初皆是天价，让许多人望而却步。但是同时，京味美食品种的多样性，又内部消弭了这种阶层性。大雅君子可以品尝京味,落魄的书生也不因吃京味囊中羞涩,劳苦大众亦可以品尝京味。"头伏饺子二伏面,三伏烙饼摊鸡蛋",街头的糖堆儿、芝麻饼、绿豆糕,既有时令生鲜、名馔佳肴,也有风味小吃、物美价廉的美食摊儿,在小贩的吆喝声中拉近了"美食味道"的距离。

东耕西牧南稻北麦,俗话说:"南方人细致,北方人粗糙"。京师万方汇聚,兼具了粗细之间的平衡,表现在京味美食之中。北京小吃大约有二三百种,包括佐餐下酒小菜(如白水羊头、爆肚、白魁烧羊头、芥末墩等)、宴席上所用面点(如小窝头、肉末烧饼、羊眼儿包子、五福寿桃、麻茸包等),以及作为零食或早点、夜宵的多种小食品(如艾窝窝、驴打滚等)。其中最具京味特点的有豆汁、灌肠、炒肝、麻豆腐、炸酱面等。

清末的北京有山珍海味、价格不菲,也有街边物美价廉的小吃。交通方式改进的快速化,许多热带水果也进入北京。光绪三十二年(1906)五月二十一日,恽毓鼎品尝到来自上海的新鲜荔枝,"红肌白肉,汁甘而肥,胜灌装者数倍"。他不禁感叹,"今日水陆交通,凡东南鲜物如鲥鱼、枇杷之类,皆得餍北人口腹,吾侪此等际遇殊胜古人"。① 香厂附近的新丰楼饭庄以经营"油爆肚

---

① 恽毓鼎:《恽毓鼎澄斋日记》,浙江古籍出版社2005年版,第315页。

丝"、"饽饽烤鸭"、"杏仁元宵"和"素面汤"驰名京师,是清末民初有名的新式山东菜馆。① 它的"干蒸点"、"面糟承鸭肝"、"乌鱼蛋"、"油淋鸡"、"糟蒸鸭子"等素负盛名。特别是它的"白菜烧紫鲍"堪称京城里的一绝:操作时选用优质的小紫鲍,旺蒸煮后,打成花衣刀,选用白菜心,用吊汤扒制而成。味香菜鲜颜色亮,口感嫩润,别有风味。饮食的地区性差异逐步融入京城的文化系统中。

西方饮食也进入了北京。到了晚清,街市上的"洋人"增多,京城里的"洋味"自然有增无减,各类"番菜馆"逐步出现。清末著名的谴责小说《孽海花》中专门提及了西式餐厅:

> 且说这东交民巷,原是各国使馆聚集之所,巷内洋房洋行最多,甚是热闹。这番菜馆,也就是使馆内厨夫开设,专为进出使馆的外国人预备的,也可饮食,也可住宿,本是很正当的旅馆。②

可见看出,西式菜馆在原外国"使馆区"内已经比较多见,而以1900年之后广泛出现。再以北京的六国饭店为例,在宣统二年(1910)刊印的《京华慷慨竹枝

---

① 张庶平、张之君主编:《中华老字号》第5册,中国商业出版社2007年版,第22—23页。

② 曾朴:《孽海花》,上海古籍出版社1981年版,第203页。

词》里，对六国饭店中的异域美食和热闹场景就有如下描述："海外珍奇费客猜，两洋风味一家开。外朋座上无多少，红顶花翎日日来"。①不免，洋味奇珍吸引了在京官员，他们闲来无事、三三两两，时常光顾六国饭店，为中式的饮食生活多添了几分乐趣。有的官绅巨商甚至一改传统的饮食习俗，"器必洋式，食必西餐"，"向日请客，大都同丰堂、会贤堂，皆中式菜馆，今则必六同饭店、德昌饭店、长安饭店，皆西式大餐矣"，"昔日喝酒公推柳泉居之黄酒，今则非三星白兰地、啤酒不用矣"。

晚清的京师酒楼林立，有所谓"八大楼""八大居""十大堂""八大春"之谓。除此之外，还有各种名不见经传的菜馆饭肆。居与堂最大的区别在于居只办宴席，不办堂会，因此规模相对较小，是一般官员或进京赶考秀才落脚之地。著名的八大居包括：前门外的福兴居、万兴居、同兴居、东兴居，大栅栏的万福居、菜市口北半截胡同的广和居、西四的同和居、西单的砂锅居。其中京师南城外饭馆福兴居、万兴居、同兴居、东兴居，亦有"四大兴"之称。其中福兴居的鸡丝面颇有名，据说山珍海味吃多了的光绪皇帝，每次逛八大胡同之际，必去那里吃一碗鸡丝面来"润润口、尝尝鲜"。②

老北京人都知道，著名的砂锅居用料讲究，专用通

---

① 路工编：《清代北京竹枝词》，北京古籍出版社1982年版，第148页。

② 王仁光：《中国饮食谈古》，轻工业出版社1985年版，第64页。

县张家湾的小猪，做出的白肉有 66 样品种，地小人多，只卖半天，过去老北京有句俗语：砂锅居的幌子，过午不候，说的就是它的生意兴隆。广和居是鲁迅先生邀朋聚友常去的地方，源自乾隆六下江南之后带回来的南方风味，到了道光年间演变为专为南方人开设的南味馆，其中以南炒腰花、酱豆腐、潘氏清蒸鱼、清蒸干贝、蒸山药泥为代表，驰名一时。①

清代御膳鼎盛之时，由宫廷御膳房掌管，下设尚膳正、尚膳副、尚茶正、尚茶副、尚膳、尚茶、主事、笔帖式等官员，有四房（膳房、茶房、肉房、干肉房）和五局（荤局、素局、挂炉局、点心局、饭局），包含了全国各地山珍海味和风味佳品。帝王一餐谱，百人数年粮。宫廷饮食时常见浪费之举，因此雍正皇帝曾诏谕膳房：

> 凡粥饭及肴馔等类，食毕有余者，切不可抛弃沟渠。或与服役下人食之。人不可食者，则哺猫犬。再不可用，则晒干以饲禽鸟。

随着清廷中央权力式微，皇家的威望不断低沉，一些宫廷菜系也流入民间，逐步成为全民共享的美食，满汉全席曾是老北京人的记忆。宫廷饮食讲究色、香、味、形、器五美完备，既有宫廷菜肴之特色，又有地

---

① 李琮：《民国风俗》，山西教育出版社 2015 年版，第 64 页。

方风味之精华，以东北、山东、北京、江浙菜为主，这也是一些官绅巨贾追逐食品的目标。具体来说，用料广泛而珍贵，注重菜肴的造型，制作上有规格，菜名寓意吉祥富贵，点心丰富多彩，器具高贵典雅，可谓兼具满汉饮食文化之精华。

民国时期，那些曾经服务于皇家"御膳房"的厨师与"承应膳差人"，持"京作"之精湛技艺，开启了新的从业历程，改良聚珍异馔使之平民化，使得包含京味的宫廷菜肴，逐步走入寻常百姓家，引领着饮食文化的潮流。满汉全席突出了满与汉族菜点特殊风味，烧烤、火锅、涮锅几乎是不可缺少的菜点，同时又展示了汉族烹调的特色，扒、炸、炒、熘、烧等技艺兼备，实乃中华菜系文化的瑰宝和最高境界。

满汉全席原是清代宫廷中举办宴会时满人和汉人合做的一种全席。上菜一般至少一百零八种（南菜54道和北菜54道），在正礼中需要分三天吃完。满席分为六等，汉席为分一、二、三等及上席、中席五类，包括群膳、冷膳、热膳、点心、奶饼、奶皮、小菜、青酱，一般要有70多品，每品少则几样，多则几十样，诸品菜肴中往往少不了燕窝、鱼翅、海参、猴头、熊掌、猩唇、鹿尾、驼峰、豹胎等珍禽异兽之肉味[1]。满汉全席菜式

---

[1] 赵杰：《京味文化中的满族风俗》，《北京社会科学》1997年第1期，第93页。

第二章 新旧之间：京味文化的构成与要素

有咸有甜，有荤有素，取材广泛，用料精细，山珍海味无所不包。① 当然，由于满汉全席包含的种类很多，制作繁琐，除了皇家饮宴，很少有人能够吃到完整的满汉全席。北京人的主食是玉米面、小米面，售价昂贵的大米只是用来熬粥；因为无力购买肉食，葱、蒜、辣椒等重口味食品便很受欢迎，用来提味。

"丝晃竹提挂酒房，街僻巷深嗅酒香。半斤烧刀小酒菜，百事风云大酒缸"。在汪曾祺的笔下，北京人喝酒，大致可以分为几个层次：喝一毛三的是一个层次，喝二锅头的是一个层次，喝红粮大曲、华灯大曲乃至衡水老白干的是一个层次，喝八大名酒是高层次，喝茅台的是最高层次。安乐居的"酒座"大都是属于一毛三的层次，即最低层次的。他们有时也喝二锅头，但对二锅头颇有意见，觉得还不如一毛三的。一毛三他们喝"服"了，觉得喝起来"顺"。有人甚至觉得大曲的味道不能容忍，著名的安乐居天热的时候也卖散啤酒。② 到了1942年，广州的广告盛传"欲知燕京味，唯有颐和园清宫秘制五香酱牛肉"，而且能做北京炸酱面，也成为某种独特的认同价值。

当然，士人对饮食的讲究，实际上也侧面反映了市井生活的丰富和社会的承平安逸。清代袁枚在《随园食

---

① 雅瑟、陈艳军编著：《中华民俗知识全知道》，企业管理出版社2010年版，第169页。

② 汪曾祺：《汪曾祺作品集》，上海三联书店2016年版，第50页。

单》中，记录了多种菜肴的烹制和事项，"凡一物烹成，必需辅佐。要使清者配清，浓者配浓，柔者配柔"，"豆腐煮得好，远胜燕窝；海菜若烧得不好，不如竹笋"，甚至上升到天理儒学的角度，袁枚称"一物有一物之味，不可混而同之。犹如圣人设教，因才乐育，不拘一律"。强调从烹调中感悟人生，"有味者使之出、无味者使之入、荤菜素油炒、素菜荤油炒"，颇有一种调和中庸的心态。"蚕豆青，蚕豆黄，青的嫩，老的黄，由青转黄太匆忙"。有关美食的歌谣口耳相传，亦可见饮食文化之盛。

因此，物质丰盈、餐饮呈现多元复杂性，饮食不仅仅是人们满足食欲、维持生命的自然行为，同时也是一种意识、观念、文化礼仪和交流方式，它深刻地影响着人们生活方式的变迁。

2、北京服饰

服饰是一个族群的风貌，衣冠亦是华夏文明的内涵之一。在传统时期，服饰与服等是礼制与秩序的组成部分，也构成了个体日常生活的应有之义。在人们的衣食住行中，"衣服"属传统中国的礼制范畴。"黄帝尧舜垂衣裳而天下治"，中华文明就包含了衣冠文明。《左传正义·定公十年》中疏："中国有礼仪之大，故称夏；有章服之美，谓之华"。衣冠大变也曾是士大夫对道统沦丧的高声呼唤，反映了衣冠在传统文化中的重要位置。

除此之外，等级秩序也折射在民众的日常着装中，官民的服饰一律泾渭分明，颇具儒家"角色化"的理论设定。甚至，清代八旗包衣奴才们也有规定的服色等级。

这也就意味着，在文明的演进之下，人们穿衣不仅仅是为了"蔽寒暑"、防虫防风雨、遮体避羞等，还具有装饰身体、美化生活，显示人的身份地位、民族信仰等作用。个体在不同场合、年龄、身份和仪式中有不同的着装，有礼服、常服、特种服饰之分。也就是说，穿什么就是什么样的身份和什么样的场合，一目了然。

清代的冠服制度初步定型于入关之前，《清史稿·舆服志》记载："自崇德初元，已定上下冠服诸制。高宗一代，法式加详"。总体来说，清代的服饰，融合了满、汉等多个民族和工艺的特点，既有民族样式的保存，也有根据实际情况的曲变。无论是老百姓还是官员们对衣着打扮都相当重视，清朝入关后，政权鼎革之下民众"变装"，过去的宽袍、大袖和蓄发的传统装束被逐渐改变，男子紧身窄袖、长袍马褂成为主流，这也极大地影响了后来北京人的穿着打扮。

实际上，中国的汉族服饰，明代之后基本定型，大致有"交领右衽、褒衣广袖、系带隐扣"三大总体特征。朱元璋曾亲自制定了两种帽饰，颁行全国，士庶通用，即六合一统帽和四方平定巾。普通百姓的服装或长、或短、或衫、或裙，基本承袭了传统服饰样式，并且品种十分丰富。根据其整体结构，汉族服饰主要分为三大种类。第一种是"上衣下裳"相连在一起的"深衣"制。第二种是"上衣下裳"分开的"深衣"制,包括冕服、玄端等,是君主百官参加祭祀等隆重仪式的正式礼服。第三种为"襦裙"制,主要有齐胸襦裙、齐腰襦裙、对襟襦裙等。一套完整的汉服通常有三层:小衣(内衣)、中衣、大衣。①

清代入关之后,衣冠改制有一个过程。根据《清稗类钞》称:"金天命己酉,太宗禁民汉服,令俱秃发"。清朝统治者为了达到削弱汉人的民族认同感以便于维护满洲的统治,严厉实行"剃发易服","衣冠悉尊本朝制度",甚至"十从十不从"②,凡是服汉衣冠、束发者治重罪论处。"凡汉人官民男女,穿戴要全照满洲式样。有效他国衣冠、束发、裹足者,重治其罪"③。顺治九年(1652),钦定的《服色肩舆条例》正式颁行,废除了明朝的冠冕、礼服以及汉族的一切服饰,但满族服饰同时吸收了明朝服饰的纹理图案。明代男子一律蓄发挽髻,着宽松衣,穿长统袜、浅面鞋;清时则剃发留辫,辫垂脑后,穿瘦削的马蹄袖箭衣、紧袜、深统靴,分为"官

---

① 王景和:《斯土风情:中国乡村文化的传承与变迁》,新华出版社2015年版,第98—99页。

② 即男从女不从、生从死不从、阳从阴不从、官从隶不从、老从少不从、儒从而释道不从、娼从而优伶不从、仕宦从婚姻不从、国号从官号不从、役税从文字语言不从。

③ 蒋良骐撰,崇德三、林树惠、傅贵九校点:《东华录》,中华书局1980年版。

第二章 新旧之间:京味文化的构成与要素

样"和"内家样",江宁织造、苏州织造、杭州织造三大机构供应着皇家的需求。

服饰与品级挂钩,用以区别社会等级、维护皇权。顺治元年开始修改旧制、议定新章,更定和增定王公大臣、各级官员及后妃等衣冠制度。至乾隆初年,服制完备,绘图载入了《会典》。乾隆为了维护满族统治,要求满族人"遵循祖制",学习满语、骑射,强调着满族衣冠:"衣冠为一代昭度,凡一朝所用,原各自有法程,所谓礼不忘其本也"。当然,强迫性的"改衣冠"引发了汉族士林的大反抗,一些人呼吁"亡国不可亡文化、亡道统",清廷也做出了一些退让,客观上促进了满汉服饰的融合和互动。

清朝两百多年的历史中,男子穿带马蹄袖的袍褂,腰束衣带,或穿长袍外罩对襟马褂,女子穿长及脚面的旗装,或外罩坎肩等。清初时兴"月华裙",在一褶之内,五色具备,好似月色映现光晕,后有"凤尾裙",俗称"十带裙子呛啷啷,木底鞋子咣哨哨"。基本上是以满服为模式、融合华夏特征进行的改良,旗袍、长衫、马褂都是以满族为主体的民族服饰的发展。满汉交融,"时兴马褂大镶沿,女子衣襟男子穿。两袖迎风时摆动,令人惭愧令人怜"①。不过,诸如帽饰的变化却不是很

---

① 崔荣荣、牛犁:《清代汉族服饰变革与社会变迁(1616—1840)》,《艺术设计研究》2015年第1期,第52页。

大，《枣林杂俎》记曰："清时小帽，俗称瓜皮帽，不知其来久矣。瓜皮帽或即六合巾，明太祖所制，在四方平定巾前"。

汉族文化同化了部分满人风俗，清人钱泳在《履园丛话·卷七》中描述："男子俱是轻裘，女子俱是锦绣，货愈贵而服饰者愈多"，以贵重为美。满族入关没有摧毁传统的汉族服饰，西方的强势却改变了这种局面，一些士人也在对比之下嘲笑传统服饰："英雄盖世古来稀，那像如今套裤肥？举鼎拔山何足论，居然粗腿有三围"[①]。康有为在"戊戌变法"期间，也积极奏称：

> 奏为请断发易服改元，以与国民更始……然以数千年一统儒缓之中国究哀衣博带，长裙雅步而施之万国竞争之世……诚非所宜也[②]。

随着国门的洞开，西服东传，民众在服饰上也渐渐开始出现变化，旧有服制日见荒疏之象，如礼服简化，袖口去掉马蹄式，有的在衣袖之间装假套袖，使假袖口层层叠落，一为显示身份和地位，二则加强旗装的封闭

---

① 杨米人等著，路工选编：《清代北京竹枝词·京华百二竹枝词》，北京古籍出版社 1982 年版，第 99 页。
② 康有为：《请断发易服改元折》，见中国史学会编：《中国近代史资料丛刊·戊戌变法》，上海人民出版社 1953 年版，第 263—264 页。

形式，凸现窄袖修长之感。①《晚清服饰的变化中最具代表性的当属男子剪辫、女尚男装及女学生装的出现了。一些进步的革命党，剪辫子、脱长袍马褂，穿上了象征时代精神的洋服。

不过新式衣裳的流行也并非是一蹴而就，当时就有人讽刺："新式衣裳胯有根，极长极窄太难论。洋人著服图灵便，几见缠躬不可蹲"。1904年在上海"王兴昌记"，才诞生中国人缝制的第一套西装。到了辛亥革命之后，长袍马褂、长辫子成为遗老遗少和保守主义的象征。民国政府仿照西方国家的礼仪，制定了《服制条例》等规章，类似于大燕尾礼服、大高筒礼帽以及西服等服装，成为城市人群的衣着风景。② 平等思想的流布，民众服饰摒除了等级制度的桎梏，表现出极大的多样性，北京社会各阶层的着装水平也各有千秋。"大半旗装改汉装，宫袍裁作短衣裳。脚跟形势先融化，锐首莲钩八尺长"，这首竹枝词就说明了旗服的变迁。

近代中国生活趋向西化，而旧有生活习性渐被抛弃，以贵为美、以奢为荣走向了以新为尚。清末北京"番妇、洋妇、夷妇"（外国女性）增多，西方的女性服饰吸引了不少北京女性。首先从上层女性开始变革，原有的旗人的

---

① 吴建雍：《北京史专题研究》，北京燕山出版社2007年版，第199—200页。

② 魏华主编：《中国设计史》，中国传媒大学出版社2013年版，第281页。

女衣装或短装有琵琶襟、大襟和对襟等几种不同形式。与其相配的裙或裤，以满地印花、绣花和裥等工艺手段作装饰，典雅厚重但失于繁琐。一些知识女性反对这种严密包裹的着装，倾向于紧身装束，肌肤"也可见天日"，不再那么拘谨。

时代变迁之下，原先上层女性"穿金戴银、宝石镶嵌"的正式服饰也在价值观的转型中，被看作"俗气"与不合时宜，轻便的、合体的、凸显女性曲线的服饰成为清末民国之后的普遍现象。目前，带有满族色彩的旗袍，随着服装的变异与发展、时尚的兴起，再度复兴，成为一种有名的东方服饰。

3、京人住所

清代北京的居住格局具有强烈的尊卑、等级和秩序特点。皇帝及各个嫔妃居住宫城（紫禁城）之内。紫禁城位于内城中心偏东南的位置，面积大约有0.72万平方千米。皇帝、嫔妃和各类宫廷服务人员深居其中，据统计紫禁城共有宫殿9000多间，其中乾清宫是内廷之首，明朝的十四个皇帝和清朝的顺治、康熙两个皇帝都居住在乾清宫，直到雍正移居养心殿后，后来的清朝皇帝都以此为居住和活动中心。此外，紫禁城的东西十二宫，则为嫔妃居住地。

清朝定都北京之后，采取旗汉分居与隔离政策。"以汉人尽归之外城，其汉人投旗者不归也，分隶内

第二章 新旧之间：京味文化的构成与要素

城",内城禁喧嚣。旗人、部分汉族官僚及其家眷从属居住内城；普通非旗汉族民众、客商、僧侣等群体身居外城即清代的南城宣武门一带。北京内城不能居住非旗籍汉人，汉人必须迁往外城，内城只准"从龙入关"的八旗官兵和家眷、部属居住。

内城的东半部分为左翼，西半部分为右翼。八旗以左、右翼为辨，各居在不同的区域，拱卫皇城。其具体方位是：镶黄旗居安定门内，正黄旗居德胜门内，并在北方；正白旗居东直门内，镶白旗居朝阳门内，并在东方；正红旗居西直门内，镶红旗居阜成门内，并在西方；正蓝旗居崇文门内，镶蓝旗居宣武门内，并在南方。①不过，内城并非没有汉人，从顺治开始，部分汉人大臣也被允许居住在这里。之后陆陆续续，亦有不少汉人迁入内城。然而到了清代中后期，不同旗人居住的界限被打破。到了晚清之际，内城巍峨多黎庶，行旅客商谈笑中，分明的界限已经成为陈迹，皇家庄严杂糅进几许市井的味道。

然而，内城的人口依然被严格控制，有清一代基本保持在40万左右，直到光绪元年，内城汉人的数量才仅仅有3万余人。故而内城一度比外城繁华，在震钧《天咫偶闻》卷十中说："内城房式异于外城。外城式近南

---

① 王宏刚、富育光：《满族风俗志》，中央民族学院出版社1991年版，第64页。

方,庭宇湫隘。内城则院落宽阔,屋宇高宏",更显帝王气派。清代北京的胥吏多住在正阳门以东和崇文门外,由于他们生活富足,"恒多华宅",所以清代北京流行"东富西贵"的说法,其"东富"就是指胥吏和富商(《清稗类钞·胥役类》)。大体来说,清代北京居民分布的格局可以分为五区:

> 一为紫禁城里住着皇家;二为皇城里住着少数满洲贵族和直接为皇帝服务的人员;三为内城里住着旗人;四为外城里住着汉、回等民人;五为城外则住着工匠和农民①。

北京古城的鳞鳞瓦舍,是自古至今一脉相承的四合院最后的表现形式。皇城之外,位于外城的四合院院落是一个开阔空间,四合院外围有高墙耸立的公用街道和狭窄的胡同。② 因此,不仅"京题屋制之美备甲于四方",民众住所也别有洞天。物以类聚,人以群分,普通中产之家的老百姓居住在胡同民居内,就是以四合院为代表。四合院可追溯到公元前3000年前的周朝,辽代时已初成规模,经金、元,至明、清,逐渐完善,最终

---

① 阎崇年:《满洲文化对京师文化的影响》,《北京联合大学学报》1999年第2期,第3页。
② 周进:《近代城市公共空间的拓展与城市社会近代化》,《北京联合大学学报》2008年第1期,第46页。

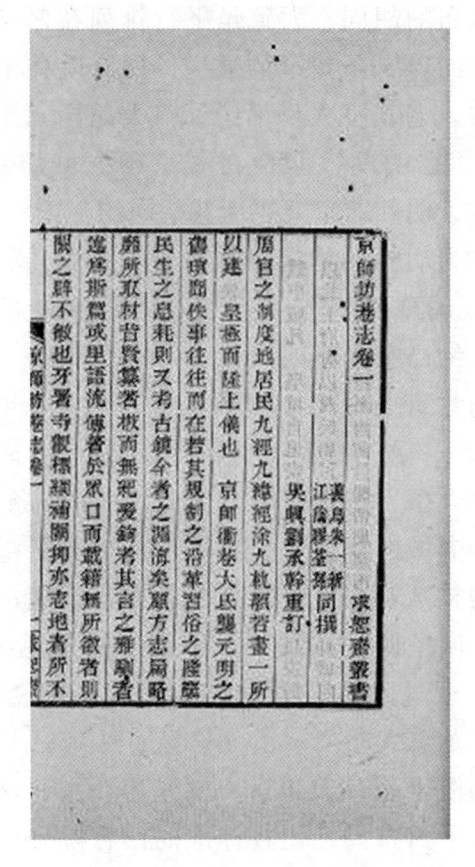

第二章 新旧之间：京味文化的构成与要素

图2—1 《京师坊巷志》书影

成为北京最有特点的居住形式。中国有四合院的地方很多，而建筑之雅致，结构之巧，数量之众多，当推北京为最。①

---

① 尹建华编著：《我爱北京》，山东画报出版社2014年版，第69页。

星罗棋布的胡同，大致是平行排列在两条南北走向的街道之间的若干条较窄的通道，四合院住宅的大门就开在胡同中。老北京人俗话说，"大胡同三千六，小的多如牛毛"。据明朝人张爵在《京师五城坊巷胡同集》一书中记载，明朝北京共有街巷胡同约一千一百七十条，其中直接称为胡同的约有四百五十九条；清朝朱一新在《京师坊巷志稿》一书中提到当时北京街巷胡同名字可以推出，大约已有街巷胡同二千零七十七条，其中直接称为胡同的约有九百七十八条之多。[①] 1990 年张清常写《再说胡同》一文时统计，1980 年北京街巷胡同总数为六千零二十九条，其中胡同为一千三百二十条。

胡同是老城的标签，是市民生活的家居空间和那种幽深雅趣的构成部分，是城市的脉络、交通的衢道、市民的聚落。叶圣陶在《线下·马铃瓜》中说："从我家到贡院前，不过一里光景的路，是几条冷落的胡同"。胡同中就坐落着大小不一的四合院，一家一户，住在一个封闭式的院子里，以正房、倒座房、东西厢房围绕中间庭院形成平面布局，比较标准的四合院分内宅和外院两部分。普通小型四合院是由北房、南房和东西厢房四面围拢，并以短墙连接的封闭院落。有的四合院互相连通，既向两侧又向纵深发展，构成大型四合院。大型四

[①] 曲小月编著：《老北京皇城风貌》，北京燕山出版社 2008 年版，第 6 页。

第二章 新旧之间：京味文化的构成与要素

合院包括祠堂、车房、下房等设施，按照左右对称规则几进几出，并有多重院落。① 京派作家张恨水如此描述四合院：

> 北平的房子，大概都是四合院。这个院子，就可以雄视全国建筑。洋楼带花园，这是最令人羡慕的新式住房。可是在北平人看来，那太不算一回事了。北平所谓大宅门，哪家不是七八上下十个院子？哪个院子不是花果扶疏？

清末民初的高级四合院集中于内城，分布于西北、东北一带。而外城的四合院往往相对简陋。中产以上市民居住的小四合院一般是北房三间，一明两暗或者两明一暗，东西厢房各两间，南房三间。卧砖到顶，起脊瓦房。可居一家三辈，祖辈居正房，晚辈居厢房，南房用作书房或客厅。院内铺砖墁甬道，连接各处房门，各屋前均有台阶。大门两扇，黑漆油饰，门上有黄铜门钹一对，两侧贴有对联，温馨雅致。四合院儿从布局上模拟了人们牵儿携女的家庭序列②。

北京的四合院，大大小小，或处于繁华街面，或处于幽静深巷之中；大则占地几亩，小则不过数丈；或独

---

① 参见翁立：《北京的胡同》，中华书局2017年版。
② 陈建功：《找乐》，时代文艺出版社2001年版，第38页。

家独户，或数户、十几户合居，形成了一个符合人性心理、保持传统文化、邻里邻外关系融洽的居住环境。它形成了以家庭院落为中心，街坊邻里为干线，社区地域为平面的社会网络系统①。随着家庭结构和社会观念的变迁，人口流动速度的加快，四合院赖以存在的基础不断瓦解。北京中上层的官绅之家所谓"忠厚传家久，诗书继世长"的道理，也孕育在小空间里。② 王国维在《明堂庙寝通考》一文中写道："必使一家人，所居之室相距至近，而后情足以相亲焉，功足以相助焉。然欲诸事相接，非四阿之屋不可"，③ 相距至近、邻里相亲的四合院，势必会让人产生链接并发酵冲突。《旧京琐记》中讴歌四合院之幽雅：

> 户必南向，廊必深，院必广，正屋必有后窗，故深严而轩朗。大家入门即不露行，以廊多于屋也。夏日，窗以绿色冷布糊之，内施以卷窗，昼卷而夜垂，以通空气。院广以便搭棚，人家有喜庆事，宾客皆集于棚下。正房必有附室，曰套间，亦曰耳房，以为休息及储藏之所。夏凉冬煖，四时皆宜者是矣。

---

① 赵志远、刘华明主编：《中华辞海》第4册，印刷工业出版社2001年版，第3684页。

② 王兆祥：《北京四合院的历史内涵与文化效应》，《中国房地产》2005年第5期，第78页。

③ 王国维：《观堂集林》，河北教育出版社2003年版，第59页。

另外，旅居北京的外地人一般住在各省会馆中，也有不少住在旅店、客栈之中；传教士居住教堂和租佃的内城、外城、旅店之内。来华官员、客商、旅行者住在内城、旅店，清末大部分住在东交民巷之内。会馆确实具有服务同乡士子之功能，但是"内城馆者，绅是主；外城馆者，公车岁贡是寓"，而且"往往为同乡贵游所据，薄宦及士人辈不得一庇宇下"，会馆的服务范围也是社会财富阶等的侧面表达。

自然，居住也是阶层的表现。清代那些来京谋生的外地客民，租住四合院基本是一个奢求消费，合租、露天、棚户等简易住处是常态，"中下之户曰四合房、三合房。贫穷编户有所谓杂院者，一院之中，家占一室，萃而群居甚至商家"，也就是说数家合用一两进院落，跻身大杂院是底层民众的常态。一些沿街店铺的"伙房原为贫民乞丐歇宿之所"，一度"昏夜之间，一二百人无处栖身，不能不群往坊官衙门析求喧嚷"①。根据民国学者的社会调查，大部分"贫民所需要之房屋，只求有栖身之处，能避风雨于愿足矣。再则无论任何简陋僻巷，但求其价廉，即乐于迁就，不计其位置是否冲要，此即东北城及东郊关厢贫民独多之原因之一"。陶孟和也认

---

① 台北故宫博物院典藏，《军机处奏折录副》，010344号，乾隆三十四年八月初九日户部左侍郎总管内务府大臣署理步军统领事务英廉奏折，见李典蓉：《略论清代京师地区司法审判制度——以五城察院与步军统领衙门为中心》，《北京史学论丛》，2013年版，第173页。

同这种现状,"贫民在经济压迫之下,已逐渐移居于城厢及城内街道偏僻房屋破旧之区域"①。

京城之人感慨生活空间狭小拥挤,即使是有多余住所而出租的土著,也念叨着生活的居大不易,"何来多徽寓,名利羁其身。土著取租值,微薄堪养亲"。② 商业的发展,物价剧增,侍御金光以扰民为虑,忧患富户宽敞的宅邸纵横成为财富的特权,而贫民难以跻身生存沦为最底层,于是上书皇帝说:

> 京师穷民僦舍无资,藉片席以蓋身,假贸易以糊口,其业甚薄,其情可哀。皇城原因火变恐延烧以伤民。今所司奉行之过,概行拆卸,是未罹焚烈之惨而先受离析之苦也。且棚房半设中涂,非尽接栋连楹,若以火延棚房即毁棚房,则火延内室亦将并毁内室乎?

士人对于京城住所市场化、经济化的批评,多是源自儒家均正公平、抑制商业的思维,也是出于内城皇家尊严和安全隐患的考虑。唐代白居易初到京城长安,出自贫寒之家,名士顾况见其名笑道:"米价方贵,居亦

---

① 陶孟和:《北平生活费之分析》,北平社会调查所1932年版,第22页。

② 邓之诚:《清诗纪事初编》卷7,上海古籍出版社1984年版,第827页。

第二章 新旧之间：京味文化的构成与要素

不易"，传为美谈。实际上，明清时代的北京城当然更是"居大不易"——长安①不可居而可居，茫茫卤处人如蛆。即使是身在朝廷编制序列的京官，也不是那么宽裕：计京官用度，即十分刻苦，日须一金，岁有三百余金，始能勉强自给，不得不接受地方外官的"冰敬"、"炭敬"和"别敬"度日，有的小吏"一布袍服，十年不易"。曾国藩在道光二十一年刚入北京，生活困窘，就感慨道："昨间闻人得别敬，心为之动。昨夜梦人得利，甚觉艳羡"，可见普通在京官员生计之难。民国之后住宅分布亦是如此，往往是"富人广厦清居，或款段郊游，犹可藉恣憩尔；贫民手胼足胝，糊口劳劳，生计相煎，竭蹶不给，何暇讲求休养"。②

根据《道光都门纪略》描述，京师富宦，以置房为业甚多，清代地价最贵的地段是西交民巷、正阳门大街至珠市口、王府井大街街、西长安街以南、东至西皮市、西至宣武门内大街、地安门外大街至鼓楼等处，这些地方后来都发展出繁华的商业地带。有钱的官宦子弟，置办房产，搜集珍玩，"解组归来买宅忙，亲朋欣庆碧华堂。看他营造看他卖，多少官居积宦囊"，有的家资不多的士大夫、落魄的举子，为了营造宅院，也斥资甚多，"深深画阁晓钟传，午院榴花红欲燃，搭得天棚如此阔，

---

① 明清一些士人常以"长安"来指代帝都北京城。
② 《市政与贫民之关系》，《市政通告》1917年第8期，第33页。

不知债负几分钱",导致负债累累。① 乾隆之后,不仅普通民人住宿堪忧,旗人也逐步难以应对房价的腾贵,出现了"京师八旗满洲蒙古汉军兵厂内或因城外租房居住,托言价贵移居各坟茔者,或有因城外房屋稍贱移居城外者"的情况。1919年,居京任职的鲁迅在西直门内八道湾胡同买下一座四合院,后来又在阜成门内西三条胡同买下了一座小些的四合院,可见民国时期北京的四合院尚还分布普遍和供求关系合理。民国时期杂居的四合院里,气氛和和美美,"疾病相扶,患难相救,虽家人不啻也"。

目前,耸立如林的高楼大厦和四通八达的立交桥、塞满各式汽车的高速公路打破了四合院曾经的封闭与宁静。北京城市高速发展与扩张,居民小区增多,胡同巷子、四合院减少②,四合院成为一种高价的商品,如果要有体验需要一定的经济代价。不过,也不用因此愤懑不平,那些扎根多年的"北京人",能够住得起四合院的,也是"富家子弟"或城中老土著等少数人。不可避免,"在商品经济大潮的席卷之下,胡同和胡同文化总有一天会消失的"③。

---

① 邓亦兵:《清代前期北京房产市场研究》,天津古籍出版社2014年版,第27页。

② 北京旧城区的胡同1949年为3073条,1980年尚有2290条,至2005年却仅存1353条。

③ 汪曾祺:《汪曾祺散文选集》,见范培松、徐卓人编,百花文艺出版社2009年版,第181页。

第二章 新旧之间：京味文化的构成与要素

4、交通工具

交通是现代城市的必要景观，也是城市时间与速度的标识。一些历史学家指出，晚清以降，"伴随现代化潮流随之而来的城市改良运动，则是按照一个统一的模式改造城市，包括整修街道、改进交通、重建公共空间、培养现代国家认同等方式"①，交通工具也逐步革新。

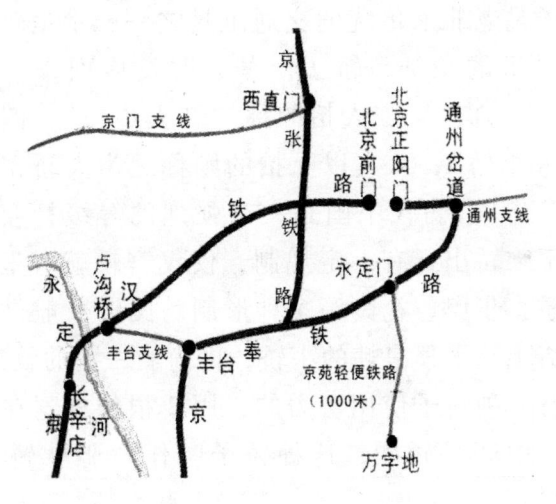

图2—2 1911年北京铁路图

明清时期，来京商贾大多主要依赖于骡车马车，用以载人运物；官员士大夫主要使用马车；平民运输则以

---

① 王笛译著：《茶馆：成都的公共生活和微观世界（1900—1950）》，社会科学文献出版社2010年版，第12页。

牛驾车。历代交通车辆的形式不尽相同，但牛马骡始终是主要动力。木制单人独轮手推车也称"洪车"，在民间使用较为普遍。清代在府县交通要道和骡站码头都聚有许多洪车，等待雇用。牛马拉动的三轮或四轮车称为"太平车"，有一牛或三牛拉的，多用于载人或运输农产品等货物。除了运物，有的车上设有帷盖，成为一个简易的轿车，用于载客。[①]

轿子是老北京传统的交通工具之一，乘坐轿子也是身份和财富的象征。轿子由辇、舆发展而来，又称为"舆轿""肩舆"。二人抬的称"二人小轿"，四人抬的称"四人小轿"；八人以上抬的则称之为大轿，如"八抬大轿"等。[②] 古代中国是一个强烈的等级社会，本来朝廷对于乘轿出行有一定规制，仅仅官轿就有玉辇、大轿、明轿、步舆、礼舆等多种形制。民轿一般是2人抬的黑油漆顶、平顶皂帏的小轿，再简陋一些的就是板舆。清代还有一种轿子使用畜力的，用2根长杠驾在2头骡子中间，中间是轿厢，这种轿子叫作"骡驮轿"。[③] 据《清史稿》记载：

---

① 孙茂洪、王林绪：《徐州交通史》，中国矿业大学出版社1988年版，第121页。

② 刘鹏：《老北京的兽力和人力运输》，《北京档案》2006年第2期，第40—41页。

③ 郑若葵：《交通工具史话》，中国大百科全书出版社2000年版，第97页。

第二章 新旧之间：京味文化的构成与要素

汉官三品以上、京堂舆顶用银，盖帏用皂。在京舆夫四人，出京八人。四品以下文职，舆夫二人，舆顶用锡。直省督、抚，舆夫八人。司道以下，教职以上，舆夫四人。杂职乘马。……庶民车，黑油，齐头，平顶，皂幔。轿同车制。其用云头者禁止。

也就是说，官员需按例乘坐，轿子上的装饰也应按照体例来设计，即便是百姓富商有钱也不得逾制。但随着商业繁荣，市民阶层迅速兴起，重视享乐的风气渐渐弥漫开来，"大车殷地扬尘起，小车轧轧鸣不已"，人们开始追求享乐与舒适，加上马匹的日益紧张，轿子便成了出行的必要工具。

旧式代步工具的等级色彩在逐步瓦解的同时，新式交通工具悄然兴起。西方人进入京师之后，西洋马车、人力车、三轮车、自行车、电车、铁路、汽车等新式出行方式蔚为大观，并渐次取代了原有的马车。1921年7月1日，北京—济南的民航开通，步入航空事业新时代。但是运载量有限，因各种原因时兴时断，在民众日常生活中占据不了位置。民国时期北京的公共交通体系，伴随着1924年电车的开通和1935年公共汽车的始行，逐渐建立起来。到了1940年代，蒸汽机车的轰鸣，就已经比较普遍了。

现代汽车传入北京之后，晚清士人恽毓鼎就慨叹"车开极足，其速率过于火车，凉爽甚觉快意"。在慈禧太后 60 大寿的时候,袁世凯送了一辆花费万两白银打造的奔驰老爷车。为了取得当时最高统治者慈禧太后的支持,李鸿章让人修建了一条长 1510 米,从北海到中南海的铁路作为慈禧的御用铁路,并邀请慈禧太后前往体验。可惜的是,闹出了一个大笑话,被迫用骡子运作了一年多。正所谓:"宫奴左右引黄幡,轨道平铺瀛秀园。日本御餐传北海,飙轮直过福华门",说的就是这个掌故。①

1900 年之后,以北京为中心修筑了多条铁路,如京奉线、京汉线、京张线、津浦线等,北京成为四通八达的全国铁路枢纽。1915 年起,北京开始有计划地实施改造,由内务总长朱启钤主持。1919 年,北京修建环城铁路。该路以西直门为起点,经德胜门、安定门、东直门,直达正阳门。1924 年,北京城第一条有轨电车开始运营,起点自西直门,终点达前门。这些现代交通工具,使古都北京气象更新,脉络通畅。20 年代至 30 年代,北京陆续改造皇城。对环绕内城的都城九门进行改建。1924 年另辟和平门,使南北新华街联成一片。1927 年陆续拆除了几处瓮城和箭楼,市内明沟改造为暗沟,修建马路和林荫道。至 30 年代,北京东、西、南、北城之间的交通全部贯通。1930 年代,东安市场的马车、人力

---

① 刘燕:《清末北京西苑的御用铁路》,《北京档案》2003 年第 3 期,第 56—57 页。

车、汽车簇拥混杂，景象非常壮观。建国之后，北京城墙先后开辟豁口 20 余处，首都交通更为通畅。

总之，以教堂为首的西洋建筑、以汽车为中心的交通工具开始登陆中国，就连几千年亘古不变的婚丧礼仪也悄然改变，从物质到精神，从生活到娱乐，一种迥异于中国传统文明的新型城市文化由此萌生。

第二节　民间习俗与京味底色

历史的沧桑流变并未掩盖和抹平京味带给老北京的历史特色，而是在工商业发展中不断扩展出以京味为中心的市井生活和民间文化，形形色色的京味民俗与普罗大众的日常体验，逐步合二为一，书写了老北京、今北京的城市图景。走进北京这座古老而又不断变化的城市之内，那种民俗文化和过去的"气息"不免使人联想起京味的长期累积。

在民国时期，北京（京）与上海（沪）是中国南北地理上的双星城市。大上海拥有最先进和最前沿的生活体验，"农工争鹜乎洋场，而乡间之耕作稀"，弥漫着商业与娱乐的气息，摩登万象蕴育其中，也是无数人"淘金发迹"的圣地。然而，直到鸦片战争之前，上海在中国近代前夜仅仅是"巨人的胚胎"，而且还是一个"文化的弃儿"，这也是民国时期北京文人与上海新知识人争论的焦点之一。即便是京城的灯市，也别有风情，正所谓：

> 霜华月彩琉璃瓦，千影万影灯光下。
> 自出自游各女郎，丛丛自唤街前马。
> 笼灯喝道金吾来，踏踵挨肩谁走开。
> 半隐街灯频换曲，傲傲不肯下楼台。

晚清民初在重商主义、消费主义等思潮的涌动下，普通的农业产品已经难以满足上流人士的生活欲望，大量进口工业产品源源不断地流入北京，客观上造就了广博丰富的市井生活。不仅是老字号等商行保持着持久的生命力，新式服务业也进入千家万户，造就了居京人社会生活的又一升级。旗民分隔没有开禁之前，京师内城维持着一种相对宁静的氛围，繁荣的社会生活尽在宣南。而到了民国年间，什刹海品尝莲子羹、点荷花灯笼、烧纸船，文人雅士游小市、逛商场、看电影，市民举行热闹的庆祝活动，街头戏剧表演和各种娱乐艺人汇聚，都成为一个城市生活风尚和升斗小民的日常意趣。

1917年，城南公园正式开放，之后陆陆续续，1918年天坛公园开放，1925年京兆公园被开辟，连同皇家宫苑的颐和园，也在1920年代末成为市民休憩之所。正因各种各样的公园的诞生，经济利益的驱动，北京本土商家与各地商人蜂拥而至，租赁公园土地，广开店铺，经营着茶馆、中西式餐厅、电影院、图书馆、运动场、溜

第二章 新旧之间：京味文化的构成与要素

冰场、艺术博物馆甚至小动物园等各色服务机构，功能多样且齐全，使得北京焕发出王朝鼎革之后的又一轮生机。

然而，商户纵横、消费视野蒸蒸日上的现实总需要某种秩序，这种规则就在传统习惯与现代契约的双重影响下逐步建构起来，丰富了京味文化的内涵。随着社会分工趋于成熟，商人和手工业者成为民俗社会的主体，他们通过形成行业、商业与社区组织，开始具有了某种自治能力。这些民间组织才是这一时期民俗活动的主要传承者与推动者。传统的外城前门商业区，享誉京华500年。"京师之精华，尽在于此，热闹繁华，亦莫过与此"。代表民众消费能力的商业不断扩张，而并未成为陈迹、依旧延续的庙会进香和民俗活动也是热闹非凡。明清两代北京的朝顶进香活动，至迟于清乾隆年间蔚为大观，如北京东部的丫髻山与妙峰山，在民间就被并称为"二山"，皆是北京地区朝顶进香的圣地。除此之外，北京人也很看重岁时节日，如《宛平县志》中称：

> 十二月八日，先期凿冰方数尺，纳窖中封如阜。是日，民间循腊祭遗风，以豆果杂米为粥供朝食，称之为腊八粥。

民俗、庙会等活动也促进了京味的多样性，对于一些上等人家和虔诚者，初一东岳庙烧香祈福、正月十九白云观"燕九"、焚香拜神、弹射走马，初一至初三白塔寺游白塔，初一至十五大钟寺求雨游乐，初二到五哥庙（五显庙）、财神庙借元宝祭财神，初六去旃檀寺打鬼，初八白云观祭星、算卦卜巫，等等。

中国历来重视礼仪，人生礼俗是最重要的组成部分。北京民间习俗中最为显著的，应该是婚丧嫁娶，身穿凤冠霞帔、笔挺西装的新人总是能给京城生活带来些许喜庆。实际上，直到1913年的新结婚方式出现之前，清代的北京婚俗均呈现出满汉双轨的分别。1913年之后，也并未出现革命性改动，只是满洲风俗在时间流变中愈发式微，不断汉化。

汉族婚俗"六礼"

传统中国秉持男女大防、授受不亲。女子待字闺中，出嫁仪式无论是古代还是当代，都是一个大事。明清以来，婚俗仪式逐步定型化，虽然有小幅度改动，但是基本是在框架内的微调。北京大户人家的婚礼基本上都比较讲究，所谓要行"六礼"方可完婚，即纳采、问名、纳吉、纳征、请期、迎亲等步骤。

需要说明的是，婚俗程式并非一成不变，因人因家庭乃至经济地位而异。

第一步：纳采——也叫行聘，是婚礼中的首礼。男方准备婚礼品，送到女家，请求采择。在此之前，已由媒人提前说项，算是正式求婚。

第二章　新旧之间：京味文化的构成与要素

第二步：问名——男方具庚柬帖，写上生辰八字：姓名、出生年、月、日、时，送到女家。女方复以姓名、出生年、月、日、时的"回柬"，此谓问名。

第三步：纳吉——为正式订婚礼仪。问名之后，以双方的庚算合宜，定下吉日，男方备定婚礼品送往女家，算作婚姻已定。

第四步：纳征——即纳聘之意，定婚之后，经过一段时间，双方年龄、时机合宜成婚。男方便具礼品，到女方家告知，准备聘娶。

第五步：请期——纳征后，女方同意后，男方选定吉日，写一迎亲帖，写明迎亲日、时，请求女方答应。女方回帖同意，即可进行最后一礼。

第六步：迎亲——即成婚礼。男方到女家迎新娘过门，行交拜合卺礼。

旧时"问名"的"庚柬"（亦称"庚帖"），即八字帖，是用一小张红纸。对折成大信封的样子。封皮上写"庚函"二字。迎亲帖，也是写在一张红纸上，象征喜庆之意。

传统汉族婚俗讲究"父母之命，媒妁之言"，门当户对。凡婚姻必须有媒人存在，"无媒不成婚"。结婚的年龄一般在20岁之间。富家多为小女婿（10岁至16岁）娶大媳妇。①

---

① 王勇编著：《京味文化》，时事出版社2008年版，第162—170页。

图2—3　清末婚礼队伍

满族婚俗

满族在部落时期娶亲时，新郎、新娘不坐花轿，而乘车轿。新娘要"插车"，即送亲和迎亲两车轿相遇，其兄将新娘抱到迎亲的车轿上，寓行营结亲或抢亲之意。新娘到婆家，新郎弯弓射三箭，新娘跨马兀、跨马鞍，一对新人向北拜，俗称"拜北斗"，门联横幅是"紫气东来"，新郎用马鞭挑下新娘的盖头等。满洲的婚俗仪式，在未入关之前就有富有民族特色的表现，还具备一些部族式特征，等级与身份色彩比较明显。到了入关之后，有所改良，也吸收了一些汉族婚俗，形成了特有的婚俗步骤。①

第一步：相看与提亲——青年男女相爱后，婚前有

---

① 李学成：《满族生活风俗变迁史》，辽宁民族出版社2013年版，第164—171页。

一个"相看"的程序,即男方母亲到女方家观看姑娘的容貌,询问年龄,并考察姑娘家的有关情况等。如果各方面满意,男方母亲就送一份礼物给女方家,婚事就算确定了,订立日期。

第二步:布置洞房——结婚这天,由长辈妇女布置洞房,铺好床后,在被子四周放置枣子、花生、桂圆、栗子,取其早生贵子之意,然后在被子中间放一如意或苹果。同时在洞房内奏乐,称为响房。喜轿要装扮得十分漂亮,并摆在院子里,叫作亮轿。

第三步:迎亲——婚礼这天,新郎由长辈陪同到女方家迎亲,在女方家向岳父岳母叩头后,即可迎娶新娘返家。一路唢呐高奏,鼓乐喧天,吹吹打打地一直把喜轿抬到洞房外。进洞房前,地下放一火盆,新娘的喜轿从火盆上经过,有避邪之意。喜轿到了洞房门前,新郎手拿弓箭,向轿门连射三箭,俗称为箭射新娘,射完后新娘才能下轿,新娘下轿后,有人将一个红绸扎口,内装五谷杂粮的花瓶(俗称宝瓶)放在新娘手中。接着在门槛上放置马鞍,让新娘从上面跨过去。当新娘在床上坐稳后,新郎就可以揭去新娘头上的盖头。这时候,新郎新娘按男左女右的位置并肩坐在新床上,举行坐帐仪式:由长辈妇女把新郎的右衣襟压在新娘的左衣襟上,然后新郎新娘喝交杯酒,吃半生不熟的面食,以含生子之意。

第四步:过彩礼——满族结婚一般先由男方择出吉

日，同女方协商，最后由姑爷携礼物去女家"送日子"，并将原议定的聘礼如数备齐，送至女家，称为"过大礼"或"过彩礼"。结婚前1天，如果两家相距路远者，男方要代女家就近选好落脚之处，称之"打下处"或"打下墅"。女家提前1天，亲友女眷陪同新娘抵达"下处"，并将妆奁送至男家。

第五步：拜天地进入洞房——男方在庭院中设有供奉天地牌位的桌子。新人在天地桌前对牌位跪拜，称为"拜天地"。一拜天地，二拜公婆，夫妻对拜。还要吃用豆、肉、米做的饭，象征着家庭兴旺、家族兴旺。

第六步：上亲客和回九——午间酒宴，以女家客人为尊，称之为上亲客。新郎与其父母要出面寒暄，新郎要敬酒谢亲。新郎新娘依桌向来宾敬酒拜席。饭后，新娘要为新郎家至亲"装烟"、点烟（火），亲友须回赠"装烟钱"。晚间，新郎平辈男女，有闹洞房的习俗，同新郎、新娘吃、闹、耍笑，直至深夜。婚后9天，有些地方有"回九"之俗，新婚夫妇携带酒、糖、鱼、粉条等4彩礼物去娘家回拜，称为"占九"。[①]

总而言之，满族的婚姻习俗有着丰富的文化内涵，寓意美好，它是满族几百年来丰富多彩的社会生活的一个缩影，它从一个侧面反映了满族文化的特点。满族婚

[①] 此处内容来自于百度、百科与读秀等网络资源。

俗重视排场，似官场派；汉族婚俗重视礼节，似"学者派"。① 民国之后在满汉交融趋势之下，民国时期形成了老北京结婚的程序，分别是："保亲""合婚""放定""迎娶""闹洞房""回门"等主要过程。

门当户对规则与包办婚姻陋习，建立在宗法秩序和人身依附的社会关系之上。民国之后，即使是自由平等的现代婚姻，仍有"择门第之相称，凭媒妁以联姻"的藩篱与限制。随着生活水平提高，又兴起迎亲坐轿车，索高聘礼，大操大办酒席，讲排场、比阔气之风重新滋长。

第三节　市井日常与京味风韵

其实，无论是方位格局、城市规模还是发展状貌，近代北京都是一个典型的变革城市，传统的撕裂与新潮的涌动双轨并行。由于与西方文明直接交汇时间较早，近代工商业、交通、新文化等要素的发展极为迅速，并在京师时代积淀的物质文化基础上，衍生出极富北京韵味的城市生活。众多新消费空间的兴起以及与之匹配的消费行为不仅是城市阶层分化的外在表现，更参与了各阶层对自身社会等级与社会身份的构建与塑造。传统中国的等级秩序呈现在城市的布局之中，内城外城、胡同

---

① 王勇：《京味文化》，时事出版社2008年版，第162页。

民居、市井文化是京味形成的必要条件。

近代政局的风云变迁，上至国统，中至文统，下至民众生活习俗传统，"自由花发春何处，革命风潮卷地来"，可以说发生了"革命化"的变迁。彼时彼刻旧俗面临的一切改变，似乎那么的新潮与澎湃。新社会要素带来变迁的表现，集中体现在市民的文化价值观念与风俗时尚的重新建立。当然，不可极端地认为市井日常的变革是一瞬间的，实际上传统总是那么顽固与难以更改，吃肉吃素与婚丧嫁娶不会因所谓冲击而立刻就反应，孕育和延续于基层社会土壤的种种习性，时常在变动时代展现出难以想象的纠缠与韧性。作为典型的消费型城市，北京近代工商经济的发展为城市文化环境的更新提供了适宜的土壤，市民阶层壮大，女性地位上升，农业社会中的一整套价值观念向工业社会的文化价值观念转化。[①]老北京人闲，老北京人也逸。不急不躁，享受生活。在这种生活观念的引导下，北京的民间文化和习俗形式非常发达。普通民众既是一个民俗的观察者、参与者，也可以是书写者。到了清末，前门外劝业场一派昌盛："华洋饮馔任人餐，到此随意有两般。最好三层楼下坐，挂窗酌茗看西山"，不可谓不闲适平和。

《管子·小匡》曰："处商必就市井"，"立市必四

---

① 张琳：《民国北京：从国都到城市》，《前线》2018年第5期，第103页。

第二章 新旧之间：京味文化的构成与要素

方，若造井之制，故曰市井"，市井是指商肆集中的地方，古代又称作"市廛"。市井、市廛，也就是我们平常所说的商业区。① 都市商业的发展带动了市民文化的繁兴，到了民国俗文化的逐步升级。京味的繁荣是一种市井气，在"京兆亿民"的衣食住行中得以绽放。实际上，市井生活与城市聚落的发展相伴而行。清代雍正十一年，"东华门、西华门外所开酒铺甚多"，晚清北京商业街区不断扩展，方便了附近居民购买。大栅栏一带"画楼林立望重重，金碧辉煌瑞气浓。箫管歇余人静后，满街齐向自鸣钟"②。其中，"东安门、西安门内密支布伞，或作茶社，或作书场，人民拥集，道路壅塞"。

"喝豆汁儿，就咸菜儿，琉璃喇叭大沙雁儿。"杨米人在《都门竹枝词》其中又说："煤炉别样号花盆，老米充肠火易温"。恽毓鼎也感慨京师乃是：点缀两边好风景，绿杨垂柳马缨花。1929 年，北平民社出版的《北平指南》中写道："前外大街迤西，至新华街，地势繁盛，商店八埠并列"。鲁迅在北京任职时，走街串巷，是"琉璃厂"、"小市"等地的常客。东兴楼的砂锅熊掌、清蒸小鸡、酱爆鸡丁、油爆虾仁、炒生鸡片、砂锅鱼翅、红油海参等都是上档次的宫廷菜。胡适在北大之时，经常去周围的马神庙、汉华园、沙滩等几处小饭馆，

---

① 刘凤云：《明清时期北京的商业街区》，中华文史网，2010 年 8 月 23 日。

② 杨米人：《清代北京竹枝词》，北京古籍出版社 1982 年版，第 81 页。

喜欢吃熘肝尖、炒腰花、干炸小丸子、酸辣汤、炒豆腐、炒鸭肠、葱爆鸭心、翡翠羹等家常菜，有时也会喝上二两老白干。①

北京内城南面的正阳门、崇文门和宣武门（合称前三门），俗称前门大街，地处内外城的衔接地带，位置优越，人口密度大，故而店铺集中，汇集了多家老字号，形成了北京重要的前三门商业区。既有流动性摊商，也有一些固定商铺、饭庄。清末民初，南城一带汽车出租公司、化妆品公司、绸缎店、百货店、茶馆、饭庄等店铺不断建立。各类铺面都上了五颜六色的漆，有的甚至涂金，悬挂着很长的招牌来吸引顾客。货品中有的是来自南方各省的茶叶、纺织品和瓷器，有的是来自鞑靼区的皮货。② 1876年3月2日《申报》如此报道：京师前门外廊房头条胡同比户鳞栉，皆系灯铺、画铺，共约五六十家。张集馨在《道咸以来朝野杂记》云："戏园，当年内城禁止，惟正阳门外最盛"。各省会馆里设置戏台并盛演堂会戏，这是内城里面没有的戏俗。而这种戏俗的产生，应该与朝廷限制官员赴戏园看戏享乐有直接关系。③

---

① 二毛：《民国吃家：一个时代的吃相》，上海人民出版社2014年版，第95—96页。

② 刘凤云：《明清时期北京的商业街区》，中华文史网，2010年3月23日。

③ 李乔：《不今不古集》，北京出版社1991年版，第203页。

第二章 新旧之间：京味文化的构成与要素

清人震钧说，北京的主要商业区多达十余处，所谓"京师百货所聚，惟正阳街、地安门街、东西安门外、东西四牌楼、东西单牌楼，暨外城之菜市、花市。"这些大商业区大多分布在北京内城。尽管清廷的旗民分城居住制度，将汉官及商民人等尽徙南城居住，乾隆二十一年（1756年）十一月，又以"城内开设店座，宵小匪徒易于藏匿"为由，下令将五十九座店铺迁移城外，却并未影响内城的这几大商业区的发展。朝廷政策的支持也促进了市井和商业文明的演进。比如在正阳门外，以酱牛羊肉闻名的月盛斋：

> 铺在户部街，左右皆官署，此斋独立于中者数十年，竟不以公用征收之，当时官厅犹重民权也。

民间花会有耍狮子、踩高跷、小车会、旱船等，技艺中有耍中幡、拉洋片、双簧等。娱乐和消费不断升级，梅兰芳在《舞台生活四十年》记道："在省的会馆中规模大的有戏台，规模最大的如虎坊桥的湖广会馆，三面有楼，和大栅栏的广德楼差不多。小一些的如越中先贤祠、江西会馆、全蜀会馆"。广和居是晚清"京师八大居"之一，位于宣武门外菜市口附近的北半截胡同。《旧京琐记》中载："张文襄（张之洞）在京提倡最力，其著名者为蒸山药。曰潘鱼者，出自潘炳年；曰曾鱼者，创自曾侯（曾国藩）；曰吴鱼片，始自吴润生"。张集馨在《道咸以来朝野杂记》中提到了广和居的热闹：

> 广和居在北半截胡同路东，历史最悠久，盖自道光中即有此馆，专为宣南士大夫设也。其肴品以南炒腰花、江豆腐、潘氏清蒸鱼、四川辣鱼粉皮、清蒸干贝等，脍炙众口。故其地虽湫隘，屋宇甚低，而食客趋之若鹜焉。

清代士人夏闰枝在《广和居感旧》诗注中云："广和居，市侩热客所不至，惟文人乐就之，朝贵耽风雅者，亦时莅之"。可见，广和居主要是宣南士宦官的饮酌聚食之所，内城权贵不大涉足。宣南士宦喜酌广和居，原因有二：一则这里饭食精洁，且"肴皆南味"，极合大批南方士宦的口味；二则这里远避尘嚣，士人争赴，颇具风雅之趣，实际成了一处宣南士大夫聚会觞咏的交际场所。①

北京的商业区不断发育扩张，内城的商业中心以西单为代表，根据1934年的统计，西单地区共有铺商157家，摊商280余家。清末，西单地区已经聚集起一批流动性小商贩，经营范围包括日用品、小吃店以及一些戏园。民国初年，北京政府的许多机构都设立在西单附近，周边还有一些教育机构，由此带动了周边地区店铺、摊

---

① 李乔：《不今不古集》，北京出版社1991年版，第205—206页。

商的兴起。随后，西单商场建立，一批洋行也纷纷进驻，各种商店不断增加，包括三友实业社、真光照相馆、长安大戏院、新新大戏院等，使西单商业地带"较诸前门外大街、大栅栏、观音寺，渐有起色"。① 市井组织和民间社团也快速发育，如钱会、蜜供会、饽饽会、月饼会、棺材会、老人会、带子会、窝窝头会、惜字会，涉及民众生活各个方面。即使是传统的剃头匠，技能愈发与时代贴近，大概有十六种技能，除了梳发、剃头、刮脸，还包括掏耳、清眼、染发、按摩、正骨，等等。

由于民国时期北京流动人口急剧增长，1920 年，北京市旅馆业从业人员就达到 3000 多人。1940 年，北京市旅馆业规模达到 454 家，其中西式旅馆、中西式旅馆 75 家。到 1947 年增加到 781 家，其中豪华饭店 39 家②。西式旅馆主要有东长安街的北京饭店（法国）、三星饭店（西班牙）、宝珠饭店（德国），中御河桥边路东的六国饭店（希腊），崇文门大街的德国饭店（德国），东单牌楼附近的华东旅馆、日本旅馆等；中西式旅馆有 1912 年东长安街的长安春饭店、1918 年香厂路的东方饭店、1920 年翠微山麓的西山饭店、1922 年东长安街的中央饭店、1925 年西珠市口的中国饭店、1926 年东交民巷的华

---

① 鱼跃：《民国初年北京香厂新市区规划的背景原因研究》，《首都师范大学学报》2009 年增刊，第 255—256 页。

② 王京传：《民国时期的北京旅馆业》，《历史教学》2008 年第 11 期，第 70 页。

安饭店、1930年东交民巷的利通饭店、1936年西城的状元府饭店。除此之外,还有等级不一的旧式旅馆、公寓和招待所。①

据《京师坊巷志稿》记载,光绪十一年(1885)北京内外城十二地区共有水井1245眼,平均每平方公里约5.4眼②。而玉泉山的水本是皇家专用,到了民国就人人可汲了。一些商家宣传,西直门明代称和义门,是运水通道,西直门的城门洞上面刻着水的波纹。庙会活动也激发了京味的独特意蕴。《燕京杂记》记载:"三月二十八,燕京祭岳庙,民间集众为香会"。

根据著名历史学家和民俗学家顾颉刚的调查,北京人春游朝顶走会,是京郊规模盛大的献艺酬神活动。每年春季,京郊金顶妙峰山、丫髻山等地相继举办祭祀碧霞元君的朝圣庙会。届时,京城至名胜百余里途中,成千上万的香客络绎不绝。朝圣的各种民间香会中,有许多杂技歌舞花会,如:鞍子巷的开路飞叉、罗家园的五虎少林棍、白纸坊的大鼓、官庄的秧歌、缸瓦市的杠子、排子胡同的双石头、"五城弟子"的清音、方砖厂的狮子等。这些献艺的香会沿途边走边演,鼓乐齐鸣,数十万春游的香客民众竞相观赏,朝顶走会成为近代京城最

---

① 王京传:《民国时期的北京旅馆业》,《历史教学》2008年第11期,第70—71页。

② 蔡藩:《北京古运河与城市供水研究》,北京出版社1987年版,第186页。

第二章　新旧之间：京味文化的构成与要素　　109

图 2—4　北京街头的人力车夫

重要的民间花会之一①。

清代北京的街市，"有下庙之拨浪鼓声、卖瓜子解闷声、卖江米白酒击冰盏声、卖桂花头油摇唤娇娘声、卖合菜细粉声，与爆竹之声，相为上下，良可听也"②。胡同、商铺与摊贩之间，共同为身居北京之人提供了周到的服务。东华门夜市上聚集了凉粉、扒糕、莲子粥、酸梅汤、红果酪、杏仁豆腐、烤肉串、烤龙虾、烤鱿鱼、炸蚂蚱、炸蝎子、炸蚕蛹等等小吃，安全卫生。护国寺

---

① 参见顾颉刚编《妙峰山》，国立中山大学民俗学会 1928 年版。
② 赵园：《京味小说中的北京商业文化建筑文化》，《中国文学研究》1988 年第 4 期，第 39 页。

小吃店经营的从庙会中的"碰头食"传下来的北京小吃，经过改良变得精细起来，没了过去的"个儿大、经吃、一个就饱"的粗糙，墩儿饽饽、枣卷果都小巧可爱；姜汁儿排叉、糖耳朵可谓是百般玲珑。

锦芳小吃是从民国创始的小吃店，有麻团、杏仁茶、艾窝窝、奶油炸糕、炒疙瘩等，以元宵最为有名，有山楂、青梅、桂花、豆沙、什锦、奶油、椰蓉等十几种馅儿。九门小吃是在过去几家著名老字号的倡议下，由北京小吃协会出面组织的。里面的老字号有很多，比如年糕杨、奶酪魏、小肠陈、爆肚冯、瑞宾楼褡裢火烧、李记白水羊头、月盛斋等。①

据《燕京岁时记》记载：清代的四大"冰食"佳品，一是酸梅汤，二是西瓜汁，三是杏仁豆腐，四是什锦盘。在《红楼梦》中，记载有玫瑰露、木樨露、酸梅汤和凉茶等众多冰食。而清末民国以来，老百姓家在三伏天最盛行自制绿豆汤、莲子汤及用中草药熬制的暑汤，以避暑防热健身。清代最大的冰食市场是什刹海，什刹海会贤堂的"什锦冰盘"，远近闻名。所谓"冰胡儿"就是：京师暑伏以后，则寒贱之子担冰吆卖，曰冰核儿，胡者核也。

清代乾隆年间，杨米人所著《都门竹枝词》记载

---

① 葛忠雨编著：《图说北京三千年》，黄山书社2009年版，第190页。

说:"铜碗声声街里唤,一瓯冰水和梅汤"。老北京售卖酸梅汤的店铺伙计和小贩们掂打着"冰盏儿"——两个小铜碗,一上一下发出清脆的叮当声,并吆喝着:"又解渴,又带凉,又加玫瑰又加糖,不信您就闹碗儿尝——一个大子一大碗儿勒!"① 孩子们听到门外这个响声,便向家长要几分钱,飞跑到大门外,去买自己喜欢的酸梅汤了。不仅如此,小孩子对于新事物的好奇,超出了传统市井的范围,面对拉洋片(西洋镜)的魅力,北京街巷的小孩子们:

> 围着一个大箱子,箱子的一边有几个小洞,供眼睛凑上去看。花二分钱,或用喝剩的药水瓶替钱,就可以看十个之内的图片了。

传统行当充斥于市井生活之中,老北京的一些药铺在炎热的夏天,供应"暑汤"和藿香正气丸等小药包。民间的杂技摊场开办于护国寺、土地庙、厂甸海王村等地。20世纪30年代中叶,护国寺、土地庙、海王村三地共开辟杂技摊场30余处。京师武术文化发达,民国年间北京地区俗称练把式,各类庙会均有练武的专场。当时,练大刀、拉硬弓的张宝忠、练拳脚的白光汉均名扬

---

① 葛忠雨编著:《图说北京三千年》,黄山书社2009年版,第191页。

武坛。练花剑的女将栾秀云更是蜚声京城。

市井文化的触角延伸，奢靡与享乐主义浓重，朝廷因"东华门、西华门外所开酒铺甚多，值班兵丁内之不肖者，多进铺沽饮，甚属无益"。除此之外，市井文化的发展，也衍生出了许多游民阶层，老北京顽主（混混无赖）的大量出现，青楼胡同往往是"花柳繁华之地，温柔富贵乡里"，扩充了城市本身的复杂性。

庙会也促进了市井气的发展。京城具有商贸功能的庙会大体有四类。其一，地处城市要衢的隆福寺、护国寺和白塔寺，其商摊以销售日用百货为主；其二，地处城乡结合部的土地庙、花市火神庙，其商摊以销售农副产品为特色；其三，厂甸年节文化庙会，其商摊以经营古玩书画为特色；其四，东岳庙等日常香火庙会，以宗教祈祷为主，附设少量饮食、杂货商摊。庙会里主要是刀剪针线、栊子、箧子、鞋面、纸花等妇女用品摊，还有刀、勺、笼屉、铁锅的山货摊以及儿童玩具摊、食品摊、书场、相声场、杂技场，五花八门，热闹非凡。市井文化到了清朝中晚期发展到了巅峰，也极大丰富了当时人民的精神文化需求，也让他们在压迫中得到些许心灵乐园。[①]

实际上，北京地区寺庙众多，但主要是承担物品流

[①] 习五一：《近代北京庙会文化演变的轨迹》，《近代史研究》1998年第1期。

通的功能，传统中国人的生活思维是务实的，"无事不登三宝殿"，注重现实人生，不太看重对于未来的期许，没有特定的信仰，因此各类寺院都有发展的空间。宗教寺院的香火强度和庙市开市的时间往往重合，老百姓"平时不烧香，临时抱佛脚"，有时信，有时不信，有事就信，无事则不信，其实是一种接近真实的民俗观念和京味特色，这种民众思维模式延续到了今天，每年高考等季，一些寺庙仍旧是人声鼎沸。

各个阶层在市井之中谋生与生活，小手工业者、小商贩、小职员以及主要以体力谋生的洋车夫、搬运工、街头艺人、匠人、佣人等，即旧社会所谓"引车卖浆之徒"。尽管民国不少文人看不上此类"下里巴人"氛围和"乡巴佬"的文化，但是底层文化确确实实构成了京味的日常——所谓崇雅的知识阶层毕竟还是失策了。

也就是说，无论是过去还是当代，把庙会当做一种"日子"来进行赞美的知识精英，也是希望在民俗那里解救自己的心灵迷失[①]。同时，身处市井融入生活，面对不可避免的曲折，这也是一种精神上的慰藉。

第四节　文艺作品与京味旋律

从古至今到未来也或会如此——文人都愿意深情描

[①] 徐鹤涛：《面对"民俗"——民国北京各界的庙会感知》，《北京民俗论丛》，2014年版，第124页。

绘他们居住或向往的某个城市。北京作协副主席、作家赵大年先生曾说：整个一部近代史，所有这些惊天地而泣鬼神的大事情，要么就发生在北京，要么与北京血肉相连，北京百姓就是这百年沧桑的见证人、亲历者——甚至，那些下棋的、遛鸟的、卖糖葫芦的、商贩们、张小泉剪刀都是一个见证者。

文化作品是京味文化一面镜子，京味小说始自《红楼梦》、《儿女英雄传》，蔡友梅等清末民初北京报人创作的各种京味十足的小说文本，承上启下，使京味小说过渡到了老舍的文学世界中①。明清之后北京士人就在文坛上影响甚巨，这一文学格局其来有自，资源荟萃之地，自古北京就名家名士辈出。京籍士人自觉地引领着学术与风气的潮流，成天下之先。晚清民国时期，北京华洋杂居，不仅仅一批著名传教士与这座城市密切相连，康有为、谭嗣同、梁启超、鲁迅、胡适等人也在北京大放异彩。可以说，京味文学的创作、发生和推进，和民国时局的变革与文化的冲突息息相关。各色文人在帝都逝去之后，不断寻觅发掘着古老北京文化的文化要素，继而洞幽烛微地捕捉着传统北京文化正负面因素在当代北京人文化性格与文化心理中遗传与变异的轨迹。

京味是在各类文艺作品与生活传承中被记录的，这

---

① 闫秋红：《相声艺术与京味文学风格的生成》，《现代中国文化与文学》2013年第2期，第83页。

一过程从清末民初市井小说、野史笔记乃至各种散文中就能窥见端倪。正如皇城紫光阁上的对联所说：干羽两阶崇礼乐，车书万里集冠裳。帝京无疑乃文化荟萃之地、学术之都。城市是社会分工和生产力发展的产物，一部分可以不事农耕，通过价值交换步入成熟，从事流通链条上的其他职业，享受以农业作为基础的物质生活。无疑，现代城市让生活品质更美好。文艺作品的繁荣就建立于"有闲"基础之上，可以有一个专门的群体来进行文学创作。

1917年初，胡适、陈独秀等人在《新青年》上发文倡导"文学革命"，不仅白话文学快速兴起，缺乏普遍性的古典诗词散文等旧体文学逐步失去了市场和认同，弹词、戏剧、歌谣等形式登堂入室，那些描述地方文化的通俗文学作品也进入了"新文化运动"的春天。民国时期，不仅深受中学影响的士子学人畅谈之乎者也、经史子集，皓首穷经。那些留学的"洋秀才"也都挤在城里，传讯西学，给北京带来别样的颜色与学风，潺潺人生之河的多元心声，徜徉于各类文字的书写之内。

京味文学的特征，既有官场、商场、洋场，兼及医卜星相、三教九流的内容，也包括了政治状况、社会风尚、道德面貌和世态人情。京派文人有一个相对固定的封闭的文人圈子和文学共同体，形成了一个有机的公共领域，平素"讲闲话，玩古董，都是料不到的，笑骂由你笑骂，好文章我自为之，不好亦知其丑，如斯而已"①，如沈从文、杨振声、萧乾、卞之琳、何其芳、李健吾、朱光潜、梁宗岱、李广田、严文井、王西彦、芦焚、俞平伯、林徽因、梁思成、巴金、靳以、冯志等人，皆活跃于民国文坛，是北京风情的描绘者与记录者。尤其是文学巨匠鲁迅，虽然生于浙江绍兴，但工作生涯时间最长之地却是北京。一度居住在绍兴会馆、八道湾胡同、砖塔胡同、西三条21号等四个地方，深受北京文化和民俗风情的浸染，鲁迅写下了《孔乙己》《狂人日记》《药》《阿Q正传》《祝福》《幸福的家庭》《肥皂》等作品，其中不乏诸多京味的影子。

林语堂旅居巴黎所写的长篇小说《京华烟云》（Moment in Peking），可谓京味文学的典范之作，英文版最早出版于1939年。《京华烟云》讲述了北平曾、姚、牛三大家族的命运与浮沉，从1901年义和团运动到抗日战争三十多年间的悲欢离合和恩怨情仇，并在其中安插了袁世凯篡国、张勋复辟、直奉大战、军阀割据、五四运动、三一八惨案、"语丝派"与"现代评论派"笔战、青年"左倾"、二战爆发，全景式展现了现代中国社会风云变幻的历史风貌。1975年，林语堂凭借《京华烟云》荣获诺贝尔文学奖提名。

---

① 张菊香、张铁荣编著：《周作人年谱：1885—1967》，天津人民出版社1999年版，第397页。

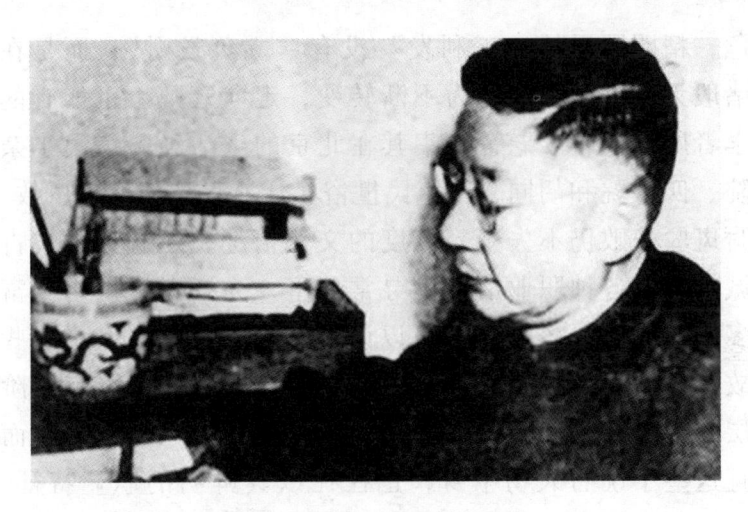

第二章　新旧之间：京味文化的构成与要素　　　117

图 2—5　京味文学奠基人老舍

老舍的《骆驼祥子》《四世同堂》《茶馆》《龙须沟》等经典文本，多与在北京的生活经验与习俗相关，是诸多京味作品中的最精熟之作。其中，创作于 1956 年的《茶馆》是一个北京风貌描写的集大成之作，初载于巴金任编辑的《收获》杂志创刊号。老舍以高超的笔触与场景设计，把戊戌变法、军阀混战和新中国串联起来，涉及了老北京各色人等，刻画并展示了三个时代、近半个世纪和动态北京的社会风云变化。裕泰茶馆与王利发，就是北京社会的缩影，无论是茶馆老板、吃皇粮的旗人、办实业的资本家、清宫里的太监、信奉洋教的教士、穷困潦倒的农民，还是特务、打手、警察、流氓、相士等，生活化、民俗化与日常化的描摹，皆汇流为一个众生相轮廓。茶馆的衰败，也是近代中国的千疮百孔与岌岌可危,精明圆滑的"王利发"没有"立刻发财",而是在诸般无奈中心理与行为不断转变,走向衰败。正如有的学者所评述:"老舍聚集其在北京的生活经验写大小杂院、四合院和胡同,写市民世俗生活所呈现的意趣风致,写斑驳破败仍不失雍容气度的文化情趣,还有那构成古城景观的各种职业活动和寻常琐事,为读者提供了丰富多彩的北京风俗画卷。可以说,老舍的笔触写实,那些故事情节发生在北京的小说,不仅穿插了对北京市民阶层的节庆、礼俗、仪式和日常生活场景的大量描写,而且这些小说的人物本身,也往往以其鲜明的职业特征,成为北京民俗文化的一部分,其作品完全可以作为北京市民阶层的民俗志来读"[①]。老舍的文风与情怀,是京味文化与文本的巅峰,也影响了京味文学后继的书写模式。

另外一个与北京文化、京味生活密切相关的作品,就是林海音的《城南旧事》。女性特有的细腻与深情款款,笔下展现出的是童年记忆中胡同温暖、静谧乃至祥和。普通人家小姑娘英子的眼睛其实就是林海音观察社会、回忆过去与记录感悟的中介,生活在1920年代的四合院,经过了形形色色、悲欢离合人和事,良好愿望与现实之间存在着巨大反差,社会的人情冷暖与身处变革时代个人的无力,长大后的英子不仅要告别童年生涯,

---

[①] 季剑青:《老舍小说中的北京民俗与历史——以〈骆驼祥子〉〈四世同堂〉为中心》,《民族文学研究》2015年第1期。

第二章 新旧之间：京味文化的构成与要素

老北京文化也在挥手间黯然远去。林海音的笔触，淡雅的文字背后隐透出些许怀旧的哀婉，是一种极具厚重与文化积淀的写法。

芸芸众生的北京生活，也作为影视剧屡见荧屏。曾经非常有名的电视剧《皇城根儿》，就是一个北京社会变迁的缩影。赵宝刚执导，许晴、王志文等主演，讲述了老中医金一趟，凭借秘不示人的"再造金丹"医好了无数疑难病症，因而声名显赫。他膝下无子，只有金秀和金枝两个女儿。三年前，金秀尊父命与父亲的养子张全义结婚，但一直未能怀孕，不想金家从此失去平静。借助于老北京的空间场景，侧面叙述了老北京人的生活境遇和时代潮流。《末代皇帝》是一部气势宏大、色彩浓郁、场面壮观的影片，侧面展现了帝国黄昏与北京变迁，是欧洲导演贝尔多鲁齐的经典之作。

五四运动之后，中国文化和政治的中心都已经转移到了上海，留在北京等地的作家便处于一个"文化边缘"的地位。"北平既已改称北平，此一国唯一国都所在地之南京，自应正名为首都或京师，方足以正全国之视听"。1929 年 4 月 16 日，国民政府决定改南京特别市为首都特别市。1930 年 5 月 3 日，新修订的《市组织法》颁布，废除特别市，南京以首都所在，北京列为行政院直辖市，首都的历史暂时终结。失去"国都"光环的北平在呈现百业凋零态势的同时，城市发展亦发生了深刻的变化，城市自我意识和地方特色亦从政治因素中得以解脱与彰显,这就京味的发育带来历史契机。

可以看出,京味文化作品大部分都和家国情怀、社会变迁密切相连,在市井生活与民间图景的变迁下,折射出城市的命运与个人的走向。当然,京味文学、京味小说的内涵,也在时间的沿革中不断更新,书写群体也不断多元化,不仅仅是"老北京人"自己的声音。20世纪30年代所形成的"京派文学",其诗人、散文家、小说家、剧作家以及批评家的主要代表,如冯至、废名、陈梦家、方玮德、林徽因、孙大雨、孙毓棠、林庚、曹葆华、何其芳、李广田、卞之琳、梁遇春、方令孺、朱自清、吴伯箫、萧乾、沈从文、凌叔华、芦焚、汪曾祺、丁西林、杨绛、李健吾、朱光潜、梁宗岱、李长之等,乃至被许多学者推为"京派"首要代表的周作人,他们绝大多数都是"外乡人"。

总之,从民国文坛开始,以北京为空间范围和创作主题,就形成了一批颇具影响力的京派、京籍作家,他们用饱含古都情感的文字继续阐释着京味的内涵与变革。1933年10月,沈从文就曾撰文讽刺上海文坛是一群玩票白相文学作家支持着所谓文坛的场面,痛心疾首,并说:

> 现在可希望的,却是那些或为自己,或为社会,预备终身从事于文学,在文学方面有所憧憬与信仰,想从这份工作上结实硬朗弄出点成绩的人,能把俗

第二章　新旧之间：京味文化的构成与要素

人老景的生活态度作为一种参考。他想在他自己工作上显出纪念碑似的惊人成绩，那成绩的基础，就得建筑在这种厚重，诚实，带点儿顽固而且也带点儿呆气的性格上。①

很明显，沈从文借此张扬京味作家的底蕴与朴实，也有对于新旧文学转型中人们进退失据的忧虑。文学是社会现实的折射，当代京味儿文学的勃兴，更加多了一些写实，京味书写"为历史教科书做点注脚和插图，为民俗学和风俗史提供一点研究资料"②，继续对北京文化内涵的挖掘与扩充。胡同、四合院、琉璃厂、公园、护城河、钟鼓楼等老北京物象，慢慢成为京味文学中出现的"常客"。

王一川就将京味文学流派划分为三代，并总结出京味文学的特点与演变。第一代以老舍为代表，故事的主要发生场是北京胡同，辅助场是街道、集市，主要人物是故都下层平民，还包括形形色色的市井人物。第二代以林斤澜、邓友梅、汪曾祺、韩少华、陈建功等人为代表，着力表现处于现代性进程中的故都平民生活及民俗残韵。第三代以王朔、刘恒、冯小刚、王小波、刘一达

---

① 沈从文：《文学者的态度》，《大公报·文艺副刊》（天津）1933年10月18日，第9版。

② 邓友梅：《邓友梅集·一点探索》，海峡文艺出版社1986年版，第340页。

等人为代表，趋向于表现载体的多元化，表现了在政治缝隙中纵情狂欢、在社会转型中重求生路的北京大院文化景观。①

邓友梅、陈建功、刘心武、刘进元、殷京生等人都在深情中描摹了京味的物象与延伸，例如《话说陶然亭》《寻访画儿韩》《双猫图》《那五》《烟壶》《辘轳把胡同9号》《找乐》《鬈毛》《放生》《耍叉》《傻二舅》《圆明园闲话》《画框》《傻子娶亲》《红点颏儿》《少年管家前传》《钟鼓楼》《云致秋行状》《安乐居》《没有风浪的护城河》《坛根儿的人》《老槐树下的小院》等作品，塑造了老管、甘子千、金竹轩、李忠祥、沈天聪、崔老爷子、二舅、甘德旺、苗望水、胖老头、瘦老头、五爷、韩德来、那五、乌世保、赫老等身份不同的艺术形象。

晚清民国从"帝都北京"到"市井北平"，1949年到1980年代从"政治北京"到"文化北京"，延续为20世纪80年代京味小说的兴起，到90年代以来京味影视剧的热播，乃至京味话剧的演出热潮，京味文化借助于多种艺术形式的再现呈复兴态势。然而，被构建的京味文化在其发展过程中，并不单一地指向过去，更是涉及

---

① 王一川：《泛媒介场中的京味文学第三代》，《天津社会科学》2005年第5期，第89页。

当下的文化环境、意识形态、市场经济等多个方面①。北京味道逐步走出北京，走出中国，国际化程度越来越高，实际上反映了文化的强盛和国力的梯进。故而，新京味就"增添了新时代的气息，更加开放、洒脱，呈现古老文化与现代意识的交织、民族精神与外来文化的融汇、地域色彩的渐趋淡化"②的特征。

在各类京味文化与京味影视中，刻画的现实与历史景象，与人们对于京味的感知与体悟，隐然构成了京味的多重旋律。步入历史行进的现代性话语中，文化认识逐步多元化，尽管京味传统的低迷是一种无奈的现象，但是京味魅力仍旧能够驱动知识人全力探索与追寻原乡旧城的情感。百年京味文化史的演进变异，充分显现出北京社会变迁的内在路径。

小 结

晚清社会的"千年未有大变局"之谓，同时体现在物质与文化变迁的双轨过程之中。"西方各种新式器物、建筑样式、交通工具、娱乐方式、礼仪等纷纷登陆中国，使中国社会从价值观念到生活方式、日用器物到风俗习

---

① 何明敏：《现代性语境下的京味文化》，《文学与文化》2014年第4期，第118页。
② 许自强：《幽默、调侃与新旧京味文化》，《中国软科学》1995年第1期，第125页。

惯，都发生了重大变革"①。奇异技能、过度工巧虽非士人在儒学道器矛盾中的最佳选择，但是服膺西学逐步成为主流。正是知识人这种思想转型，促进了北京文化趋新西化的历史走向。

在传统的帝制时代，京味文化是难以登堂入室的，主导社会运行与发展的是皇家文化和等级文化。晚清民间思潮兴起之后，等级秩序与礼仪制度逐步瓦解，市井文化与社会力量逐步壮大，成为辛亥革命之前北京文化样态的一道风景线。民国初年，万象更新，移风易俗，社会步入一种相对开放化的进程，京味文化开始以全新的面貌呈现于民众的日常生活和人际关系之中。

客观来说，京味如果仅仅有当代而无过去、有新潮而无传统，难免会缺乏一种厚重感与历史性。北京人、北京话、北京的环境、风俗习惯和北京人的心理素质都在不断变化当中，今日北京已经不是老舍先生笔下的十里城了，这个变化太大了。经济建设改革开放给北京带来的变化是巨大的，翻天覆地的，丰富了北京人的生活。但是，京味却隐然式微，"老北京居民随着旧城改造而逐渐分散外迁，在他们身上所承载的传统'京味'文化亦不可避免地趋向于瓦解与衰落"②，这种现状也丰富了

---

① 王瑞芳：《近代中国的新式交通·序》，人民文学出版社 2006 年版。

② 张宁：《透视北京"传统"与"现代"之间的协调发展》，《北京史学论丛》，2017 年版，第 18 页。

作家们的创作素材。诗人对城市的变化是非常敏感的，北岛在《城门开》的序里面深情诉说：

> 我在自己的故乡成为了异乡人。没了房瓦灰墙，没了沿街叫卖的糖葫芦老人，没了单车碾过瓦砾的嘎吱声。一座又一座四合院在巨大的推土机面前土崩瓦解，只余下倒坍前的最后一声叹息。沿街拉起的电线，沿街伫立的电线杆都消失了。一个又一个高亮度的街灯拔地而起，占据了街头，占据了原本毫无遮蔽的天空。

京味的构成要素除了宏大叙事，亦充满了涓涓细流。文化是文明传承的主要形式，地区文化则是文化特异性与区域性的核心表达。社会转型的速度与广度超过了作为个体认识想象的极限，并以迅雷不及掩耳之势重塑着民众的生活。物是人非，老北京从晚清民国时期就酝酿着一场猝不及防的激变，形成了一种"无家可归感"。故而，京味文化的价值更应该予以体认与肯定，在新的时代中也被赋予了更为深刻和宽广的内涵，关联着城市性格与北京品牌，这就是一些人提倡要怀念"京味"和留下"城愁"的原因之一。

第三章　诚信重礼：京味文化的传统延续

我们若站在现代理智、务实的价值立场之上，繁文缛节与等级规制似乎已经没有太大必要。但是，在中国古代社会"礼"却是社会运转的必要因素。紫禁城里住皇上，北京城中多亲贵。对于来京行客和居京百姓来说，在地理距离上，皇城近在咫尺；在心理距离上，却宛若天边。

帝王统御天下，必先巩固皇居，壮万国之观瞻，严九重之警卫。御河桥上之对联，也充满了大气：玉宇琼楼天上下，万壶圆峤水中央。明清两代的朝廷基于城市安全和军事考虑，在京师的城市规划中突出皇权：君王为主，臣民为客；君权为主，神权为客①，设置层层筑墙，形成特有的城墙文化与秩序体系。客观上阻碍了城市的流动，切断了城内的交通网络，虽有此种弊端，却

---

① 阎崇年：《天地之合，文脉之汇——古都北京的"文化风韵"》，《北京日报》2017年9月11日，第015版，第1页。

侧面形成了东方帝都特有的辉煌。从永定门到钟楼、鼓楼的 7.8 公里的北京明清中轴线，三殿（太和、中和、保和）三宫（乾清、坤宁、交泰殿），日坛与月坛对称的文化格局，城池宫殿、坛庙苑林、衙署寺观、市井民舍，都沿着两侧依次对称展开，格局严谨，主次分明，罗列修建，刻画了内城的秩序。中国著名建筑大师梁思成先生就曾经说："北京的独有的壮美秩序就由这条中轴线的建立而产生"，中轴线就是一种等级、礼法与规制。

明清北京为帝都，社会分层悬殊，尊卑有序，一切都在皇权的影子下不断延伸："天子之所是，皆是之；天子之所非，皆非之"，呈现出一个儒家理想所期待的"士农工商"与相对固化的四民层次和大一统格局，城内井然，城外"舟车转漕，数千里不绝"，并在诸般礼法运转中呈现出一个序列化的社会生活和思维结构。宫廷之礼与民间之礼在生活中逐步合流，一些"老北京人"对谁都一团和气而骨子里又有一种刚毅、自尊甚至是高傲和高贵的气质。讲究繁文缛节的"礼"，讲究严格稳定的秩序。因此，有人说北京文化之魂是讲礼与找乐，颇有几分道理。

第一节　制度规设与礼法传递

礼不远人，人在礼中。帝制时代之下，在北京这座四九城中，不论是王公贵族，还是市井平民，都是天子的"臣民"。京师礼法之下的政治社会秩序，与其他地域还有明显的区别。皇权的铺张与民权的萎缩，构成了帝制时代特有的两极模式，皇家重礼仪，百姓讲规矩。

实际上，重礼的思维可以追溯至传统，与中国古典传统密切关联，中国古代有"五礼"之说，祭祀之事为吉礼，冠婚之事为嘉礼，宾客之事为宾礼，军旅之事为军礼，丧葬之事为凶礼。古典文献《礼记·乐记》中记载："天高地下，万物散殊，而礼制行矣"。孔颖达 疏："礼者，别尊卑，定万物，是礼之法制行矣"。《汉书·成帝纪》："圣王明礼制以序尊卑，异车服以章有德"。自然，礼制是秩序的前提，北京的礼义源远流长，皇家礼仪也投射在北京人的社会生活中。

可以明确的是，中国的传统社会是一个基于科举制之下官僚管理体系，贯穿着一种伦理规则和礼治精神。清代大皇帝临御万方，威服各族，统治天下臣民，有着严格的节令，春搜冬狩，以时讲武，实施大阅，接见外来使节，规划木兰秋狝震慑与会盟北部异族，演练朝廷不可亵渎之大礼重典。帝国的重要信息通过朝廷的政治邸报抄递全国，实施着精密的社会控制，秩序恢宏、礼法严格。

清代的制度又不同于之前的朝代，有自己的特点。皇帝先后通过上书房、南书房、军机处等内廷机构，发明密折奏报制，废除议政王大臣会议，把权力彻底从科

第三章 诚信重礼：京味文化的传统延续

图 3—1 正阳门街道

层体制中收回，皇帝自己乾纲独断。有时候也会刻意身居幕后，喜怒不惊，施展帝王道术，维持无上的权柄。北京城的管理事宜归顺天府统辖，乃是设于京师之上的府属建制，下辖二京县、二十二州县和三个附县①，负责京畿地区的刑名钱谷，并掌管迎春、进春、祭先农之神，奉天子耕猎、监临乡试、供应考试用具等事，遵照朝廷之法令，劝善惩恶。同时，根据徐珂在《清稗类钞》中的记载："京城管理地面之官不一。曰步军统领，

---

① 清代乾隆时期定立京畿所辖范畴，乃分别是二京县：大兴县、宛平县。二十二州县：良乡县、画安县、永清县、宁河县、东安县、香河县、通州、三河县、武清县、宝坻县、涿州、房山县、蓟州、平谷县、昌平州、顺义县、密云县、怀柔县、霸州、文安县、大城县、保定县。三附县：遵化县、玉田县、丰润县。

司内城盗贼也；曰外营汛，司外城盗贼也"。掌管京师治安的驻京武官是九门提督，正式官衔为"提督九门步军巡捕五营统领"，负责北京内城九座城门（正阳门、崇文门、宣武门、安定门、德胜门、东直门、西直门、朝阳门、阜成门）内外的守卫和门禁，还负责巡夜、救火、编查保甲、禁令、缉捕、断狱等，实际为清朝皇室禁军的统领，品秩为"从一品"。

可以说，京城寓于严格的管理系统之内，秩序井然。现代化的制度建构也影响了京城的秩序，1908年清廷在北京建立了规范化的户口统计警察制度与各类市政的建构，形成了规范化的城市管理模式。在清代的礼法与品位之下，京师专任长官顺天府尹都似乎有一些别样的"傲慢"，号称"京畿之表率，首善之仪型"，高于一般的正四品知府。顺天府尹有专折上奏的权力，也可以直接上殿面君，目睹龙颜。一般的地方知府都是四品官员，而顺天府尹却是正三品的官阶，跟按察使、大理寺卿属同一级别。在北京，它是有着跟御史台、九门提督府等衙门几乎相等的权限。而且，北京内城森严体制，逐渐形成以紫禁城为中心，中央衙署为前导、八旗劲旅环卫皇城的封闭的政治、军事结合体，"无异于一座戒备森严的军事大本营"[1]，可谓层层相套，等级森严，界限

---

① 刘小萌：《清代北京内城居民的分布格局与变迁》，《首都师范大学学报》1998年第2期。

分明。

旧的行政体制解体,诞生了新的市政管理机构。清朝宣统三年(1911年)辛亥革命之后,中华民国临时政府定都南京。同年3月,袁世凯将临时政府迁至北平,北平再次成为首都。民国伊始,北平的地方体制仍依清制,称顺天府。直至民国三年(1914年),改顺天府为平津地方,直辖于北洋政府。民国三年(1914年)10月4日,中华民国大总统袁世凯颁布《平津尹官制》(法律13号)及《平津地方区域表》,改顺天府为平津,顺天府尹公署改为平津尹公署,首长为平津尹。京兆尹公署、京师警察厅、京都市政公所等三个机构分别执行和管理着北京城市的运转。1928年之后,"北平既已改称北平,此一国唯一国都所在地之南京,自应正名为首都或京师,方足以正全国之视听"。直到北平市的设立,首善地位彻底消失。

"七姑八姨一大串,名目繁多,叫起来都很麻烦"。满人入关后,旗人重礼节,满族人规矩大、讲究多,并逐步影响了北京的交际礼俗,腰间的黄带子、红带子与蓝带子,显示了一些京城贵胄的身份。中国传统社会刑不上大夫,礼不下庶人,"士农工商、倡优皂隶",隐然有序。但是随着社会秩序的急剧变革,作为等级制度的礼法,开始蔓延于占人口大多数的基层民众。宫廷礼仪及尊卑次序的规定,完备的礼仪制度,诸多禁忌,映射到民众的生活中,位近天子脚下,就是重礼的生存思维。

老北京人特别好客，同时也非常守规矩。见面打招呼，就是一句"您哪"。陌生人相见时，少不了一句"您贵姓，幸会"、"有空寒舍一聚"①。客客气气，你好我好大家好，"贵姓"、"借光"、"宝地"、"府上"等词汇层出不穷，注重彼此之间的体面，交流中看重礼貌。

实际上，京师的等级体现在方方面面，每个城门都有特定的功能，实施着帝制时代的交通分流与时间掌控。比如，正阳门是京城正门，通常用来走宫车；崇文门靠近南郊的酒厂，所以常常走酒车；朝阳门靠近漕运码头，所以这里走的是粮车，从京杭大运河千里迢迢运送而来的南方稻米都从此门入京；东直门走的是木材车；安定门走的是粪车；德胜门走的是兵车；阜成门走的是煤车；宣武门走的是囚车；西直门则走水车，由于时常夜间运输，故而西直门在清代关闭最晚。

礼法与权力是同构的，皇城内部的功能分布与权力格局也井然有序。太和殿是用来举行各种典礼的场所，实际使用次数很少，明清皇帝上朝的地方主要在太和门、乾清门、乾清宫和养心殿。明清两朝24个皇帝都在太和殿举行盛大典礼，如皇帝登基即位、皇帝大婚、册立皇后、命将出征，此外每年万寿节、元旦、冬至三大节，皇帝在此接受文武官员的朝贺，并向王公大臣赐宴。②

---

① 在当代，"有空到我家里来玩、有空逛吃、有空约一波"等表述已经取代了这种说法，不知是喜是忧。

② 刘啸编著：《北京记忆》，当代世界出版社2017年版，第48页。

第三章 诚信重礼：京味文化的传统延续

清初，还曾在太和殿举行新进士的殿试，乾隆五十四年（1789年）始，改在保和殿举行，"传胪"仍在太和殿举行。帝制王气的贯穿与延续，民国初年在整理城市交通之际，部分城墙都未敢轻动，根据1924年《社会日报》记载："乃彼时袁世凯已蓄心帝制，以城墙为风水所关，恐一穿洞泄露王气，闻朱有此计划，既行止之"，可见皇权的影子毕竟还很长。①

作为等级观念的礼法，是一种不易改变的思维结构。1959年末代皇帝溥仪被特赦之后，前往探望那些寄居街头、破庙，生计堪忧贫病交加的老太监群体，而太监们骨子里的礼法仍在，依然高喊溥仪"万岁爷、皇上、主子"。现实好像与历史完全重叠，溥仪在《我的前半生》中忏悔道：

> 他们陪我玩，哄我睡觉，喂我吃饭；他们领我的赏，也挨我的打；别人可能有时会离开我，但他们却日夜陪着我；他们是我的奴隶，也是我的老师。

当然，这种封建礼法与依附关系自然已经应该为时代所淘汰，但也说明了帝都北京的王朝风气。在溥仪的回忆里，小时候满世界都是象征皇权的黄色。天子脚下，畿辅重地，北京在都城时代无疑是独特的，引领风气，

---

① 《社会日报》1924年11月18日。

正如汉代班固所言：好恶取舍，动静亡常，随君上之情欲，故谓之俗①。不仅是君上，平民之后的礼也愈发系统化。不要多礼，仅仅是一个谦虚的表达，生活中处处有礼的影子。

清人《宁古塔纪略》载："旗人重礼节；相见惟执手，送客则手略屈，久别乍晤，彼此相抱，复执手问安"。京师臣民对皇权的服膺是一种物质与精神的双重认同。京人上层贵族从出生到去世，身份血缘的等级规制与死后的地位追认，都是许多人竞逐的目标，期待恩赐。无论是哪位王公大臣死后被皇帝御赏"陀罗经被"（往生被），都是一种荣耀的体现。甚至，外省地方官员与京城官员的相见礼节、公私聚会的座次，都有潜规则，这是一个隐形的秩序，也是等级文化的魅力。

四平八稳的建筑格局，造就了北京人中规中矩的性格。字正腔圆的京腔京调，讲究隐性的规范。尊上、敬老、好客、守信，是老北京人的普遍特点。旗民之间的"见面礼"、"请安礼"、"告别礼"，也逐步影响到京城普通百姓。北京在明清之后保持着相对的稳定，黄瓦红墙之下的大多数老北京人，过着简单淳朴而温暖的日子，在这种变化相对比较小的空间里，京味的内涵得以滋生与彰显。

---

① 班固：《汉书》卷二十八下《地理志第八下》，中华书局1997年版。

第二节　老字号与京味品质

三百六十行，行行出状元，"市井之气"构成了帝京民众的生活风俗画卷，百年老店的积淀亦延续于京味之内。由于身处都会，老字号的营业宗旨也多了一些"诚信礼义"与"任和智慧"的色彩，正如汪曾祺《安乐居》中所写"为人在世、要讲信用"，凸显出一种京味的品质。甚至，清代街头担着挑子的剃头匠，也多了几分活计的精致和"奉诏剃头"的庄严。京味行当与京味品质，是一个老字号的显著特征。老舍在《老字号》中说：

> 多少年了，三合祥是永远那么官样大气：金匾黑字，绿装修，黑柜蓝布围子，大机凳包着蓝呢子套，茶几上永远放着鲜花。多少年了，三合祥除了在灯节才挂上四只宫灯，垂着大红穗子，没有任何不合规矩的胡闹八光。多少年了，三合祥没打过价钱，抹过零儿，或是贴张广告，或者减价半月；三合祥卖的是字号。多少年了，柜上没有吸烟卷的没有大声说话的。有点响声只是老掌柜的咕噜水烟与咳嗽[①]。

[①] 舒济、舒乙编：《老舍小说全集》第10卷，长江文艺出版社1993年版，第328页。

老北京的行业，从明清开始，五花八门，基本与民众的需求大致重合。包括了酒行、茶行、糖饼行、粮行、饭庄行、靴鞋行、成衣行、估衣、饭庄、绸缎、皮箱行、刻字行、纸行、刀行、书行、描金行、米面业、绦带行、煤行、木行、棚行、脚行、瓦木行、花行、银号业、成衣业、药材业、香料业、珠宝玉器业等，还有票号、钱庄、当铺、颜料、染坊、粮食、干果、杂货、制纸、铜铁五金、牛骨、氆氇、典当、百货、瓦木行、棚行、玉行、描金行、木商、烟草、油盐酱醋、蔬菜等。还有各类工匠，如木匠、铜匠、铁匠、瓦匠、石匠、木工、铁工、桌椅匠、大车匠、轿车匠、轿子匠、马鞍子匠、寿木匠、剃头挑子匠，分工细化的程度达到了传统时代的极致。除此之外，无论是"鹤年堂"药店、"月盛斋"、"烤肉宛"、"同仁堂"药店、"荣宝斋"及"湖广会馆大戏楼"，还是"庆云楼"、"隆丰堂"、"庆和堂"、"德丰堂"、"步瀛斋鞋店"、"六必居酱菜店"、"张一元茶庄"，百多年来名享京华、流布甚广。

清代商业店铺的分布，基本是在朝廷对于北京城的整体规划和诸多限制下发育的。自晚清开始，围绕着正阳门外大街，一些著名的商户店铺，基本定型，各有隐性的服务边界，如著名八大祥中的瑞增祥、瑞林祥、益和祥以及正明斋饽饽铺、月盛斋、全聚德等。民国时期的大栅栏街区，仍保存着明末清初的"三纵九横"的格局，"三纵"指的是煤市街、珠宝市街以及粮食店街；

"九横"指的是大栅栏的九条东西向的胡同,和皇城那种整齐划一的格局颇为暗合。① 我们根据1941年(民国三十年)齐如山在《北京三百六十行》一书中,对旧京地区行业的不完全统计:老北京工艺方面为447行,服务性行业达265行,种类繁多,吃、穿、用、玩一应俱全,这基本都是渊源于清代的商业布局。

老字号口味的秘方、产品的质量、服务的信誉,民众寄托于"决不能亏了口"。如临襄会馆的"六必居",自产自销的酱菜享誉京城,成为老北京人排队买卖的动力,大栅栏是北京老字号的云集之地。过去老北京人有句口头禅:头顶马聚源,脚踩内联升,身穿八大祥,腰缠四大恒。这里说的"脚踩内联升",是说能穿上内联升做的鞋,是对身份的一种炫耀。正如老舍所说:三合祥的金匾有种尊严,吃饭也讲究精致。陈建功在《辘轳把胡同9号》中也有写道:

> 夏天,吃烧羊肉;冬天,涮羊肉;正月初二,吃春饼;腊月二十三,吃糖瓜儿……甭管怎样,决不能亏了口。

晚清北京城市繁荣,商业发达,是一个充满消费与娱乐气息的城市。老字号中见信义,举头三尺有神明。

---

① 马玲:《北京胡同》,世界知识出版社2011年版,第163页。

融汇亲和的京味文化

坚守在尺寸之地的京味老字号，在岁月的变迁中显得弥足珍贵。据记载，清代汉官侨寓南城外，主要是南城的宣武门外一带，而此处集中老字号，覆盖着老百姓生活的方方面面。

图3—2　老北京城门一瞥

传统的商铺和字号，服务范围相对有限，故而诚信特别重要。否则，若有欺瞒哄骗之处，在熟人社会中，很难圆场。特别是北京一些老字号，客人都是北京一些达官贵人，对于质量的要求更是高。当然，这也促成了老字号商品质量的提升和经营的延续。在这些闻名遐迩的老店中，有始于清朝康熙年间提供中医秘方秘药的同仁堂，有创建于清咸丰三年（1853年）为皇亲国戚、朝

第三章　诚信重礼：京味文化的传统延续

廷文武百官制作朝靴的"中国布鞋第一家"内联升，有1870年应京城达官贵人穿戴讲究的需要而发展起来的瑞蚨祥绸布店，有明朝中期开业以制作美味酱菜而闻名的六必居。人们习惯、喜欢使用老字号的商品，原因除了相信其质量有保证，还在接触前听到一些有关该商品的传闻，不仅引起购买的欲望，还在脑海深处回荡起优美的波澜[①]。

老字号不仅是一种商贸景观，更重要的是一种历史传统文化现象。不到长城非好汉，不吃烤鸭真遗憾，使全聚德成为北京的象征。而京城诸多的民间歇后语，如东来顺的涮羊肉——真叫嫩、六必居的抹布——酸甜苦辣都尝过、同仁堂的药——货真价实、砂锅居的买卖——过午不候等，生动地表述了这些老字号的品牌特色。[②]原本服务于贵族士绅的老字号，业务范围也下流融合至普通消费者。

马聚源

马聚源，坐落在北京前门外大栅栏商业街上，是一家久负盛名的中华老字号。它始建于清嘉庆二十二年（1817年），至今已有200多年的历史。它生产的帽子，

---

①　徐城北：《转型艰难的老字号》，新世界出版社2007年版，第111页。

②　北京老字号发展研究课题组：《北京市老字号的发展现状及对策研究》，《北京行政学院学报》2004年第3期，第40—41页。

因用料讲究，做工精细、货真价实、品种齐全、花色繁多而著称于世，深得王公贵胄、在京官商的喜爱。

马聚源帽店之所以驰名北京四九城，被誉为帽业之首，其主要原因还是制作的帽子选料真实，用新料好料，制作工艺精细认真，主要制作当时政要富绅戴的瓜皮帽。缨子是用藏牦牛尾，用藏红花做颜色着色，绸缎选用南京源兴缎庄出最高档元素缎，品种有各式男女帽子、皮帽、棉帽、童帽及汉、满、回、苗、蒙、藏、瑶等各式民族帽、舞蹈帽八十余种。[1]

内联升

"内联升"始建于1853年（清咸丰三年），创始人为武清县人赵廷，由京城一位达官丁大将军出资万两白银入股，开办鞋店。当时，赵廷调查了北京制鞋业的状况，认为北京制作朝靴的专业鞋店很少，于是决定办个朝靴店，专为皇亲国戚、朝廷官员制作朝靴。其中，"内"是指大内宫廷，"联升"则寓意穿上此店制作的朝靴，可以在宫廷官运亨通，连升三级。

内联升以制作朝靴起家，鞋底厚达32层。特色产品"千层底"鞋底每平方寸用麻绳纳81—100针，针码分布均匀，产品全部手工制作。内联升对来店做鞋的文武

---

[1] 参考《中国最美的101家老字号》，中国铁道出版社2014年版，第206—207页。

官员的靴鞋尺寸、式样等都逐一登记在册,如再次买鞋,只要派人告知,便可根据资料按要求迅速做好送去。同时,也为下级官员晋见朝官送礼提供了方便。一本详录京城王公贵族制鞋尺寸、爱好式样的《履中备载》由此而生。①

1915年(民国四年)内联升获得国货展览会京都市产品协会颁发的《各类鞋一等奖》;1935年(民国二十四年)获北平市物产展览会颁发的《靴鞋一等奖》。进入新世纪,2011年成为第一批国家级非物质文化遗产生产性保护示范基地。如今,鞋店的主要服务对象是普通百姓,但仍坚持对畸形或有特殊需要的顾客予以定做,并可保留其鞋的尺寸及要求,满足顾客的要求。

八大祥

八大祥是瑞蚨祥、瑞生祥、瑞增祥、瑞林祥、益和祥、广盛祥、祥义号、谦祥益八家绸缎商号的合称。始建于同治年间,均由山东省济南府章邱县旧军镇孟姓家族经营,光绪年间于北京开业。

最初有两家,一为前门西月墙瑞林祥,二是东月墙谦祥益,经营丝绸锦缎和粗细洋土布,生意兴隆。继而在打磨厂路南,开设瑞生祥。至光绪初年(约1875年)

---

① 周红英编著:《百年老号:百年企业与文化传统》,现代出版社2015年版,第47—54页。

先后续开三支分店。主要经营丝绸锦缎和粗细洋土布，生意兴隆。目前现存"八大祥"只剩下瑞蚨祥和珠宝市的谦祥益门市两家。其中，瑞蚨祥号称孟子后裔开办。①

四恒

"四恒"是老北京钱庄恒利、恒和、恒兴、恒源的统称，因其信誉优良，资产丰盈，民间俗称为"四大恒"，在庚子年间已是百年老店，行业地位很高。民间有该语"头顶马聚源，脚踩内联升，身穿瑞蚨祥，腰缠四大恒"，用以形容品牌受到社会的赞誉和认可。据《道咸以来朝野杂记》记载：

> 当年京师钱庄，首称四恒号，始于乾嘉之际，皆浙东商人宁绍人居多，集股开设者。资本雄厚，市面繁荣萧索与有关系。四恒号皆设于东四牌楼左右，恒和号在牌楼北路西，恒兴号居其北，隆福寺胡同东口，恒利号在路东，恒源号在牌楼东路北。凡官府往来存款，及九城富户显宦放款，多倚为泰山之靠。②

可见，"四恒"的银钞社会流通和认可程度很高，

---

① 王茹芹：《京商论》，中国经济出版社2008年版，第184—185页。
② 崇彝：《道咸以来朝野杂记》，北京古籍出版社1982年版，第104页。

也得到了政府的支持。是一家标准的官督商办企业。"都中钱商久推四恒为巨擘，四恒者恒和、恒兴、恒源、恒利也。乾嘉以来，推四商为巨富，人以其富，而且久也遂信而不疑，富绅之家往往以己之巨金移彼之银钞为其便，于收藏持其纱行使市肆，不但足也，目较实银为便，盖银有挑剔之苦，而钞无选择之劳也"？①"四恒"的信誉及其钱币流通在晚清北京地区居于前列，并且与朝廷建立起错综复杂的官商关系。庚子年间（1900），"四恒"因义和团团民烧毁大栅栏外洋货铺，大火殃及正阳门外商铺铸币炉房多家，由此造成京内大小票号汇划不灵，"四恒"也因此停业。②

同仁堂

北京最有名的老字号当属"同仁堂"，创建于1669年（清康熙八年），自1723年开始供奉御药，历经八代皇帝188年，秉持炮制虽繁必不敢省人工，品味虽贵必不敢减物力的古训。其产品以"配方独特、选料上乘、工艺精湛、疗效显著"而享誉海内外。③

著名相声《同仁堂》中说，"胆大的木贼跳进墙，

---

① 《申报》1883年9月1日，光绪九年八月初一，整顿钱市。

② 张建斌：《晚清政府一次救市》，《北京史学论丛》2016年版，第127页。

③ 范玉强、陈景林主编：《中国中医文化遗存》，天津社会科学院出版社2015年版，第244—246页。

瞧了瞧,黄柏茵陈堆满院,甘草柴胡坐两旁,白芍赤芍多茂盛,黄芩薄荷打鼻儿香,槽头拴的是海马",这种"抖药名"的艺术模式,说明了同仁堂的药品之多和声名之赫。

燕京啤酒与二锅头

啤酒是一种近代饮料,光着大膀子,手拿一瓶"燕京",蹲在胡同口乘凉——这是北京老爷们最经典的做派。对于这零售价仅一块五的啤酒,北京老百姓可是有着相当深厚的感情——几乎已经取代了绿豆汤,成为北京夏夜最"爽"的消暑饮料。

二锅头名称来自其独特的酿造工艺:掐"头酒",去"尾酒",只取第二次入锅冷水酿成的酒液,故名"二锅头"。红星牌1949年创立,是最地道的二锅头酒,其标志是一颗闪闪的红星,解放战争期间由外国友人所设计。①

稻香村

稻香村起源于1773年,当时名为苏州稻香村茶食店,而北京稻香村始建于1895年。是京城生产经营南味食品的第一家,食品讲究"四时三节",端午卖粽子,中秋售月饼,春节供年糕,上元有元宵,1926年被迫关

---

① 冯舫女:《北京的名片:红星二锅头》,《北京档案》2011年第2期,第54—55页。

张。到1983年老掌柜刘振英在小胡同里复业。

根据传言，乾隆皇帝下江南在苏州品食稻香村糕点后，赞叹为"食中隽品，美味不可多得"并当即御题"稻香村"匾额而名扬天下。不过，在《醇华馆饮食脞志》中说法却不同："店主沈姓……设肆于观前街，奈招牌乏人题名，乃就商于其挚友，友系太湖滨荸萝卜之某农，略识之无，喜观小说，见《红楼梦》大观园有稻香村等匾额，即选此三字，为沈店题名"。当然，无论其源流如何，稻香蕴含着乡土风味和符合文人对于田园的期许，正所谓"一畦春韭熟，十里稻花香"、"稻花香里说丰年，听取蛙声一片"、"新城粳稻，五里闻香"等诗词描述，鲁迅先生寓居北京的时候就特别喜爱稻香村。①

至今，稻香村有30多家直营店和100多家加盟店，十二个系列食品达400多个品种，秉持"发展传统的民族食品工业，为社会创造价值"为历史使命，强调先做人后做事，艰苦奋斗，自强不息，相互协作的精神，是一个典型的老字号。

"五味神尽在都门"

在北京的小胡同里，丝竹萦绕于耳，更有那多种多样的叫卖声，构成了京味浓郁的胡同大合唱。当时的小

---

① 王成荣：《老字号的品牌价值》，中国经济出版社2012年版，第262—264页。

小油盐店、干果子店、杂货铺、小饭铺、羊肉床子、馒头切面铺、茶叶铺等各种店铺,也构成了颇具京城风味的闹市"五味神",使老北京的胡同变得有声、有色、有情、更有味。①

清人潘荣陛《帝京岁时纪胜》书尾,有"皇都品汇"一节,以工整对仗的文字介绍了京城市肆物品,许多已经是清末民国驰名的老字号:

饮食佳品,五味神尽在都门;什物珍奇,三不老带来西域。

京肴北炒,仙禄居百味争夸;苏脍南羹,玉山馆三鲜占美。

清平居中冷淘面,座列冠裳;太和楼上一窝丝,门填车马。

聚兰斋之糖点,糕蒸桂蕊,分自松江;地庙之香酥,饼泛鹅油,传来涮水。

佳醅美酝,中山居雪煮冬涞;极品芽菜,正源号雨前春荠。

孙公园畔,薰豆腐作茶干;陶朱馆中,蒸汤羊为肉面。

孙胡子,扁食包细馅;马思远,糯米滚元宵。

玉叶混饨,名重仁和之肆;银丝荳面,品出抄

---

① 刘建斌:《老北京的五味神》,《中国食品》1998 年第 5 期。

第三章 诚信重礼：京味文化的传统延续

手之街。

满洲桌面，高明远馆舍前门；内制楂糕，贾集珍床张西直。

蜜饯糖栖桃杏脯，京江和裕行家；香橼佛手橘橙柑，吴下经阳字号。

在久享盛誉的"五味神"里，首推茶叶铺。① 当时南城有名的茶叶铺是骡马市大街的"红衣帽"，宣内大街的"无恒润"、"元长厚"，前门大街的"森泰"，大栅栏里的"张一元"，这些茶叶铺一般都是前店后厂，长途运输，采自福建、浙江优质茶叶，品质极高。

第二味是大酒缸或小酒馆。小酒馆里飘出的酒香味也十分诱人，北京的二锅头，醇美香溢，至今仍深受北京人的喜爱。

第三味是油盐店。著名字号王致和臭豆腐的诱人气味、芝麻酱的芝麻香气、六必居咸菜的酱香味、花椒的麻、辣椒糊的辣、花生油的生香味等，构成了油盐店特有的混合气味。

第四味是中药铺。一进中药铺，扑面而来的是一种草香味，细细品味，在这气味中，又包含着酸、甜、苦、辣等多种味道。

第五味是羊肉床子。卖羊肉的地方，还代卖羊肉汤

---

① 见刘建斌：《老北京的五味神》，《中国食品》1998 年第 5 期。

和酱好的羊杂碎。也有一说是香蜡铺卖一些香蜡纸、香皂、脂粉、化妆品等。

图3—3 大栅栏商业区地带

除此之外,还有不少名气很大的商号。如裕恒当(当铺)、"福食轩"(酒店或饭铺)、"和顺当"(当铺)、"棚高"(棚铺)、"昌顺当"、"兴顺刀铺"、"源盛酒店"、"兴隆酒店"、鹤年堂(药店)、兴顺号(油衣帽铺)、通和号(嫁妆铺)、天成号(丝线带铺)、天兴号(冰糖葫芦)、和顺号(白肉馆)等。

因此,民国时期流传的购物段子:"买鞋内联升,买帽马聚源,小吃青云阁,买布瑞蚨祥,买表亨得利,买茶张一元,买咸菜要去六必居,买点心还得正明斋,立体电影只有大观楼,针头线脑最好长和厚",① 颇有几

---

① 马玲:《北京胡同》,世界知识出版社2011年版,第163页。

第三章 诚信重礼：京味文化的传统延续

分道理。清末京师的商业已经十分可观，"自庚子年以来，只东华门外大街甬路迆北往东至丁字街，由金鱼胡同往北至马市，新盖棚摊 21 座、房 21.5 间，业户分别来自大兴、武清、蓟州等处，经营洋货、珠宝首饰、洋药、日用杂货、牛羊肉及开设饭馆，全街整日叫卖声不绝于耳"①。一些老字号，服务十分热情到位，正如夏仁虎《旧京琐记》中描写北京的绸缎肆：

> 其接待顾客至有礼衷，挑选翻搜，不厌不倦。烟茗供应，趋走极勤。有陷读者，遇仕官则言时政，遇妇女则炫新奇，可谓尽交易之能事，较诸南方铺肆之声音颜色相去千里矣。

清光绪三十一年（1905 年）由清政府商部创建，设立"京师劝工陈列所"，以展览各地工业品为主，同时附设劝业场，销售部分商品。至今关于老字号的歇后语，仍然广泛流传，生动地表述了这些老字号的"品牌"特色。1978 年改革开放之后，一些老北京著名的字号，也纷纷再次勃兴，比如清末民初八大楼之一的东兴楼，1903 年在北京东安门大街开业。1944 年停业，1982 年复业于东直门内大街，在新时代老字号的生命力再度

---

① 齐大芝：《东安市场：北京近代商业的里程碑》，《北京史学论丛》，2013 年版，第 246 页。

勃发。

第三节　京腔京韵自有多情

事非经历，不知曲折。一方水土养一方人，也孕育出独特的说话方式。中国地域辽阔，各地乡音方言多样，清代就设定了官话，以减少交流的障碍。满洲八旗入驻北京内城之后，原有的满语逐步与外城的汉语官话相互融合，汉化大于满化，逐渐形成了一种特有的京腔。1728年，雍正皇帝设立了"正音书馆"，试图在全国推行北京话，规定读书人听不懂北京话就不能参加科举考试，甚至童生不得考秀才。但是由于反对声音太大，各地敷衍推诿，实际上流于空文。到了清中期，随着朝廷对汉臣的倚重，且为了提高办公效率，清官上朝一律改用北京话，满语仍是国语，但不再充当官话。[①] 清朝官场上的官方语言，实际上是满汉双语制。

北京"土著"的优越感不仅来自于古老帝国的地位确认，也源远自官话形成之后的长期影响。除"京腔"之外，皆是"外音"。1902年，清末名臣张之洞、张百熙上疏，提倡全国使用统一语言。1909年，新政如火如荼，清廷资政院开会，议员江谦正式提出把"官话"正

[①] 北京市地方志编纂委员会编：《北京的一百张面孔》，九州出版社2012年版，第15—16页。

名为"国语"。民国之后,在各类激烈的竞争和反对声音中,京音和国音之争延续甚久,北京方言最终被确定为"国语",民国教育部秉持以"现代北平音系而不必字字尊其土音"的原则,汉语普通话自此正式以北京话为基础。

如此可见,京腔是一个渊源甚久的地区方言认同和历史存留。京味离不开京腔,京味重塑了京腔,相辅相成、相得益彰,在有清一代就构成了满汉语言融合和文白转向的历史轨迹。确实,北京话当然是北京人的语言标识,胡同巷言和民俗俚词是城墙旧民的象征。各色民谣、谚语、顺口溜恰如其分地展示了京味的语言内涵,也非常明显地突出了作为老北京独特的风韵与情感。尽管满族在政治身份与等级阶层上具有优势,然而少数亲贵掀起的"重武"波浪和拒绝汉化思潮仍然无法弥合族群交融带来的无穷魅力。

占据人口多数的汉族人,在满族入关后,语言习惯并没有受到本质的影响。而满人为了交流方便,逐步汉化,学习汉语,逐步融合进文化强势的汉字系统中。满语的一些词汇和用法,基本建构在原有"京片子"的基础之上。虽然民间有一些满文与满语的遗存,但操汉语是京城人的主流。康熙之后政治局势进一步稳定,社会步入承平,随着骑射搁置而不少旗民倾向诗文,见习汉族经典,喜爱琴棋书画与江南声乐,满文满语失落是一个不可逆反的时代趋势。北京南城人说话快,用词接地气，儿话音多。后来旗人失落，南城口音就逐渐成为了主流，这是旗民分居带来的长期影响。

图3—4　正在打麻将的上层女性

因此，我们目前所听闻的京腔，是一个不断变化的动态方言。在历史沿革中不断吸收新词汇，摒弃罕见用法，接受民间表达和逐步定型化，民国时期京人的方言已经和当下没有大的区别。京师的方言同时也是官话，既然是通用语音，自然就有一个规范过程，因此作为官话的北京方言和作为方言的北京话之间，却是有着细微的差别。① 阿玛、阿哥、贝勒、格格等词汇深入人心，以至于屡屡出现于目前的清宫剧之内。至今北京话中仍

---

① 胡明扬：《北京话初探》，商务印书馆1987年版，第31页。

第三章 诚信重礼:京味文化的传统延续

有大量的满洲语词汇,如耷拉(下垂)、格脊(弄痒)、虎势(健壮)、磨蹭(拖延)、拉乎(不利索)、马虎(大意)、嬷嬷(乳母)、马勺(大勺)、猫匿(隐藏)、妞妞(眼珠)、挺(很)、划拉(打扫)、海龙(水獭)、萨其玛(糕点)、喔呵(石头)等①。

北京方言具有浓郁的京味,在相声演员侯宝林的《北京话》中,车夫与顾客之间的一段有关有趣的讨价还价,就生动表现出北京话的特点。一个地道的老北京人,即使离家久远,也总会说几句地道的北京话,一口京腔是老北京人无形的身份证,不"墨迹"、不"猫腻",很耿直是老北京人赞许的品性。《普通话与方言》相声段子里就有这么几句:

> 一个馒头,可以说把它开了,把它餐了,把它挏了,把它啃了,再添一个字:来,把它填补喽!

以上这些,其实都是吃的意思,既含蓄幽默,也有一些乡土气。另外,我们熟知的灯泡儿、穿小鞋儿、掉链子、钢镚儿、门儿清、棒槌、不尿你、劳您驾、点卯、大拿、点儿背、糟践、撒丫子、瘆得慌、哪一出儿、老伴儿、家雀儿号儿、光棍儿、老泡儿、窑姐儿、傻冒儿、

---

① 阎崇年:《满洲文化对京师文化的影响》,《北京联合大学学报》1999年第2期,第5页。

翻车、炸了庙、土鳖、嘎嘣脆、扯开膀子、直肠子这些词，就来自北京话。雅俗兼备，流传到大江南北，有的与各地方言结合，又形成了各色土话。老北京有一句描述安定门外地区的顺口溜："安定门，三道坎儿，粪场、窑坑、乱坟岗儿"。北京特色的歇后语"刑部的碑——后悔迟了"，都体现了京味的历史底蕴。

口语是最生动的，最能表达时代特点和人的情绪。如果"老北京人不懂京片子，那就是纯找乐"，猫腻也得念成猫儿腻，否则就是"不着调、不靠谱、不光彩"，更是不正宗。真正使得北京之所以成为北京，不仅是首都，不仅是风景，也不仅是文化，还有一代代北京人、北京话。北京人特别喜欢在交流当中用您字，无论是年轻人或年老的，不太熟悉都会用您字。有一个诙谐的传言，因为古代是一个尊卑有序的社会，元代之后北京身处帝都，天子脚下，官僚云集，走在街市上，面对陌生人，不知是何身份，用您字最妥切和安全。当然，坊间传言归传言，您字至今仍渗透至北京人的交流之中。

首善之区，天子脚下，不同于天高皇帝远的深山老林、穷山恶水，老北京人注重体面，人际交往非常有礼貌，给人一种亲切感。北京的侃爷们侃大山，坐在树下下棋，喝着茶，讲讲近来听到的段子或传奇，京城人果然就有京城范儿。北京人对北京话毫不腻味（厌烦），"南腔北调几个胆儿，几个老外几个色儿。北京方言北京范儿，不卷舌头不露脸儿"。"京片子"京尖团音不

分,儿化音多,还有一些独有词汇。有些北京话的方言词很容易理解,如:

"打这儿"(从这里起)、"放话"(公布消息)、"末了儿"(最后)、老伴儿、家雀儿;有些则不易理解,如"白斋"(吃喝不付钱)、"跌份"(丢面子,尴尬的)、"棒槌"(门外汉)、闷得儿密(睡觉)、齐活(完事)、瓷器(铁哥们、好朋友)、头儿(领导)和发小儿(从小一起长大的朋友)。

"小小子儿,坐门墩儿",胡同林立的北京,相隔较远的胡同,口音都可能不一样,故而有老北京人自称"这是我们胡同儿的话"。民国时期的国语运动,以京音为主,兼顾南北或纯以北京话为标准,基本上都认定应以北京话为蓝本。随着普通话的普及,以及外来人口的增多,完全说老北京话的人也在减少,很多土语已经很难听到了,偶尔听到一句,会有一种久违的亲近感。夫妻两个人吵架,那些来"圆盘子"的亲友,也会打趣地说:您这可真是饭馆的菜,老炒(吵)着呀!两口子多半气也会消上一半。

北京俗话说:渴不死东城,饿不死西城,东城人见面儿第一句话是:"喝了么您呢?"(北京人有早上喝茶的习惯);西城人则会说:"吃了么您呢?"有人冲您说:"瓷器(器轻声),这哪儿去呀?"人家是跟你说,朋友

(这可不是一般的朋友,是好朋友的意思),这是要去什么地方呀?① 板儿爷(骑三轮车的人)的北京话都说得倍溜(顺畅),如果老北京人听不懂北京话,那可是嘬瘪子(有苦说不出)。

您哪,是京味话的一个点睛之笔,让人拉近了和老北京人的距离,找人帮忙也是说"劳您驾"。我们可以再看看一句民间顺口溜:

城门城门几丈高?
三十六丈高!
上的什么锁?
金刚大帖锁!
城门开不开?

京话的味道就比较明显了。与京味儿相联系的还有北京人,北京人的成分和来历非常复杂,首先是蒙古族入主中原,建设元大都,很多蒙古人进入北京,再一个就是满族入主中原,建立清朝。进京赶考的读书人也不少,有的留在了北京,有的到外地做官了,有南腔北调,也有异族话语。北京人还有一些特点:眼高手低,这个要一分为二来看。强烈的优越感和经济地位,北京逐步

---

① 张卉妍编著:《老北京的趣闻传说》,中国华侨出版社2014年版,第405页。

第三章　诚信重礼：京味文化的传统延续

就拥有了一大批理论家、评论家、鉴赏家、美食家、球迷、影迷，多了一股子"散漫劲儿"。① 当下颇为流行的一段民谣，就显示了北京话的可爱：

> 酒糟鼻子赤红脸儿，光着膀子大裤衩儿。脚下一双趿拉板儿，茉莉花茶来一碗儿。灯下残局还有缓儿，动动脑筋不偷懒儿。黑白对弈真出彩儿，赢了半盒儿小烟卷儿。你问神仙都住哪儿，胡同儿里边儿四合院儿。虽然只剩铺盖卷儿，不愿费心钻钱眼儿。南腔北调几个胆儿，几个老外几个色儿。北京方言北京范儿，不卷舌头不露脸儿。

"敢情"——其实这又是北京的土话。到了1949年之后，北京形成了许多时代话语。形容人愁眉苦脸为"一脸旧社会"，说人相貌不好是"对不起观众"或"有碍市容"，玩麻将成了"修长城、码长城"，五种黑色天然食品制成的保健食品被冠以"文革"时表示地富反坏右的"黑五类"。还有把诸如"反动、叛变、汉奸、苦孩子、苦大仇深、水深火热"之类的政治性词语用于生活中的一般现象。② 并且，在晚清民国各类京剧念白中

---

① 赵大年：《京味文化漫谈》，《北京文史》2009年第1期，第3—5页。

② 孙曼均：《北京的流行词语与当代北京城市文化》，《语言文字应用》1998年第3期，第60页。

的北京话,就近似清朝宫廷中的满式汉语。京味文学家对京腔的使用,以老舍最为典型,语言中透露着原汁原味、一脉相承的"京韵",多爱使用北京的俚语。

北京的事情都不"邪乎",一切都"门儿清敞亮"。由于北京人接近帝都,行为谨慎,圆滑精明带有一丝丝诙谐,把处事哲学奉为圭臬,就显现出了很有个性的独特话语模式,动辄就是一句:得,您说的对!很多老北京聚居在胡同,因此也有自我认同的"胡同儿的话",比如嗝儿屁(死了、完了)。另外,晚清之后从事城市消费服务的阶层构成了近代北京的重要市民基础,北京的民俗文艺大多生长其中。

您说呢?幽默者的心是热的,讽刺家的心是冷的,京味中调侃俗语,底层市民的"贫嘴",大部分不仅没有恶意,其实还带有很多"亲近气"与"文化感"。

在语言表达上,北京也有许多"下里巴人"的因素,并影响了普通民众的谈吐模式和日常用语,类似于"大腕"、"一方活"、"大哥大"、"大姐大"一类的江湖式黑话商话,可谓痞气十足地大举侵入话语系统[①]。京油子遍地大勘,借个火,抽根烟,老北京的"混混们"平日"塔儿哄"(混事),以进"局子"为乐,有的看见了街头姑娘,往往吹着呼哨喊一声"盘儿靓"。虽然

[①] 陈来:《"北京文化"的危机》,《群言》1994年第5期,第29—30页。

这也是近代北京"京韵京味"的组成部分，但有些内容却并非都是健康向上和适应时代的。确实，京腔的粗鄙化、芜杂化进程是时代巨变的一个缩影，也是新北京浮躁情绪的一面旗帜。①

第四节　京风学脉与都城气象

鲁迅曾说："北京是明清的帝都，上海乃各国之租界，帝都多官，租界多商，所以文人之在京者近官，没海者近商"②，隐然揭示了北京的入仕风气。京风、学脉与都城之间的关联，是在北京文脉的范围内实现着微妙的平衡与共塑，不仅与广大士人息息相关，也和京师孕育的文化氛围互为表里。老舍在《老张的哲学》中描写北京积水潭：

> 北岸上一片绿瓦高阁，清摄政王的府邸，依旧存着天潢贵胄的尊严气象。一阵阵的南风，吹着岸上的垂柳，池中的绿盖，摇成一片无可分析的绿浪，

---

① 樊星：《当代"京味小说"与北京文化精神》，《北京工业大学学报》2002 年第 4 期，第 53 页。

② 鲁迅：《"京派"与"海派"》，见《鲁迅全集》第 5 卷，人民文学出版社 2005 年版。

香柔柔地震荡着诗意。①

都城气象的消逝总需要时间的调和。某种意义上，中国古代社会"学官一体"、"官教一体"，拥有功名也就意味着从政、清议的资格，识文断字，具有了与高于普通民众的身份特权。在朝者为官，位列公卿。在野者为绅，作为官员序列之补充。作为专制主义中央集权体制的补充和配合，官僚体制对皇权是某种制衡。但由于官僚阶层的分化和派系，强横的皇权往往处于凌驾地位，明清北京的世风与学林都是与政治走向之间建立了微妙的关联。

在士农工商的四民社会结构下，读书为先，农次之，工再次之，商人最后。传统士人推崇乡里耕读走向政教仕进，"朝为田舍郎，暮登天子堂"，这是科考模式下最为光耀门楣的事情。清末时期从士农工商、重农抑商向重商轻学、结构剧变，秩序呈现出大动荡与大变革的局面，科举取士标准从旧学走向新学乃至科举制度的废止，世态与士风悄然重构，绅商地位结构性上升，百业更趋繁盛，经史子集成为"老古董"，西方带有洋气的"电光石火"融入进城市的学风乃至文化深处。这就意味着，所谓京风与学脉不是固定的，而是由多元文化背景

---

① 老舍：《老张的哲学》，见《老舍小说全集》，长江文艺出版社1993年版，第45页。

第三章 诚信重礼：京味文化的传统延续

的知识人逐步建构的，形成了民国时期数量庞大、容括各阶层与职业广泛的城市精英。对于北京的痴迷与向往，构成了帝都的聚焦力。明人杨荣在《京师八景·其七·卢沟晓月》中称赞胜景：

> 河声流月漏声残，咫尺西山雾里看。
> 远树依稀云影淡，疏星寥落曙光寒。
> 石桥马迹霜初滑，茅屋鸡鸣夜欲阑。
> 北上已看京阙近，五云深处是金銮。

在清代朝廷原有的体制下，官绅群体包含于士人阶层之内，相继在儒士—官僚—地主（商人）这个生态循环圈中运动繁衍，构成一个强大的社会集团，有层序地分布在城市、集镇和乡村——尽管地位有所等差，科举功名之士和退居乡里的官员关系网络也不尽相同，甚至有"商居其末"的历史事实，然而具备低层次功名身份而不仕的士绅，却构成了基层职役、官府佐贰、经济贸易和社会管控的核心阶层。

文以载大道，道术因时变，都城气象今犹在。在社会转型和文化剧变的时代，普通士子何以自处是一个很重要的问题，或许那些德行高洁负有名望的清流士大夫，还在维护着文化的尊严。而且，长期政治身份的不平等生活，也必然造成底层社会心理和行为方面的一些变异，民间信仰由此十分兴盛，无论是得到朝廷认可的正祀，还是民间暗自崇敬的淫祀。风雨宣南岁月深，在传统时代，皇权帝都是社会结构中的内在向心和驱动力。

乾隆中叶后，士人习气成为"考证于不必考之地，上下务为相蒙，学术衰而人才坏"①，往往是"皆深以言西事为讳，徒事粉饰，弥缝苟且于目前，有告之者则斥之为妄"②，话语权自然愈发低落。民国之后，身处北京的传统士人，平日故旧宴集、饮酒寄怀、观剧赏曲、缅怀故国、参禅观寺、登高览胜、倾力诗文，文人小圈子之间叙友情、谈故旧、登高览胜，形成了多元互动的生活交际网络。1917年，郁达夫写道：干戈满地客还家，望里河山镜里花。残月晓风南浦路，一车摇梦过龙华。出门何处望京师，宦海浮沉，即使"拙宦危机远"，多少人也要"力尽得一名"。

近代以来，中国教育由科举制向新式学校的转型，逐渐改变了读书人生活、交往的方式，并且进一步导致了作为国家教育中心的北京城市文化空间的变迁。城市文化中心从宣南地区向北京大学附近区域的转移，见证了北京知识精英传统由历史悠久的士大夫文化向新型专业知识分子文化转型的过程。从人才流动到物产流通，作为科举制中心的北京可以说凭借其政治和教育功能凝

---

① 沈垚：《与孙愈愚》，《落帆楼文集》卷八，道光间嘉业堂刊本。
② 王韬：《〈瀛环志略〉序》，见《弢园文录外编》，上海书店出版社2002年版，第226页。

第三章　诚信重礼：京味文化的传统延续　　163

图 3—5　清末北京的贡院

聚促进了国家知识人才和文化资源的生产与再生产。①也就是说，宣南士乡聚居地走向了以高等机构为核心的精英分布格局。时风丕变，"市政公所将中国唯一之建筑如皇城等拆毁，使外国人不知北京为旧都"②。民国时期的北京虽然降格为北平市，在城市建设和功能设计层面，仍然把吸引文人学子作为任务之一：

---

① 王丽媛：《从科举制中心到新文化发源地—近代教育转型与北京城市文化空间》，《文化研究》2017 年第 1 期，第 287—289 页。

② 见《北京日报》1922 年 1 月 26 日。

必须建设农园、开发矿业、提倡特有手工业及轻工业,并建设游览区,以吸收外人观光之资金,发展文化教育区,以招徕全国文人学子①。

民国学者夏仁虎在《旧京琐记》中记有"旧日汉官,非大臣有赐第或值枢廷者,皆居外城,多在宣武门外;土著富室,则多在崇文门外,故有东富西贵之说。士流题咏,率署宣南"②。尽管权力塑造了士人的追求,但是雅俗之间的清流仍然聚居宣南,对生活充满各色情趣与探寻。正如魏源在诗中所言:"缠头金帛如云堆,人海缁尘无处浣。聊凭歌舞恣消遣,始笑西湖风月游"。京师精英文人的日常生活中,金石收藏蔚然成风,晚清金石的获取方式、选择标准,以及金石收藏的诉求是金石文化的重要构成。说起金石收藏,离不开著名的琉璃厂:

京师琉璃厂为古董、书帖、书画荟萃之地,至乾隆时而始繁盛。书肆最多,悉在厂之东西门内,终岁启扉,间亦有古董、书画之店。而每岁之正月六日至十六日,则隙地皆有冷摊,古董书画就地陈

---

① 北平市工务局:《北平市都市计划设计资料第一集》,1947年版,第3页。

② 夏仁虎:《旧京琐记》,北京古籍出版社1986年版,第88—89页。

第三章 诚信重礼：京味文化的传统延续

列，四方人士之精鉴赏者，至都，辄问津于厂焉。①

学风的价值，在于塑造了读书的惯习，夏仁虎在《旧京琐记》中记载："琉璃厂为书画古玩商铺萃集之所，其掌各铺者，目录之学与鉴别之精，往往过于士夫，余卜居其间，恒谓此中市佣亦带数分书卷气，益能识字，亦彬彬有礼"，受诗书的潜移默化，即便是书佣也颇具才情。琉璃厂有许多著名老店，如槐荫山房、茹古斋、古艺斋、瑞成斋、萃文阁、一得阁、李福寿笔庄等，还有中国最大的古旧书店中国书店，以及西琉璃厂原有的三大书局：商务印书馆、中华书局、世界书局。而琉璃厂最著名的老店则是荣宝斋，荣宝斋的前身是"松竹斋"。光绪年间取"以文会友，荣名为宝"之意，更名为"荣宝斋"。清末的文人墨客常聚此地，而民国年间老一辈书画家如于右任、张大千、吴昌硕、齐白石等也是这里的常客。②

清末民初北京新兴经济要素的变化，在于帝都以宫殿庙宇为中心的标志性建筑和街区的衰微，权威逐步失落，代表新型资本主义工商业文化的西式建筑和街区的兴起，这也表现在知识分子的心态变动之中。在一些民

---

① 徐珂编撰：《清稗类钞》（第五册），中华书局1984年版，第4189—4190页。

② 张卉妍编著：《老北京的趣闻传说》，中国华侨出版社2014年版，第167页。

国新文化代言人眼里,以故都子民自诩辉煌似乎颇有几分酸腐,但是这种优越感并非是无中生有。1932 年,著名历史地理学家侯仁之先生赶赴北京,如此写道:

> 我作为一个青年学生,对当时被称作文化古都的北平,心怀向往。终于在一个初秋的傍晚,乘火车到达前门车站。当我在暮色苍茫中随着拥挤的人群走出车站时,巍峨的正阳门城楼和浑厚的城墙蓦然出现在我眼前。一瞬之间,我好像忽然感到一种历史的真实。从这时起,一粒饱含生机的种子就埋在了我的心田之中。①

文化的性格决定了变革的程度,京味中不乏面对西风而反应甚至滞后的因素。传统文化被欧美飓风扫荡,步入一种尴尬的境地,"今日即孔孟复生,舍富强外亦无治国之道,而舍仿行西法一途,更无致富强之术",西方文化像一股飓风扫荡了北京城市的节奏与气味。在鸦片战争的炮火尚未响起时,古老的清帝国平静地度过了康雍乾盛世,并颇为自信地享受着"华夷之辨"和"天朝上国"的文化自尊。

文化差异的首要阵地就体现在科学技术与日常风尚

---

① 侯仁之:《北京——知之愈深,爱之弥坚》,见侯仁之:《奋蹄集》,北京燕山出版社 1995 年版,第 4—5 页。

第三章 诚信重礼：京味文化的传统延续

等显性层面，民国时期西方的城市文明异军突起，现代文明不断扩张，北京开启新一轮重构。近代以来，与民族尊严、城市进化同样蹒跚而行的，还有传统文化。在新文化运动中，作为旗手的陈独秀，也"以独立之生计，成独立之人格"为运动口号，试图破解传统士人以来体制资源而沦为权力蛀虫的必然路径，杜绝没有经济自由，只能事事仰承官府旨的现象，现代型知识阶层逐步形成。

晚清民国社会文化的急剧变革，京师读书人既有中学教育下的士人，也有新式教育下的知识分子。传统时代的文化风气与共和初期的西风激荡，共同交响。在都城气象中，不断与学风、休闲和生活合流："曩者双阙巍立，九重威尊之时，宫禁森严，上苑不开，城内除酒肆戏园外，几无游赏地。而文人学士，短袖黄衫者流，又雅不欲争逐酒肉声色，于是城郊名胜，遂为驻马听歌，赋诗饮酒之地矣"①，可谓饭庄戏园依然逐日常开，嬉游佚乐之徒，犹是满堂满室。在1937年《北平旅行指南》中，对天桥一带就有了比较详细的介绍，各类知识人亦云集于此，写到天桥地区：

> 位于先农坛天坛北墙外一带，跨于马路两

---

① 金受申：《北平历史上平民游赏地纪略》，《华北日报》1935年05月22日。

旁……游人众多……包罗万象，为北平之最大平民商场。或云天桥为近代社会之缩影，亦至当之论也。①

然而天桥的繁荣，逐步从外城扩大到整个北京，"实赖乎东西北三城之居民，不仅南城也。天桥既是平民消遣之场所，四郊人民也遂以逛天桥为唯一快事。各商肆工伙。每值岁时令节，亦群焉趋赴。"② 民国初年，在新文化的激荡口号中，象征守旧的传统文化，成为人人躲避的因循象征。而张扬着民主科学之光的西方文化，在新知识人的推助下，成为洋洋大观的京师风气。"洋气"举国风靡，京味在痛苦与撕裂中不断演进、革命和扩充。客观来说，这一过程既有被动接受，也有主动吸收。

京味文化与传统文化亦相融合，士人文化逐步融入京风之中。传统儒学之道尚清谈，坐而论道，并非一门实用性学问，"天下亦安用此无用之王道哉"。"春秋使乱臣贼子惧"，但仅仅是热衷于通晓六经大义、写写文章、批评时政、激扬文字的言官群体，看似居庙堂之高，忧国忧民，高昂而不可一世，充满合法性地宣教那些看似符合传统儒学入世、明道的理念，实则几乎缺乏技术

---

① 马芷庠：《北平旅行指南》，同文书店1937年版，第85页。
② 张次溪、赵羡渔：《天桥一览》，中华印书局1936年版，第1页。

第三章 诚信重礼：京味文化的传统延续

操作可行性的章句，对于解决大部分具体政务问题往往是没有太大作用的，黄仁宇先生对此曾有过深刻解析。宋明的党争，清流浊流之间，往往看似非此即彼，实际上无法泾渭分明。在官私史学修撰体系尤其是正史中，"叙列人臣事迹，令可传于后世"，民国北京人从治国安邦与体国经野中脱离出来，步入生活。

在《京华烟云》中，林语堂笔下的老北京是黄琉璃瓦宫殿、紫绿琉璃瓦寺院、长曲的胡同和四合院、夏日的露天茶座、松柏树藤椅子、热腾腾的葱爆羊肉、什刹海的马戏团、天桥上的戏棚子、着旗装的满洲女人，唱莲花落的乞丐……是满枕蝉声破梦来的旧京。然而，旧京人与新京人的价值取向有明显不同，祝秀侠在《春光月刊》上就曾感慨：我国近来去古不远，风气也就"闲雅"起来了。但这种悠优的空气，鲁莽灭裂的人是受不住的，只有所谓"京派的人们"会感到舒适。京派的人们也者，才子名士也。才子名士本来就是风流的，潇洒的，文雅的，于是在离唐虞之世非远的现代，而益风流，潇洒，文雅。恰逢时会，无论老京派新京派的才子名士们，都把他们的风采一时焕发了。老京派的风采是：玩古董，画蛇，拍桌拾芝麻。抽烟，散步，以助文思。读书以排俗气，并能见苍蝇之微；新京派的风采是：扶小品文登极，西山养疴，振笔作记，午睡，说京话，能言女人之美。所举"风采""老""新"虽有不同，但殊途同归，共趋"闲雅"……问人间何世？应该答曰：

"此京派人们之世也",① 新旧知识人在文化中被分为两种性格的群体和符号。

远去的皇权,不断接近的历史遗存,呈现出交融的温度。著名民俗学家金受申先生曾著文回忆:"(二闸)北岸佛手公主坟一带,疏密相间也生了许多枫树,秋来老红,下临碧水,遥望芦花,令人神往。在中秋重阳之间,身着皂夹衣(要带一件棉袍才好),在二闸雇好高碑店来回船,小舟席棚,四无遮拦,极可游目骋怀。"皇家气象在历史中显现出低落的沧桑。清人钱澄之的《都门杂咏·庙市》有诗为证:

> 古寺松根百货居,珍奇满目价全虚。
> 词林无事逢期到,冷眼闲看指旧书。

士人气象与商业文明相配合,经学大师俞曲园在他《忆京都词》中曰:"忆京都,茶点最相宜。两面茯苓摊作片,一团萝卜切成丝。不似此间恶作剧,满口糖霜嚼复嚼;忆京都,小食更精工。盘内切糕甜又软,油中灼果脆而松。不似此间吃胡饼,零落残牙殊怕硬。"② 郁达夫在《北平的四季》一文中,如此描绘身处北京的感

---

① 秀侠:《京派人们的风采》,见《民国珍稀短刊断刊》(上海卷),全国图书馆文献缩微复制中心 2006 年版,第 977 页。

② 北京燕山出版社编:《旧京人物与风情》,北京燕山出版社 1996 年版,第 255 页。

受,可谓情真意切:"在北京住上两三年的人,每一遇到要走的时候,总只感到北京的空气太沉闷,灰沙太暗淡,生活太无变化;一鞭走出,出门前便觉胸舒,过芦沟方知天晓,仿佛一出都门,就上了新生活开始的坦道似的,但是一年半载,在北京以外的各地——除了在自己幼年的故乡以外——去一住,谁都会得重想起北京,再希望回去,隐隐地对北京害起剧烈的怀乡病来。这一经验,原是住过北京的人,个个都有,而在我自己,却感觉格外的浓,格外的切。"

总之,对于寓居北京之人来说,北京带给他们的是熟悉的、亲切的、深沉的乡土感,此时的北京已不仅是一个国家的首都,而是被赋予了另一层更深的意义——故乡。

郁达夫笔下含情:"中国的大都会,我前半生住过的地方,原也不在少数;可是当一个人静下来回想起从前,上海的闹热,南京的辽阔,广州的乌烟瘴气,汉口武昌的杂乱无章,甚至于青岛的清幽,福州的秀丽,以及杭州的沉着,总归都还比不上北京——我住在那里的时候,当然还是北京——的典丽堂皇,幽闲清妙",颇见萦绕心头的深邃情感。不仅如此,1918年8月,毛泽东为组织湖南赴法勤工俭学运动第一次到北京。在北京期间,担任北京大学图书馆管理员,得到李大钊等人帮助,开始接受俄国十月革命的思想影响,这就是别样的"红色京味"色彩。

实际上，不仅是达官显贵、文雅之士，就是街头的"走卒小贩全都另有京师风度"，在老舍的笔下，身处北京的各类人等，上至军财阀政客名优起，中经学者名人，文士教育家，下而至于负贩拉车铺小摊的人，"有一艺之长，而无憎人之貌"。就是那些"下九流"的老妈子，除去"上炕者"是当然以外，其他人也总是衣冠楚楚，不会令人讨嫌。

小　结

都城百万家，比屋三百载。1644年满洲八旗入关，一堆颇具异族色彩的"老爷们"突兀地融入了北京城市的发展脉系之中。即便是时局丕变，风气移易，满汉交融的趋势却自此定下基调。马佳氏、钮钴禄氏、叶赫那拉氏、宁古塔氏、萨察氏、富察氏、爱新觉罗等老爷们倨傲地占据着京师重地。包括皇权礼法驱动的多种因素使得，老北京人的性格是保守的。不能失了派头、要注重身份、知足常乐等自我暗示，也使得他们面对多变环境之下的某种无所适从。士绅集团作为专制主义中央集权体制的补充和配合，官僚体制又是对皇权的某种制衡。但由于官僚阶层的分化和派系，强横的皇权往往处于凌驾地位，在朝代末期又呈现出对皇权的消解，豪强宗族衍生出了朝代更替的阶层力量，这既是文化的功能，也是文化的力量。

第三章　诚信重礼：京味文化的传统延续

在晚清轰轰烈烈的排满风潮与层出不穷的革命运动中，北京的社会结构面临又一轮重组。正如孙中山先生言：世界潮流，浩浩荡荡；顺我者昌，逆我者亡。到了1919年，溥仪在老师庄士敦的带动下，也剪掉了长辫子，穿起了时兴的西装，广泛学习西方知识，固执的遗老遗少们纵然心存不满，但也无能为力。是啊，在整体社会的变动中，风气移易，谁又能真正置身其外呢？不过也不可否认，社会巨变虽然对士大夫阶层的思想产生强烈的冲击，但并没有撼动根深蒂固的自守观念，士林恪守着传统伦理的底线，维持着清议的舆论力量，并在民国之后新旧文化的交合中放出国故的光彩。

北京无疑是一个大舞台、大天地，无论是历史维度还是文化层面，都蕴藏着时代的悲喜与新旧的激荡。京味文化与传统礼法是一个观察过去的窗口，展现出帝制末期与共和初期北京社会的生活百态。当然，民国都城移易与私人空间的发育，规制有序走向了相对开放，北京演变为一个文化的象征与休闲的场所，各类设施不断完善，逐步集娱乐、教育、商业、文化和政治多种内容于一身。至圣先师孔夫子曾说："是可忍也，孰不可忍也"，但在社会急剧的转型下，对于个人来说"不能忍也得忍"。

第四章 通达自在:京味文化的个性表达

每一代人都会成为历史,每一代人的文化生活也会成为历史,然而作为个体的人或可以湮没于漫长的历史之中,而文化却可以时刻侵染于文献和市井之中,皇家文化的影子更是如此,有血有肉、有情有理。帝都完美的稳定性不仅表现在城市形制与礼法结构上,更为突出的是官本位、科举本位与天子脚下等驱动要素下产生的持续性思维模式。官商贵胄等有闲阶层的生活休闲理念也成为一种城市性格,平易近人、与世无争和恬淡安乐,我们可以称其为通达自在。

老北京人喜欢说的一句口头禅是:"一口京腔,两句二黄,三餐佳馔,四季衣裳"。同时,"脚下一双趿拉板儿,茉莉花茶来一碗儿",这几句俗语中老北京人的形象跃然纸上。在各色京味小说中,少不了遛弯儿的北京人,提笼架鸟的北京人,泡茶馆、小酒馆的北京人,玩票戏的北京人,下棋的北京人,街头海谝、侃大山的北京人。并且,民国遗老遗少及其后代们,形成了第一代"老炮儿",办事真"局气",行为多洒脱。

第一节　旗人生计与散逸基调

清代是一个等级结构森严的社会,"首崇满洲风俗",宗室觉罗与各旗民人,构成了皇权游戏之下北京社会生活俱乐部的"活风景"。皇室亲贵位处等级阶层的顶端,满洲旗人是社会序列中的"天潢贵胄",掌控着社会资源的分配,定国语骑射为朝廷根本。旧时北京有句俗话叫作:不分满汉,但问旗民,就是说旗人身份等级的尊贵与不可侵犯。①

在清代的北京城,旗人与民人是社会成员之间的基本分野,旗人便成为清代社会中人员最庞杂、特点最鲜明、影响最强大的一个区域性人群。宗室觉罗、各类旗人"吃皇粮",没有生活压力,对花鸟鱼虫、戏曲字画的嗜好,喝茶、下庄馆、聊闲天儿的生活习惯,以及悠闲懒散甚至声色犬马的性格习性,都对老北京的社会生活产生了极大的影响。

1、宗室觉罗之特权

在中国历史上的任何一个朝代里,优先保证皇族正统后裔的经济利益与日常待遇,并维持血脉的纯正性,

---

① 陈佳华:《八旗制度概述》,《北方文物》1993 年第 2 期,第 64 页。

都是一个必然的发展模式与恩遇路径,并有相关的制度建设与祖宗家法。清代虽然属于少数民族入主中原,但在这方面也规设明确。公元 1636 年,也就是清太宗崇德元年,还没有入关的皇太极就确立了皇家宗室与觉罗的双轨模式,构建起身份与等级体制,政治经济上也享有特权。在严格的等级尊卑与纲常伦理下,皇族、宗王、八旗、贝勒都是天潢贵胄、金枝玉叶。

按照皇太极诏书中的规定,根据世系追根溯源,清显祖塔克世的直系子孙即努尔哈赤及嫡亲兄弟以下子孙定为宗室,属于本支大宗。其余非塔克世如伯叔兄弟旁支子孙称为觉罗,属于旁支远亲。两者界限分明,不乱章法。同时,以血缘关系远近为原则,宗室地位高于觉罗,宗室系黄带子,觉罗系红带子,分为 14 个爵位等级,最高爵等是和硕亲王,最低爵等是奉恩将军。爵位整体分为亲王以下、辅国公以上的入八分公与其他爵位的不入八分。这八分就是:朱轮、紫缰、背壶、紫垫、宝石、双眼、皮条、太监八种待遇。下面的镇国将军、辅国将军、奉国将军又各分三等。[1] 根据《清史稿·卷一百六十一皇子世表》的记述:

顺治六年,复定为亲、郡王至奉恩将军凡十二

---

[1] 刘小萌:《清代北京旗人社会》,中国社会科学出版社 2008 年版,第 20—22 页。

第四章 通达自在：京味文化的个性表达

等，有功封，有恩封，有考封。惟睿、礼、郑、豫、肃、庄、克勤、顺承八王，以佐命殊勋，世袭罔替。其他亲、郡王，则世降一等，有至镇国公、辅国公而仍延世赏者。若以旁支分封，则降至奉恩将军，迨世次已尽，不复承袭。

等级待遇来源于皇权确认，如果有宗室成员犯罪或办事不力，就可能会被革退，如果降级就变成觉罗系红带子，如道光年间伊里布。觉罗降级幅度大的话，有可能就成为平民。到了顺治年间，宗人府负责编制《玉牒》，统一记录与调配皇族后裔的事宜，按照职务与爵位各有品衔顶戴。

从顺治十八年（1661）开始至民国十年（1921），清朝共纂修玉牒28次，每年宗室觉罗子女开列送府时，即以满汉两种文字造入册籍。在编撰上，以帝系为统，长幼为序，存者朱书，死者墨书。宗室记于黄册，觉罗记于红册，并各有满汉文本。男女分记，各记有宗支、房次、封职、名字、生卒年月日时、母族姓氏、婚嫁时间、配偶姓氏，宗室、觉罗中人口变动情况。严格管理皇家属籍，规范宗室觉罗的出路待遇，同时也会涉及一些旗主亲贵的相关情况。① 从康熙年间开始，皇族开始

---

① 李鹏年：《清代中央国家机关概述》，黑龙江人民出版社1988年版，第90—94页。

采用汉人按辈分取名的方法，先是承、保、长后统一定为胤，不断延续有弘、永、绵、奕、载、溥等字。而旁支觉罗有毓、恒、启、焘、闿、增、旗、敬、志、开、瑞、锡、英、源、盛、正、兆、懋、祥等字，不过后面大多数字为溥仪1938年定立，清廷此时已经不复存在了。

不过，清代有鉴于明代爵位泛滥、宗室人口不断增加成为朝廷财政负担的事实，又作出规定，除了因为血缘和功封原因拥有世袭罔替特权的铁帽子王，其他皇族在继承层面统一实施降袭制度，分为恩封和考封两种类型。也就是说，在世降一等的模式下，随着时间流逝，亲王后代变世子，世子后代变郡王，越来越小，广泛推恩，有些亲贵家族到了清中期地位与权势已经式微。入八分在康雍乾三代可跻身议政王大臣会议，参与"国议"。直到乾隆皇帝废除了议政王大臣会议，入八分才仅仅成为待遇与身份的象征。

况且，朝廷还规定了嫡庶有别的原则，宗室觉罗的主爵位，只可以由嫡长子或父亲指定的儿子来继承，其他儿子必须通过考试授予次级爵位，三项皆优，依照考封典制授爵；两优一平，降一等；一优二劣者、二平一劣者，降二等；三平、一优一平、一劣者，降三等；一优两劣、两平一劣、一平两劣及全劣者，不予爵位。也就意味着，考试成绩差的宗室觉罗后代就失去了爵位，身无职级，朝廷的补助与恩惠非常有限，与庶民几乎没

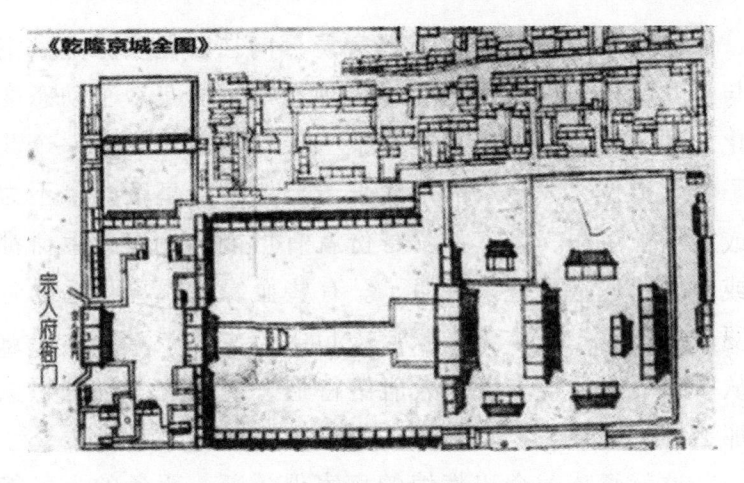

第四章　通达自在：京味文化的个性表达　　179

图 4—1　掌管宗室事务的宗人府

有区别，这就是所谓闲散宗室一词的来源，到了乾隆二十年（1755），已多达 700 余人。弘历毕竟心有不忍，在乾隆四十七年（1782），认为他们既"谱列银潢，名登《玉牒》"，可因"身无职级，竟至与齐民无别"，实在有辱帝王家恢宏之风，就破例给闲散宗室赏予四品顶戴和四品武职补服的荣耀。但这仅仅是一个品位，而没有实际的权力与职务。根据亲疏远近，朝廷每月发放赡养银 2—4 两罢了。朝廷之所以要有考试，检验翻译、马箭、步箭三项，第一是鼓励他们不断学习，第二是避免不立军功、宗室后裔仅仅"吃老本"，不断蜕化。①

---

① 参见韩光辉：《清代皇族的管理》，《满族研究》2002 年第 4 期，第 83—86 页。

皇室风采与气度人人都会羡慕向往，但实际上宗室与觉罗的待遇也不是一直维持现状的，而是一个动态变化的授予体系。即使是铁帽子王家族，也只能有一个儿子继承爵位，大多数都是嫡长子。如果给皇帝办事不力或官场被革职，宗室觉罗身份就有可能被剥夺，生命都或许保不住，更奢谈待遇了。有些血缘关系离得远的觉罗，见不到皇帝本人，家族人口多，生计艰难，不愿意从事劳动，还得求着宗人府给待遇，境况也并没有想象那么好。

这就意味着金碧辉煌的皇家俱乐部，服务的人可能是固定的，但是王爷们后代们的身份地位却会不断变换，有的宗室觉罗伺候自己的仆从包衣奴才一堆，生活奢靡，吃香的喝辣的，有的则在不久之后就泯然众人矣。

2、旗人的待遇与蜕化

满族崛起于东北的白山黑水，明代的建州女真、海西女真和东海女真渐成气候。到了万历四十三年（1615），努尔哈赤定八旗之制确立建立八旗成为军事支柱，分为满蒙汉三种，将社会结构与军事建制合二为一，以旗统军，以旗统民，部属战时皆兵，平时皆民，战功赫赫。1644年清军入关进而定鼎中原，取得天下。

清廷逐鹿中原、平定天下之后，前期如康雍乾三个皇帝都非常看重国语骑射，定本族满语为国语（清语），视骑射为立国之本。也就是说骑射不仅是祖制家法，也是满洲八旗赖以生存的根本。清代前期，八旗劲旅确实勇猛，建树盛大，顺治时期平定各地的反清斗争、康熙时期征剿"三藩"、用兵边疆、逼进内蒙古乌兰布通地区平定噶尔丹、痛击沙俄军、收复雅克萨城，驻防盛京、吉林、黑龙江等地，戍卫屯垦，巩固边防，开发东北、西北地区，可以说是当时清廷军事力量的主体。雍正皇帝曾说：

> 八旗为本朝根本，国家莫有要于此者。八旗满洲，乃我朝之根本，根本不可不固。八旗兵丁，乃国家之根本。

同样受到优待的京城以及各地驻防八旗兵弁及家眷部从，但比起嫡裔宗室的待遇与地位当然还是相差了一些，不过仍然是一个特权阶层，可以买卖家奴，《清律》规定：各旗买人，俱令赴市买卖。因此，清代除了科举出身之外，旗籍出身也是一个重要等级划分体系，"抬旗"成为改变身份地位的一种重要途经，是一种显赫的荣耀。

旗人制度初建之时，战时作战，平时生产，为问鼎中原提供了坚实的军政保障。满人入关建政之后，经过顺治、康熙两代的发展，秩序安定下来，旗人主要用于驻防，部分旗人官兵分布于各地满城，精锐部分列为驻京八旗，成为拱卫畿辅的核心打击力量。清廷照顾到旗人为军事根本，为了解除八旗官兵的后顾之忧，建立了八旗常备兵制和兵饷制度。

康熙皇帝玄烨在位后期，就发现战事不多之时，八旗将领不仅武力蜕化，游手好闲，而且也丧失了骑射的能力。多次下诏书要求八旗人员一定有骑射特长、习俗，防范浸染汉民习俗而全盘汉化。雍正皇帝在制度上强行要求学习满语，规定：如不能以清语奏对履历者，凡遇升转俱扣名不用。乾隆皇帝在位期间更是如此，也就是说如果不懂国语骑射就不要吃皇粮了。

满蒙汉旗人老爷们的武力逐步蜕化，失去了骑射的热情，骁勇不复当年。朝廷对于旗人有一套特别的优待体制，故而旗人可以优容的生活，无需经营生产即可坐领清廷饷银米粮。故此，遛鸟、斗蟋蟀、品茶、种花弄草、收藏金石等符合身份的活动逐步盛行于旗人的休闲之中，呈现出一种建立于身份优越基础之上的"通达自在的基调"。

除此之外，旗人的富贵不一定可以隔代保障。在名义上，旗人禁止从事除了军事之外的任何行业，谋取私利。然而，上有政策，下有对策，旗人可以通过代理制实现自我财富的获得。故而，有些许家资的旗人们开始设铺经商、从事经济运营，将土地或房产出让，订立契约，从而实现个人资产的循环和扩大。"八旗官兵将所给之米，未及抵家，止贪得一时小利，辄行变卖，在所

第四章　通达自在：京味文化的个性表达

得之利甚微，而银两耗去，米价又增，于是众皆怨悔无及。"① 也有特殊的情况，"闲散宗室中有极贫者，一有吉凶之事，则称贷而为之，至有窘迫者"②。

消费动力是社会生产扩大的前提，旗人的生计与休闲活动，大大加快了北京城市的商业多样性。为了防止旗民汉化，清廷最早实行旗、民隔离政策。出于物质利益的刺激，旗汉民之间的通商成为"不事生产"旗人日用所需的主要来源。久居藩篱的旗兵，出入繁华的街市、指定送货的汉民或者靠到汉族摊贩集中的胡同购买物资，以满足生活需求。

旗人身份成为旗人自我堕落的根源，月赐钱粮，不耕而食，不织而衣，朝廷的优养加快了旗人的汉化。同时旗人身份带来的前期物质利益和诸多赋役宽免，又演变为经商置业的前提与资本。当时，清廷有意给旗人和家属规定较高的饷额。如饷米一项，高的每人每年23石，低的也有11石，本人吃不了可变卖养家。正如嘉庆在对户部官员的谕旨中所说的："自王公以及官兵等应领米粮，定额俱酌量从宽，并非计口授食。即如亲王每岁领米万石，甚为宽裕，岂为一身计乎？原以该王公官兵等禄糈所入，即可赡其身家，并可酌粜余粮，俾稍沾

---

① 康熙四十九年正月二十四日上谕，载《八旗通志初集》卷66《艺文志》2。

② 康熙三十二年二月初十上谕，载《八旗通志初集》卷66《艺文志》2。

润,立法至为详备"(《光绪大清会典事例》卷25)。

不过,由于旗人对于享乐和生活的狂热追逐,到了清中期,八旗后代玩物丧志,倚仗祖上有功于国而吃老本,其中游手好闲,好逸恶劳,整日耽于嬉戏的纨绔之徒、浮浪之子,好吃懒做、酒囊饭袋之辈,屡见不鲜。甚至,有些旗兵为了节省时间恣意玩乐,雇佣汉族子弟巡城入伍,成为一个清廷"八旗根本"的历史嘲讽。八旗老爷"竟思以文艺进身,转置骑射于不问,必致抛荒本业,流为文弱,渐失旧风"[①]。

拥有旗籍是一种身份,也是一种制约。辛亥革命之后,八旗子弟、遗老遗少悠游岁月,早已形成的慵懒习气,无法从事生产,内心仍憧憬着曾经身为"天潢贵胄"的辉煌。其实在晚清之时,有人意识到旗人生计的紧蹙,据《皇朝经世文编》卷35记载,一些恪守规制的旗人,愈发贫困化,失去了祖上的光环,"不士、不农、不工、不兵、不民,而环聚京师数百里之内,于是其生计日蹙,而无可为计",以玩票排面自诩。

到了清中期之后,满蒙旗人"逃旗者"甚多,以求走出旗人规设的"制度牢笼",自谋生计,寄希望于在繁华市井中维持着之前生活的优裕。旗主们的日子也不好过,子女众多乃至坐吃山空。男的打茶围,蓄画眉,玩票,赌博,斗蟋蟀,放风筝,玩乐器,坐茶馆,一天

[①] 《清仁宗睿皇帝实录》卷136,中华书局影印1985年版。

第四章　通达自在：京味文化的个性表达

到晚尽有大量吃喝玩乐的事情可以忙的，女的也各有各的闲混过日子的法门。① 根据文献中记载：

> 风气日渐浇薄，居恒在家，率皆不务弓马正业，徒以游惰骄奢，愈趋愈下。其不肖者，动辄于歌场酒肆，恣意游荡，并或设局聚赌，稍有睚眦，即逞忿持刃相向，以致将国家养赡衣食之资，尽成荡废，生计日形其艰。②

朝廷开放"旗民交产"与"出旗为民"以后，"世家自减俸以来，日见贫窘，多至售屋，能依旧宇者极少"③。夏仁虎《旧京琐记》描摹旗人的生活：

> 贵家子弟，驰马试箭，调鹰纵犬，不失尚武之风，至于养鱼、斗蟀、走票、纠赌，风斯下矣。别有坊曲游手，提笼架鸟，抛石掷弹，以为常课……玩日蹉月，并成废弃，风尚之最恶者。

因此，"旗下人"大抵是游手好闲、无所事事的。清代的大作家曹雪芹是正白旗人，现代作家老舍是正红

---

① 秦牧：《哀八旗子弟》，见《秦牧全集》第3卷，广东教育出版社2007年版，第110—111页。
② 《清仁宗睿皇帝实录》卷195，中华书局影印1985年版。
③ 震钧：《天咫偶闻》卷3，北京古籍出版社1982年版，第60页。

旗人。但是，他们"旗下人"的身份丝毫不影响他们在文学上的卓越成就。不过优秀的是少数，清末那些凭借祖宗福荫，领着"月钱"，游手好闲，好逸恶劳，沾染恶习，腐化沉沦的人物不在少数。① 老舍先生对于"八旗子弟"的生活方式和所作所为如此描写：

> 按照我们的佐领制度，旗人是没有什么自由的，不准随便离开本旗，随便出京；尽管可以去学手艺，可是难免受人家的轻视。他应该去当兵，骑马射箭，保卫大清皇朝。可是旗族人口越来越多，而骑兵的数目是有定额的。于是，老大老二也许补上缺，吃上粮钱，而老三老四就只好赋闲。这样，一家子若有几个白丁，生活就不能不越来越困难。这种制度曾经扫南荡北，打下天下；这种制度可也逐渐使旗人失去自由，失去自信，还有多少人终身失业。

"旗下人"的生活状态可见一斑，一些贫困的旗人不得不将漕粮拿到市场上出售，兑换成银钱使用，甚至"闲散王公贫甚，有为人挑水者"②。根据《内务府奏案》记载，有的旗人家族欠债太多，不得不"假冒民

---

① 秦牧：《哀八旗子弟》，见《秦牧全集》第 3 卷，广东教育出版社 2007 年版，第 110—112 页。

② 何刚德、沈太侔：《话梦集·春明梦录·东华琐录》，北京古籍出版社 1995 年版，第 103 页。

人，带同妻女卖身为奴，甘心下贱"。实际上，清廷为了保护旗民，大费周折但奏效甚微：

> 民间不许典买旗地，后因日久法弛，狡黠之徒见机生心，始则租种交粮，继则借给钱米，利上坐利，不三五年，佃户仅成债主，竟将地亩算去者有之；或地主一时窘乏，残价典卖与民人者亦有之。于是旗人地亩入于民间者十之六七。①

旗民分离在清前期表现明显，内城外城之间"仕宦官民不得无故迁徙"、夜间"自王以下官民人等皆禁行走"、"城内禁止开设戏园"等禁令，无形中禁锢着城市的活力。晚清不得不变通旗制，乃至清帝退位，朝廷"应天顺人，大公无私"。虽然清廷退位颁布《关于大清皇帝辞位之后优待条件》《优待皇室条件》中规定：王公中有生计过艰者，设法代筹生计；先筹八旗生计，于未筹定之前，八旗兵俸饷，仍旧支放。对于其资产也予以认可，清室各王公从前所有府第、房间、地亩，自清隆裕太后均赏给作为私产。然而，大量的旗人生计困难，已非救济可以解决。②

---

① 韦庆远：《论"八旗生计"》，《社会科学辑刊》1990 年第 5 期，第 89 页。
② 此处参见刘小萌《清代北京旗人社会》，中国社会科学出版社 2008 年版。

根据统计，乾隆末年北京的八旗军人约为16万，包括家人约为50万。然而，皇城不复，何况旗民？到了民国年间，据1924年《北京日报》感慨："此后外国人不愿到中国来，何也？中国人不知保存古物也……又如市政公所将中国唯一之建筑如皇城等拆毁，使外国人不知北京为旧都"。失去京味的"旗人们"满脑荒凉，紧握着"从龙之臣"的古老荣耀、大清遗老遗少的身份，恪守中学的士人举子，面对西风无力彷徨，逐步与时代隔离远去。旗人的风气与时代格格不入，也充满了寄食性特征，自诩"俸银俸米到时候就放下来，欠了日子欠不了钱"，即使是"欠了钱也依然可以底气十足"，该做什么毫不含糊，在外遛鸟、斗蝈蝈，在内却拆了东墙补西墙。老舍在《正红旗下》说：

有钱的真讲究，没钱的穷讲究，归根结底就是"讲究"二字，生命就这么沉浮在有讲究的一汪死水里。①

八旗制度与清王朝的命运紧密地联系在一起，经历了由盛而衰、由衰而亡的整个历史过程。到了清中期，旗人提笼架鸟，不断蜕化，学习汉语，失去了曾经的锐气，并且满、汉可以通婚，消解了部分旗人的锐气。从

---

① 老舍：《老舍经典作品选》，京华出版社2008年版，第38页。

一开始清廷严禁"逃旗"到最后允许自谋生计、出旗为民,就是一个微妙的转变。

图 4—2　清代正在视察的官员

富强霸术利害相参,赈济恩施久远难持。到了清末宣统年间,八旗官兵实存职官约 6680 人,全国共驻防有 817 个佐领,兵力 12 万人左右,但基本都是朝廷供养、享受待遇而没有太强的战斗能力,甚至有的旗营解散,粮饷停发,形同摆设,当然不是新军的对手。"旗人故家失业,贫况可骇,有缀报纸为衣者、有夫妇共一裤者,故候拉车犹为有力,可慨矣"。[①] 可以说,皇族宗室觉罗、旗人身份趋于衰败以至最后瓦解,这是一个历史的

---

①　夏仁虎:《旧京琐记》,北京古籍出版社 1986 年版,第 42 页。

必然。

第二节　商业空间与京味发育

实际上,在世界历史上,引领时代潮流的人无疑都是一些具有重要社会地位的人或者一些王公贵族。近代中国社会结构急剧裂变,但是这一影子仍然持之久远,宗室亲贵与满蒙汉旗人就是休闲、娱乐和雅俗文化的践行者,这与旗人的政治经济地位息息相关。康熙五十四年五月初六日赖温奏称:

> 因天下各省之人来者甚多,于外紫禁城内外地方开下榻之店房者皆有。开店之人一心图利,不计善恶,只要见钱,即准留居。

宫廷皇族是电力照明的最初践行者和使用者。西苑三海、颐和园是北京最早使用电灯的地方。1904 年,"京师华商电灯股份有限公司"成立,北京供电服务逐渐从宫廷、使馆、军政机关转向民用。斑斓的灯光不仅渲染了都市的繁华,更为人们增添了诸多生活内容,夜生活的概念随之产生,人们的生活方式也相应改变[①]。

[①] 张琳:《民国北京:从国都到城市》,《前线》2018 年第 5 期,第 101 页。

技术改变生活，市井气息与商业经营的勃兴，深刻影响了北京城市的节奏和日常。据光绪二十八年（1902）的官方统计："自庚子年以来，只东华门外大街甬路迤北往东至丁字街，由金鱼胡同往北至马市，新盖棚摊21座、房21.5间，业户分别来自大兴、武清、蓟州等处，经营洋货、珠宝首饰、洋药、日用杂货、牛羊肉及开设饭馆，全街整日叫卖声不绝于耳"。①

中国的传统文化给了士人批评西学的理论武器，指责"凶丑匪类，倡为西洋之学"。怀念"士农工商四民者，国之石（柱石）民"的古老现象。一些清代知识人梦想着原始的平衡"是以人不兼官，官不兼事，士农工商，乡别州异，是故农与农言力，士与士言行，工与工言巧，商与商言数"，渴望士农工商四民各安其位，杜绝三教九流喧扰市间，可惜民间商业的发育扩展从上层贵族与官绅的生活中就孕育出了具有潜力的种子。

内九外五皇城四，四九城的"皇族、八旗老爷和姨太太们"在消费能力层面，是商业发展最初的原动力。近代社会变革的一个主要内容就是社会结构的变革，首先体现在社会中个人的身份变化和群体的地位变化，士农工商、倡优皂隶等颇具传统的表述逐步为民主共和、人人平等所继替，职业团体与个性张扬成为新时期的时

---

① 刘大芝：《东安市场：北京近代商业的里程碑》，《北京史学论丛》，2013年版，第246页。

代潮流。到了嘉庆年间,内城"各处栅栏之设,并不按时启闭,虽有若无,夜闲铃铎无闻,更鼓不应,遇有酗酒斗殴之人,官兵不甚过问",商业已经拥有了相对自由的空间。① 况且晚清时局不定,行政事务费巨难筹,朝廷的管控也呈现出松动的态势,民间力量恰逢大力发展的机遇。

图4—3　1882年仪銮殿电灯

京味是一种"旧京传统",在内涵上自然更多与延续性相关联。明代中叶,北京的城居人口已经超过"百万"。到了清朝根据户籍统计,人口结构更加复杂,包括店主、商人、职员、满洲贵族、八旗军人及其家族、依附官僚的游学者、私塾教师、寄宿在亲戚家中的来北

---

① 《清仁宗睿皇帝实录》卷244,中华书局影印1985年版。

京的"游宦"、读书人等从事商业买卖和参加科举考试的滞留者和在京待命者,以及各省怀有各种目的上京的人也云集外城。

鸦片战争以后,对外战争、太平天国内乱等相继出现,清朝进入极不稳定的时期,包括军队配备在内的流动人口大增。除了临时性的流动人口外,持续增加的外来人口也给生活秩序带来很大压力,朝廷不得不严厉限制外来人口的"冒籍"行为。政府在乾隆年间对于"大兴、宛平等县多士云集,土著、寄居不免参杂"的现象,发出"严定冒籍禁令"。根据民国初年学者李景汉的调查,仅北京的人力夫至少就有 5.5 万人,其他从业者更是数量极大。[①]

到了清中期,形成了"中城珠玉锦绣、东城布帛菽粟、南城禽鱼花鸟、西城牛羊柴炭、北城衣冠盗贼"的基本局面[②]。京师庶土百珍,集与天都,在商业发育中,又出现了很多派生文化,江湖语、市井语、痞子语,来自于街头巷尾、酒馆歌厅、牌桌摊贩,往往粗俗无聊,格调平庸,纵情享乐与游戏人生。或许恰恰是一个隐喻,南方的天气如女人的脾气,北方的天气却如稳重的夫子,喜怒不惊。毕竟,市场与权力一个平稳、一个波动。

---

① 李景汉:《北京拉车的苦工》,《现代评论》第 3 卷 62 期,1926 年。
② 陈康祺:《郎潜纪闻初笔》,中华书局 1984 年版,第 131 页。

第三节　休闲文化与京味范围

中国古人对休闲内容也是很讲究的，并赋予很浓厚的文化内涵，形成了独具一格的文化。承平之下，康雍乾盛世的景象，北京士人的社会风习清雅多姿、京师生活富庶精致，尤其是人的精神心灵相对从容宽和，造就了比较昌盛的休闲文化，延续到了晚清时期。民国初期，政局变迁如走马观花，战火延绵，但是相对宽松的社会环境，加上中国商业的发展，工业年均仍增长 9.2%，给休闲文化的发展提供了一定的物质保障。

亚里士多德在他的《政治学》一书中曾提出这样一个命题："休闲才是一切事物环绕的中心"。北京人活得通透自在，也充满了生活味，知足常乐，"良田万顷，日食一升；广厦千间，夜眠八尺；丝绸百段，合身却难"，这就是京味美食带给北京人的享受和底色，也是北京人骨子里的性格。故而，邓云乡在其文章中回忆了一位北京的老掌柜：咱们宁可少做些买卖，不能给大栅栏失身份，这就是谱儿！倪锡英在《北平》一书中如此评价生活在北京的感受：

> 北平的生活，可说完全是代表着东方色彩的平和生活。那里，生活的环境，是十分的伟大而又舒缓。不若上海以及其他大都市的生活那么样的急促，

第四章　通达自在：京味文化的个性表达

压迫着人们一步不能放松地只能向前，再也喘不过气来。又不若内地各埠那么的鄙塞简陋，使人感受着各种的不满足。①

蜿蜒而过的护城河与城郊的自然风光滋养着代代老北京人。在多元、优容和静谧的心态下，似乎是：一切繁华，视之为粪土，平时莫要忘记"摆点谱"，休闲心态扩展了京味的范围。与内城的整齐划一、棋格布局不同的是，外城弯弯曲曲的小巷、随意的街道布局以及不规则的交叉路口非常众多，给予各类商业设施发展以便利的空间。以文人官僚为城市居民主体的北京，休闲文化非常发达。城居者在构筑居家样态和风貌的同时，也会展现出社会观念、价值标准以及文化时尚。如收藏字画，篆刻临帖，弈棋鼓琴，栽花养鱼等，均可列为一种休闲生活的方式。明清时期是北京古代休闲文化发展的鼎盛时期，这一时期北京居民可分为3大社会阶层：皇室贵族、文人士大夫、平民。平民阶层中包括为数不少的军人、匠人、商人，休闲活动涉及的范围相当广泛。②

中国式手工制造品随手可及，洋货在北京也蔚为风气。洋人来华的多了，洋货也多了起来。如古典小说《红楼梦》第九二回中写道："广西的同知进来引见，带

---

① 倪锡英：《北平》，中华书局1936年版，第151页。
② 刘凤云：《清代北京文人官僚的居家观念与时尚》，《北平社会科学》2004年第2期，第81页。

了四种洋货，可以做得贡的"；刘大白《卖布谣》之二："上城卖布，城门难过，放过洋货，捺住土货"；丁玲在《太阳照在桑干河上》二："胡泰家里很不错……也不需要妇女们到地里去，都只在家里做点细活，慢慢还有点繁华，爱穿点洋货。"东安市场初开之后，从东安门外迁来的商贩，大多是摆地摊、搭布棚，出售大众化的京广百货、日用杂品、儿童玩具；有的则是推辆小车或摆个案子，摆几条板凳，卖些地方小吃之类。①

  五大洲四大洋和谐相处，互相认同，经历了一个过程。清人富察敦崇撰写的《燕京岁时记》中记载了京城百姓吃腊八粥的习俗：腊八粥者，用黄米、白米、江米、小米、菱角米、栗子、红豇豆、去皮枣泥等，合水煮熟。外用染红桃仁、杏仁、瓜子、花生、榛穰、松子，及白糖、红糖、琐琐葡萄，以作点染。切不可用莲子、扁豆、薏米、桂圆，用则伤味。每至腊七日，则剥果涤器，终夜经营，至天明时则粥熟矣。除祀先供佛外，分馈亲友，不得过午。节庆之际，人们前往庙会购买东西、交换百物、会见亲朋、观看各种各样的表演或传统戏剧、品尝各种各样的地方小吃和土特风味产品。

  清代中后期，京师有高雅的帝国风貌，也有酒色犬马。由张恨水最终审定的《老北京旅行指南》中说："民国七八年间，新世界、游艺园等相继开设，一时顿

---

① 马芷庠：《老北京旅行指南》，燕山出版社1997年版，第12页。

第四章　通达自在：京味文化的个性表达　　197

图4—4　民国街头摆摊的商贩

呈繁华气象"。雅正凛然与街市风月共生共存，京华是一个具有生活情趣的都市。难以避免，纸醉金迷的都市生活，激发了一些不甚自律士人的情愫欲望。东安市场一带女乐、淫词小曲、及春片、春药、打胎、圆光等行业层出不穷。

在广渠门瓮城里面两侧，各有四五家店铺，形成一条小型商业街，很像一座微型小城。路南有一家中药铺、一家纸店，还有一家山货店。四周均是城墙，前边有箭楼的城门，后边有城楼的城门。城外关厢有一个粮食集市，东南乡的农民把自家产的粮食拿到这里来卖，逢集的日子比较热闹,城内有一家老字号的裕顺斋糕点铺,它的炸排叉全市有名,很多酒馆都从这里批发排叉,卖给顾客作为下酒菜。① 清人李慈铭在《桃花圣解盦日记》中描绘同治年间北京街头的盛况:

> 下午复游厂市,至窑甸中,旁有吕祖祠,妇女烧香者尤众。前者有小石桥,已陷土中,俗名厂桥,盖明嘉靖以前,外城未筑时,此地有水,西流为清厂潭,又西南为章家桥,又南为虎坊桥,又南为潘家河,而自厂桥南为梁家园,可引凉水河,处处经脉流通。今皆久成平陆,并凉水河亦久迷其处。

当然,邪恶之穴与销金之窟般的风月场所在北京遍布,女子堕落风尘,男子竞逐闺中,纵欲之花开放于市井角落,许多"冠于芳首"的青楼女子也在诉说着京城的往事。清中期之后,北京各地的大烟馆、花柳巷等机构纷纷建立,八大胡同曾是花街柳巷的代名词,《京都胜迹》一书引用过当时的一首打油诗曰:

> 八大胡同自古名,陕西百顺石头城(陕西巷口的百顺胡同、石头胡同),韩家潭畔弦歌杂(韩家

---

① 周广双编著:《历史开关:千年古城镇与古城门》,现代出版社2015年版,第111—114页。

第四章　通达自在：京味文化的个性表达

潭），王广斜街灯火明（王广福斜街），万佛寺前车辐辏（万佛寺系一小横巷，西通陕西巷，东通石头胡同），二条营外路纵横（大外廊营、小外廊营）。貂裘豪客知多少，簇簇胭脂坡上行（胭脂胡同）。

当时妓院在北京的各区都有，惟独前门外一带较多，而天桥地区与八大胡同只有一街之隔，是连成一片的。① 京城多粉黛，胡同常含情，"不去八大胡同是白来"，在顺天府"入籍"的妓院和娼妓，数量就很多。据《清稗类钞》中细致地记载：客饮于旗亭，召伶侑酒曰"叫条子"。伶之应召曰"赶条子"；伶人多要赏钱，在光绪中叶例赏为京钱10千。就其中先付2400文，曰：车资。8000则后付。伶至，向客点头就案，取酒壶偏向坐客斟酒。斟毕，乃依"老斗"②坐。唱一曲以侑酒，亦有不唱者，猜拳饮酒，亦为"老斗"代之。又"老斗"饮于下处，曰"吃酒"。酒可恣饮，无熟肴。陈于案者皆碟，所盛为水果干果糖食冷荤之类。饮毕，啜双弓米以充饥。③

在《清稗类钞》中对娼妓行言之甚详：

---

① 沈健：《老北京特色街市》，知识产权出版社2016年版，第72页。
② 那些玩赏伶人的狎客，被称为老斗。
③ 王书奴：《中国娼妓史》，中国文史出版社2015年版，第284—285页。

> 伶人所居曰下处，悬牌于门曰某某堂，并悬一灯。客入其门，门房之仆起而侍立，有所问，垂手低声，厥状至谨。

戏院中多娼妓艺人和相公（像姑），根据《梦华琐簿》中的记载："戏园分楼上、楼下。楼上最近临戏台者，左右各以屏风隔为三四间，曰官座，豪客所聚集也。官座以下场门第二座为最贵"。另外在开戏之前，戏园有"站条子"（或称"站台"）的恶习。主要是由男旦扮好戏装站立台口，让"老斗"（指嫖客）们品头论足。一旦在台上看到相识的老斗，他们就会眉眼传情，作姿作态，并且还会直接下台前去侍候。当时在演出安排上，流行由主要男旦演"压轴儿"，之后的"大轴儿"（送客的大武戏）将散之际，男旦换装完毕与老斗登车，去附近酒楼或下处"销魂"去了。①

遍地享乐的气息，民国北京除公开营业的妓院之外，还有无照的暗娼及游娼。1949年，据北京市公安局调查，暗娼有17家，分布在延寿寺、施家胡同、掌扇胡同、虎坊桥等12条胡同。所以说清末民初在大栅栏这一带就有30多条的胡同中存有妓院。还有一种游娼，是以旅店为活动之地。民国时期大栅栏地区有110家，大、中、小旅店，如惠中、撷英、国民、光明、春华、留香、

---

① 沈健：《老北京特色街市》，知识产权出版社2016年版，第75页。

第四章　通达自在：京味文化的个性表达

远东等大饭店，中美、林春、中西、庆安、玉华、云龙等中等旅馆，杨柳春、悦来、永裕、华北、新丰、金顺、大同、大兴、大生等小客店，均有游妓出没，约有100多人。① 天桥地区也存在大量的暗娼，如大森里、莲花间、四圣庙、花枝胡同、赵锥子胡同、金鱼池大街、蒲黄榆的黄花楼，还有朝阳门外的东三里、神路街，这些都是二三等妓院所在区域。② 晚清士人也意识到了士风的糜烂：

> 当庶政聿新，倖门大启，而京师声色之场顿盛；京朝士夫，依流平进，相安淡泊者久矣。自曹部增设，纷调外吏，争揽私人，而风气一变；光宣之季，长部者强半宗潢，于是梯名市禄者流，相率鹜集权门，蜣缘捷径，而风气又一变③。

根据《燕都旧事》一书所描写：民国六年（1917年），北平有妓院三百九十一家，妓女三千五百人；民国七年（1918年），妓院增至四百零六家，妓女三千八百八十人。民国六七年间，妓院之外私娼不下七千人。公私相加，妓女就在万人之上了。都市光影与情色氛围

---

① 沈健：《老北京特色街市》，知识产权出版社2016年版，第74页。
② 张勇：《大前门》，黑龙江教育出版社2014年版，第308—309页。
③ 郭则沄：《十朝诗乘》，载张寅彭主编《民国诗话丛编》第4册，上海书店出版社2002年版，第821、826页。

之下,风月场所谋生的女子并没有随着皇权消退而减少,民国十八年(1929年),北京头等妓院有四十五家,妓女三百二十八人;二等妓院(茶室)有六十家,妓女五百二十八人;三等妓院(下处)一百九十家,妓女一千八百九十五人;四等妓院(小下处)三十四家,妓女三百零一人。以上共计妓院三百二十九家,妓女三千零五十二人,但实际上暗娼的数字很大,真正妓女的数字比这大得多。①

东西交合过程中的阵痛深深烙印于传统中学士人的精神世界,在宣统二年(1910)十月,恽毓鼎在日记中写道:"亡国三妖:一东洋留学生,一新军,一资政院谘议局。三妖之中,尤以第一种为诸魔之母",此种愤恨之情溢于言表,也透露出普通京官的失落之情。民国初期北京内外城有近2000座传统儒道佛寺庙宇,堪称"圣城",最能体现"庙系天下"的京味文化特征。民国之后,社会风气与文化类型移易的速度之快,超出了很多知识人所能接受的范围,新事物目不暇接,各类思潮层出不穷,无所适从,"今日之我与昨日之我"往往还未参透一二,新一轮的思想文化论证又顺势迭起,这也是民国年间不少士人心态撕裂与趋于流俗的原因之一。

北京作为文化争执的主战场,一些文化人其实只是随波逐流,影从时局,并没有原本文化体系下的自信尊

---

① 叶祖孚:《燕都旧事》,中国书店1998年版,第181—182页。

严和独立判断,这种局面下享乐休闲、莫谈国事与自外文化舞台的心理就慢慢酝酿,形成了一批"平庸"的文化人,多元需求的不断扩张,客观上也促进了消费、市井与休闲文化的再发展。

第四节　江湖消退与规则重构

北京不仅有雅士,也有市井游嬉之人,充满了大哥范、会摆谱,逛青楼。在性格上既有随意自然、纯朴大方、实实在在、大大咧咧的优点,也有玩世不恭、江湖气、稍擅浮名就难免装大牌等弱点。而且,"局气"的老北京人既要能摆谱,也不能不靠谱,"哥们之间盛行所谓穿一条裤子的交情"。"北京大哥"曾经风靡一时,性格与行事有一说一,有二说二,成为江湖茶余饭后的谈资。北京多"少爷老爷",秉持记忆的碎片,具有很深的历史缘由。崔岱远曾经如此分析:

> 受当时的上流社会旗人的影响,都讲究个闲淡和品味,用现在话儿说,叫作享受生活。无论是有钱的还是没钱的,有地位的还是没地位的,都不能失了身份。天子脚下嘛,皇城根儿长大的主儿们,有钱的,真讲究;没钱的,穷讲究;
>
> 即使是拉车的,也得拿出"爷"的份儿。尽管没钱,也得摆出有闲的谱儿。卖完了一天的苦力,

上茶摊儿上泡上一阵子、搓搓麻将路子野——就是这么享受。如果反映在吃喝上，北京人的口味都比较"刁"。因此，北京的吃食也就特别的发达，光小吃就有几百种之多①。

身在江湖不局气、不拘束，兼具找乐子，这就是老北京人的性情乃至北京的亚文化。

具体来说，"局气"亦作局器，是北京的方言。是说为人仗义、豪爽大方，与人共事时说话办事守规矩，既不怕自己吃亏，也绝不欺负别人，正如电影《老炮儿》中的剧情：老炮儿六爷的儿子晓波被小飞一帮人扣下了之后，老炮来到小飞的根据地，想要把孩子带回去，由于理亏，他答应三天筹到十万块钱来换晓波。

"苍孙"可解释为"苍髯老贼"。北京话，意思就是上了岁数的爷们儿。北京人管女孩儿叫"果儿"，男孩儿叫"孙"。好看的"果儿"叫"尖果儿"，难看或岁数大的叫"苍果儿"。因此，男人也分"尖儿孙儿"和"苍孙儿"。

顽主是老北京话，不等同于流氓，而是一种基于北京文化发展中特指群体。敢玩、会玩、能玩、有钱玩和玩出花样，是顽主们的标签。最重要的是一些人把玩儿

---

① 崔岱远：《小吃儿：一种属于北京的生活艺术》，《全国新书目》2007年第9期。

当成正经事，得玩出花儿，得玩得兢兢业业；以前比较富裕的人家的孩子这样的多，不务正业。正如有人评论那样："北京顽主"，他们经历了我们无法经历的残酷，也拥有我们难以拥有的激情，顽主绝不等同于流氓。顽主是一种京味儿文化，不务正业是有的，不过未必是不学无术。王朔的小说《顽主》里面，就有很多生动的描绘。

图4—5 电影《顽主》的一幕

过去的北京人"就怕活得别扭，活得窝心，活得不舒坦"，追求痛快意气①，秉持玩世不恭的"痞子"心态，喜欢出风头，具有某种反传统、反正统色彩。实际上，"散漫、顽固与无所事事"就是一种精神状态和生存状态，跟

---

① 陈建功：《耍叉——谈天说地之七》，《中国作家》1993年第2期，第80页。

家庭出身有时候也没有必然关系。到了民国时期,一些富家子弟仍然是:

> 现在星期休息中国已经通行,但是通都大邑,没有个正当的游玩地处,因而闹得多数男子,都趋于吃喝嫖赌的道儿上去。

民众的行为往往和经济状况有关,民国人的忧虑不无道理。上世纪的六七十年代,是顽主最为鼎盛的时期,到了八十年代,随着改革开放的到来,人们都挖空心思赚钱,顽主们也慢慢走向了衰败。那么顽主到底是什么?有些人会这样认为,他们不过是一些地痞、流氓,专做坏事的闲人。当然,纨绔子弟可能更容易变成顽主。① 电影《老炮儿》曾经风光四九城的老炮六爷,难以适应社会巨变,蛰伏于胡同深处,过着遛鸟、管闲事、发牢骚的无聊日子。汪曾祺笔下的宋侉子,就是标准的游荡者:

> 宋侉子是个怪人。他并不侉,他是本城土生土长,说的也是地地道道的本地话。本地人把行为乖谬,悖乎常理,而又身材高大的人,都叫作侉子

---

① 李璇:《从老炮儿说起北京顽主的历史》,腾讯文化 2015 年 12 月 30 日。

(若是身材瘦小,就叫作蛮子)。宋侉子不到二十岁就被人称为侉子。

无论是这个时代,还是城市的机体,早已今非昔比。童年时做孩子王、成年后当大哥是许多人心里的英雄梦,侠客梦。北京的老炮,局气,侃爷和顽主,如今变成了京城的哥感慨生活的喋喋不休。这些肆意江湖,潇洒不休的故事主角,怀念着曾经沧海当下桑田的时代变迁,京味小说家大部分如是,一些影视作品也沾染了不少风气。他们构成了一个共同的形态与圈层,那就是渐行渐远的大院与京派文化。

感慨世变已经成为京味文学的重要素材,刘心武在《钟鼓楼》中写道:"胡爷爷同海老太太坐在一起,犹如小孩子嘴里含着一块几乎化成了薄片儿的糖果,舍不得让它消失一般,你一言我一语地竞相咂摸着钟鼓楼的往事,仿佛在这样一种炽烈的怀旧中,他们能够让时间停住似的"[①]。刘进元在小说《没有风浪的护城河》中,就曾写到一位没落旗人傅叔,只顾着自己吃喝玩乐,是个不管妻儿的"大松心"。女儿小兰子被活活饿死了,傅叔还拿着钱去下馆子。"我们家几辈子给宫里当差,当皇上的奴才。前门底下的观音庙,那也是皇上家的皇产,派给我爷爷看的,后来就是你傅爷爷看"。在各类影视

---

① 刘心武:《钟鼓楼》,人民文学出版社1985年版,第302页。

剧和文学作品中，寄身于京味的北京气质，被京派作家和影视艺人，一次次划开江湖的面纱，割开骨肉，不断唤起了逝去的温度。从《血色浪漫》、《八旗子弟》到近些年的《老炮儿》、《邪不压正》等影视剧，其中浓烈的北京元素以及对世变的慨叹描摹无不显示着京味的厚重与广阔。

以上是京味一种动态变化的内涵，基本与近代中国的发展历程息息相关。实际上，当下许多自我标榜的"京味"很难步入大雅之堂，比如怀念等级制、向往老爷生活、腐化堕落等心态，反而具有某种落后性，在新时代理应摒弃，净化京味的健康内涵。实际上，"老炮们"的失落，有的人乐见其崩；但是，局气的消失，顽主的不合时宜，也意味着北京传统地缘交际和胡同情感的褪去。只是，在步向更加开放与现代的生活品质过程中，传统的消退意味着现代文明的张扬与递进。

通达还是曾经的通达，自在亦是过去的自在，只是通达自在的范围有了挥洒空间的压缩。局气、苍孙、顽主与老炮儿，既是北京的地方话语，也是京味演生过程中性格的恣意与派生。如今，北京夏季的雨后，虫子嘶鸣与各类新旧乐器的旋律交织，"老炮儿"仍旧在慨叹着世风的转移。

老炮儿办事真局气的现象日趋罕见，"快意恩仇"不好使了，这种变革与重构并非是坏事，潇洒快意与京味生活是属于规则的，而不是"老炮们"的专利。江湖消退与规则重构,这也是北京文化的另一轮演进,可谓乐见其崩。

小　结

号称"十全武功"的乾隆皇帝,就曾经自豪地总结自己在位的政绩为:前代所以亡国者,曰强藩,曰外患,曰权臣,曰外威,曰女倡,曰宦寺,曰奸臣,曰佞幸,今皆无一仿佛者。这种说法虽然有一些自我吹嘘的夸张成分,但其实也大致是一个历史事实。康雍乾三代秩序的相对安定,无论是专制皇权还是官僚体制都已经达到了非常成熟的程度,中国社会各个方面在原有的体系框架下达到了极致,相对优容的社会环境,塑造了一种通达自在的帝国中前期印象。晚清清廷的强大不复存在,但是这种生活性格却一直延续下来。

清代北京约1700多座栅栏的大栅栏街道,纵横交错。士人精英耆宿满座,流觞歌咏,底层民间艺人"抡叉舞棍,演弄拳棒,遍游街市"。人们对古都往事的集体怀旧与相关描写,彰显的是在多元浮躁社会中的文化渴求与倾诉。彼此之间或谈论北京整体风貌的历史变迁,或述说局部区域的印象感受;或感叹胡同、寺庙等人文景观的日渐消逝,或描摹四合院、大杂院里的日常生活;或凭吊不堪回首的饥饿记忆与"文革"往事,或缕述旅食京华的苦辣酸甜。老北京人百感交集,是忆旧念往,也是感新说世，关乎一个城市的历史与命运，也折射出一个时代的风云与沧桑。

  北京的通达自在与京味遗迹，时不时在当代社会中折射出历史的影子。紫禁城，从威严不可接近的皇家禁地到如今游客接踵的游览胜地，见证了北京城市公共空间成长的历程。京味中所蕴涵的诸多要素，不仅仅是一个城市古旧与新鲜的驳杂色彩，实际上也能感受到一个时代或陈缓或激越的清晰脉动与文化流淌。

第五章　雅俗共赏：京味文化的兼容博通

历史上的事情，古人的生活，很多时候并非今人凭借当代的理念与场景所能完全体会的。文化的张力与界限，基本是在看似静态的过程中逐步实现的。之于京味演进历程来说，雅俗之间的交汇、兼容与平衡，是京味文化能够博雅多样的关键，也同步统摄着新旧北京的文化状态与社会生活，过去的融合性最终在新时代聚合为京味的萌芽汇成洪流，折射出民族与地区文化所能达到的高度与价值。

传统中国的行政管理机制，是建立在长期的农业经济结构为主的自给自足自然经济基础上的，因此商业的发展是比较受限的。晚清的工商实业虽有进展，但仍旧是一种比较初步的状态。但是，如果我们仅仅从皇家—宫廷文化的投影与折射来理解京味文化，那么京味文化与京师文化基本没有本质区别，也难以准确地呈现出近代中国的剧烈变革、北京城市生活的诸类进化与建立于社会基础之上的思想文化转型。

来自西方海洋文明的飓风吹掉了老大清帝国的遮羞布，国内变乱四起更是打破了国安民乐的虚幻想象。晚清七十年，步履蹒跚与无奈彷徨，最终面对时局，走向大厦之倾覆。辛亥革命不仅是一场政治革命，还是一场社会文化革命。在此进程中，近代城市的发展催生出雅俗共赏的消费文化，京师休闲娱乐的格局急剧变迁。实际上，正因为物质的丰盈，才会有丰富的市井生活。同时，雅俗共赏的市井文化也意味着国家与社会之间传统的二元对立走向了兼容博通的密切互动过程中。

帝制时代以皇权文化、宫廷文化为主体，完备的、系统的、成熟的上层精英文化，逐渐"下流合流"，被民间化、市井化、民俗化。雅俗文化之间的共赏共享，构成了京味的血肉与肌理。

第一节　皇权投射与社会生活

皇统、学统和文统巧妙地镶嵌在京味的表达之内，并时不时在投射出描摹出京味文化的轮廓，这就使得我们首先难以忽略皇权的塑造性和辐射性。中国近代社会的主体结构仍是皇帝—官僚—士绅的三层体制，其明显特征是中央集权和对社会的强控制。如果我们回到明清北京的历史现场，感受市井风物与日常生活带来的体验。我相信，与当下开放的城市格局和便捷的生活条件最大的不同之处，就应该是：悬于城市上空无所不在的皇权

第五章 雅俗共赏：京味文化的兼容博通

阴影。

1421年，明成祖朱棣迁都北京，建设京师，皇城的分布就形成了"里九外七皇城四"的大致格局，也就是内城有九座城门，外城有七座城门，皇城有四座城门，划分为东、西、南、北、中五个行政区，在规划上，北京城市可以说分门别类、章法明确。明嘉靖年间（1553年），朝廷疏通与重辟北京周边水道，大运河航运直达城内，陆路水路交通四通八达。清代北京主要从全国各地输入产品，以满足帝都消费的需要。京师乃帝国之辐辏，"漕艘挽运，帆樯衔接，岁数百万，以实京储。东南货物，麟萃兹州，输达都门"①，物资可谓交汇丰盈。崇文门、正阳门和宣武门一带，居商贸冲要：

> 凡天下各国，中华各省，金银珠宝、古玩玉器、绸缎估衣、钟表玩物、饭庄饭馆、烟馆戏园，无不毕集其中。京师之精华尽在于此，热闹繁华，亦莫过与此。②

京杭大运河航运直达北京城内之后，水路陆路交通更加便利，网络四通八达。不仅全国文人士子云集城南，被京师吸引的各地客商亦云集而至，各自游玩聚会，逐

---

① 《顺天府府尹虞鸣球序》，乾隆四十六年《通州志》。
② 仲芳氏：《庚子记事》，中华书局1986年版，第14页。

步形成了以"西单、东四、鼓楼"为中心的初步商业与人流中心,文化氛围极为丰厚。星散于大街小巷之中的名人故居、会馆成为京味文化的承载空间。京城漕运的开通,使得人员往来日趋繁密,南人北上,人烟稠密,车马云集,行旅络绎不绝,也给北京带来南方文化的影响。

在皇权至上的规范下,儒家"华夷之辨"与文化交流之间的逻辑关系在于传统中国的等级秩序与内外界定。明清之礼部和清代中早期之理藩院的部分职能,乃是凭借"居中驭外"、"天朝至上"的先行理念,通过距离远近与文化认同建立一种宗藩与圈层关系,昭示正统。并以此为基点,"上国"与"夷狄"之间的价值差异逐步作为一种既定交流模式,通过朝贡等形式厚往薄来,以显君临外邦,对外输出在事实上取代了文明之互动与融合,这是皇权投射的外部影响。而之于帝国内部,都城往往集政治经济文化繁荣于一处,客观使得城市生活逐渐走向繁荣,且多侈靡,风化渐俗。皇室生活的贵族化、奢侈化,也必然影响城市生活的精神状态。清代士人管同《禁用洋货议》中写道:"昔者,圣王之世,服饰有定制,而作奇技淫巧者有诛",士人凭借儒家伦理的保守阻挡不了"洋货"的强势进入,反倒显现出"礼崩乐坏"的帝国末景。闲散风气勃兴,当时的一些文人知识分子对北京的闲适生活颇有微词,认为其沉溺于日常琐事的细微而丧失了直面日益严峻的残酷现实的勇气。

第五章　雅俗共赏：京味文化的兼容博通　　215

　　帝都北京确实宏伟，明皇城墙周长 18 公里多，到清代几经拓展内城周长已达 23 公里，外城周长 15 公里，内外城构成了 61 平方公里的封闭空间，城墙顶部可供 12 匹马并行通过。北京皇城历经明清两代五六百年的雨雨风风，数十朝帝王建设经营才达到了今天的规模。西苑三海建有琼华岛、瀛台、水云榭、丰泽园、紫光阁、静心斋等多处景点，士人阶层曾不厌其烦地称赞为"在京城夙称名胜"、"风物胜于圆明"。

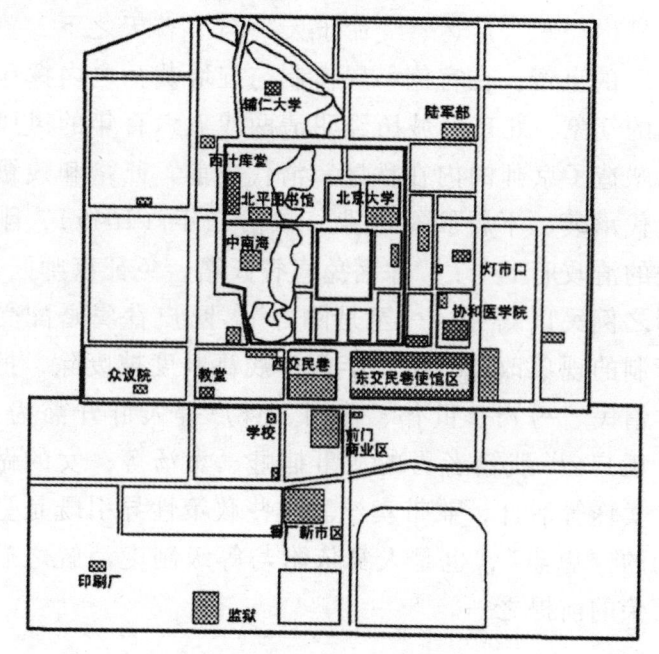

图 5—1　近代北京城内建筑的分布

　　北京皇城因其庞大的建设规模和高超的建筑技艺，

成为了中国唯一保存完好的封建皇城,也是全世界面积最大、保存最完好的皇家建筑群,明清供皇家御览,民国之后逐步开放至普罗大众。始建于明嘉靖年间,内城南池子南口东侧的皇史宬,"金匮石室"记录着帝王将相的佳话与往事。作为明清两代皇家档案库坐北向南,由皇史宬门、皇史宬主殿、东西配殿组成,明清《实录》《宝训》《圣训》《玉牒》等文献,隐藏在坟籍浩繁的历史长河中。

号称"承天启运、受命于天"与"普天之下、莫非王土"的皇帝,在官僚科层体制与红墙黄瓦之内挥斥着帝国的气象,北京皇城历经明清两代五六百年的风风雨雨,塑造了京师的内在秩序。清代之前,匠籍和贱籍子孙世代承袭,不得脱籍改业。顺治二年(1645),刚刚入关的清政府下令:"除豁免直省匠籍,免征京师匠作,前明之例民以籍分……至是除之",匠户眷属婚配受官府管制的现象改变。雍正年间,贱籍制度被废除,把乐户、惰民、丐户、世仆、伴当、疍户等人群开豁为民,编入正户。① 贱籍者男的从事捕蛙、卖汤等;女的做媒婆、卖珠等活计,兼带卖淫。这些政策性导引既是皇权松动的"恩惠",也是人身依附与等级制度消解之后市井繁荣的前提之一。

---

① 陈国坤:《清朝开豁贱籍政策初探》,《甘肃行政学院学报》2004年第4期,第139—140页。

第五章　雅俗共赏：京味文化的兼容博通

朝廷为了突出祭祀敬天的重要性，按照自然节律实施庆典祭祀活动。比如，明、清两朝将月坛设在阜成门南侧，每至秋分，宫里必有人来月坛祭月，场面十分恢宏，亦充满皇家的神秘感。在祭祀之时，那些穿戴着盔甲的"御用军"就会沿街排列，杜绝普通百姓围观，临近民众"万人空巷"，尽管不一定能看到，但也想远远见证盛典。可以说，追逐皇家盛事而来的熙熙攘攘的人流，也在无意间为阜成门一带增添了更多商机。[①] 1912年，祭月活动终止，月坛祭祀功能被废弃。原来月坛墙外的菜市迁至月坛的外道坛墙内营业，这就是当年北京赫赫有名的五大菜市之一的阜成菜市。

朝廷在法理上废除匠籍和贱籍，让不属于士、农、工、商四民之列的普通民众一定程度上摆脱了人身依附和身份等级，诸民之间形式上平等，间接促进了市井商业的发展。民间活力大大增强，市井之间灯花百货，珠石罗绮，古今异物，贵贱杂沓，"上三教与下九流"之间逐步实现着雅俗的融合与递进。清代庙会活动的产生与发展和当时商品经济的发展、人口增长密切相关。

清代民国熙熙攘攘的庙会，也和皇家有莫大关系。"三山五园"是京城西郊皇家行宫苑囿的总称，从康熙朝至乾隆朝陆续修建，终成系统。因为寺院众多，僧侣

[①] 刘仲华主编：《朝阜历史文化研究》，知识产权出版社2013年版，第119页。

当然也很多，庙会逐步成为底层民众的消费中心。庙会可以分为求福祈祷型，比如报国寺、大钟寺、万寿寺、潭柘寺、隆福寺、黑寺、东岳庙、蟠桃宫、娘娘庙、东药王庙。贸易集市型，比如隆福寺、白塔寺、护国寺、土地庙、火神庙等。娱乐踏青型，比如卧佛寺、潭柘寺、碧云寺、戒台寺，位于进郊的白云观、蟠桃宫。行业祭祖型，如各地会馆定期的集会，有名的有鲁班会等①。

东岳庙中的鲁班会香火较旺，京师最盛，规模比起西城阜成门外的城隍庙、旧鼓楼大街的要大得多。在这些庙会中属都城隍庙的庙会最著名，它是北京最早的，也是最热闹的庙会之一，庙会中"百货充集，人生日用所需，以及金珠宝石，布匹绸缎，皮张冠带、估衣古董，精粗必备"，满足了北京百姓之所需。②不仅如此，号称"文市"的厂甸地带，名人、名店、名家、名书、名品"五名荟萃"，各类庙会的日用品和琉璃东西街文化用品构成了雅俗的双重基调。据1931年春节厂甸大略统计，有商贩1000余户，其中古玩玉器300余户，玩具类200余户，用品类100余户，其他200余户。

总体来说，清朝被推翻后，北京从封建帝都转变为民国首都。随着城市功能的转变和都市近代化的发展，城市空间格局发生了由封闭走向开放的深刻变化。其主

---

① 韩燕：《清代北京民俗庙会文化浅议》，《黑龙江史志》2015年第7期，第295—296页。

② 潘荣陛：《帝京岁时记胜》，北京古籍出版社1987年版，第22页。

要表现是：皇城禁苑被开辟为城市公共空间，近代交通的发展改变了城市封闭结构，新兴商业中心的兴起改变了城市商业街区的格局。① 1928 年之后，尽管北方士人戴有色眼镜批判南京"六朝金粉之地"，双方引经据典，唇枪舌剑，然而北京帝都的位置暂时性步入低落成为一个事实。

第二节　文化转向与雅俗空间

曾经作为传统的京味固然日新不已，然而终究有一些根植于人性深处的普遍诉求不可断绝也无法割裂，那就是礼仪中国传统里的亲情、友情、对于故土的热爱、对于雅正与民俗文化的钟情。

客观来说，中国传统文化发展到了明清时代，无论是官僚组织、科举体制、文化模式，还是城市发展、百业水准、民众生活，都达到了相当成熟的阶段，可以说是前工业时代的极限。士商融合相混，交往密切，社会展现出很强的活力。阳春白雪与下里巴人之间的界限，尽管仍然存在，但已经不是无法跨越的鸿沟障碍。明代文化具有士大夫文化中前所未有的娱乐性和通俗性②，到了清代时期，北京社会的岁时、婚丧、职业、饮食、

---

① 习五一：《民国时期北京的城市功能与城市空间》，《北京行政学院学报》2002 年第 5 期，第 76 页。

② 商传：《明代文化史》，东方出版中心 2007 年版，第 35 页。

衣饰、器用、语言、习尚、宴集、游乐、市肆、祠祀及禁忌，都有各自归属的文化空间。在农业文明及其派生延伸的商业模式中，城市空间呈现出娱乐性、宗教性及消费性三大特征。帝都位置退却之后，北京的城市功能加速转型，又深刻地影响了城市空间的发展变化。老舍的回忆或许会帮助我们理解：

> 我生在北平，那里的人、事、风景、味道，和卖酸梅汤、杏儿茶的吆喝的声音，我全熟悉。一闭眼我的北平就完整的，像一章彩色鲜明的图画，浮立在我的心中，我敢放胆地描画它。它是条清溪，我每一探手，就摸上条活泼泼的鱼儿来。①

民国初年，北京政府的许多机构设立在西单附近。为适应新贵的需求，西单大街的店铺日益增多。1913年，六家小商店组成西单商场。此后，三友实业社、洋货庄等纷纷开业。西单大街逐渐繁盛，成为新兴的商业中心。京师大栅栏一带"画楼林立望重重，金碧辉煌瑞气浓。箫管歇余人静后，满街齐向自鸣钟"②，店铺林立，西方产品琳琅满目，成为京城著名商业区，故而老北京人都知道"看玩意上天桥，买东西到大栅栏"。市

---

① 老舍：《三年写作自述》，《抗战文艺》1941年第1期。
② 杨米人：《清代北京竹枝词》，北京古籍出版社1982年版，第81页。

第五章 雅俗共赏：京味文化的兼容博通

民生活方式趋新，民众日常娱乐内容有了新变化。

琉璃厂是京师以出售书籍、古玩字画、笔墨纸砚等文化产品为主的商业中心。晚清时期"惟琉璃厂厂甸之游，始终称盛"。"棚摊林立"，火神庙玉器摊，"尤炫奇争胜"，贵族妇女及富商外国人争相前往。① 东安市场摊位紧缺，盈利丰厚，商贩们积极性很强，"早晨出摊，过午收摊，各自经营，并无组织，时有争夺摊位，引起争吵打闹的事件发生"。② 根据1758年刊印的《帝京岁时纪胜》记载，乾隆时的厂甸庙会，热闹异常：

> 每于新正元旦至十六日，百货云集，灯屏琉璃，万盏棚悬；玉轴牙签，千门联络，图书充栋，宝玩填街。更有秦楼楚馆遍笙歌，宝马香车游仕女。

民国时期，整个社会的整体结构，已经发生了巨大变化，政治与社会关系从臣民走向国民，从等级走向平等，这是一个总趋势，皇家之物不可侵犯的庄严已经成为历史。京味文化的形成与民众的日常生活、赶集庙会乃至休闲娱乐息息相关，与跋山涉水、舟车劳顿来京的外籍人员相比，北京人的短距离交际、贸易等活动，发

---

① 崇彝：《道咸以来朝野杂记》，北京古籍出版社1983年版，第87页。

② 董善元：《阛阓纪胜——东风市场八十年》，工人出版社1985年版，第2页。

展出独特的京味空间——包含了市井风貌、世态人情、官场面目。代表着京味特色的一些生活方式，在社会交往中从甲地传到乙地，由张三传给李四，最终形成一个相对稳定的文化模式。京味的具体行进过程，也是北京城市的演变过程和民众日常生活的变迁轨迹。

"冰儿激的凌来，雪又花来落，又甜又凉来呀，常常拉主道。玉泉山的水来，护城河的冰，喝进嘴里头呀，沙沙又楞楞。盛的又是多来，给的又是多，一个一铜子来，连吃还带喝。一大钱一盏来，您就尝一尝，多加上桂花呀，多加上白糖"。① 晚清时代列强"你方唱罢我登场"，影响了京师的文化稳定性。政权鼎革之后，民国初年北京的娱乐文化发展也处在一个十字路口上。现代化的生活方式和个性的解放，"摩登"青年们几乎以张开怀抱的心态面对"新世界"，接受新生活，据1933年2月3日的《大公报》报道说：

> 一般摩登青年男女，正在嗜之若狂，哪能因为被官家封了舞场，就不跳舞，所以一般外商为迎合他们的心理起见，变本加厉，在外国人势力范围内，设立了很多的舞场，把这些失业的舞女，完全收罗了去，大大的干起来。

---

① 吕方邑：《北平的货声》，《宇宙风》1936 第 19 期。

第五章 雅俗共赏：京味文化的兼容博通

诸如北京饭店、华盛顿饭店、德国饭店、利通饭店、长安饭店、北平饭店等生意兴隆和前卫之地，均设有舞场。当时的北平市政府为了防止青年陷入低沉，追逐恶俗，下令"舞厅雇佣之乐队及舞女不得演奏妨害善良风俗之音乐及舞蹈"、"舞厅雇佣之舞女不得奇装异服或有其他违害善良风俗之行为"①，可谓用心良苦，也反映了传统与现代价值观的冲突。士人品味也出现了低沉的趋势，甚至出现茶肆酒楼炫耀风月的靡靡场景。

实际上，西风东来的速度非常迅速。1896年8月11日，上海徐园内的又一村放映"西洋影戏"，是中国第一次电影放映。1903年，德国留学生林祝三携带影片和放映机回国，租借北京前门打磨厂天乐茶园放映电影。中国电影诞生于1905年，北京丰泰照相馆创办人任庆泰拍摄了由谭鑫培主演的《定军山》片段，这是中国人自己摄制的第一部影片，这些距离卢米埃尔兄弟拍摄《火车进站》不过十几年时间。② 到19世纪下半期，幻灯机也传入了中国。"演影灯"亦成了北京民众娱乐的媒介之一，如观看海外奇景、异域风情、人间灾异、战争场景等。

精英文化是一种阳春白雪、曲高和寡的象征性文化。

---

① 李少兵：《1927—1937年的北京娱乐文化——官方、民间因素与新时尚的形成》，《历史档案》2005年第1期，第110页。

② 李淑兰：《京味文化史论》，首都师范大学出版社2009年版，第229—230页。

而市场文化的特征就是大众性、娱乐性、参与性、消费性和社交性,具有可流行性、通俗性、商品化特点。现代文化的发展趋势为精英文化嬗变为市场文化,提供了蓬勃兴起的大好机遇。娱乐场所是市民文化生活的重要活动空间,在市民生活中占据重要的地位①。京剧之兴简直万人空巷:"北京为京剧之出产地,上自公卿贵族,下逮编户齐民几乎无人不喜唱戏,故北京戏园之多,亦甲于全国。凡诸名角均须与京中得名方有价值,洵乎剧界之冀北也。"②

现代化生活模式融入士人的生活之中,1906年,孙宝瑄在日记中说"在稼霖斋中听留声机"③。街边路灯安置后,"夜行信步无危险"。④ 北平的餐馆、咖啡馆、电影院等消费场所出现了大量的女招待、女服务员及舞女等新型职业人员,成为这个城市一道独特的风景线,为这个处在战争阴霾中的城市增添了一股逸乐之风。朝会、新式商场、天桥、公园及游乐园等场所的发展,使北平逐渐摆脱国都时期官民两极化的二元消费模式,出现了

---

① 李微:《娱乐场所与市民生活——以近代北京电影院为主要考察对象》,《北京社会科学》2005年第4期。

② 中华图书馆编辑部:《北京指南》,上海中华图书馆1919年版,第10页。

③ 孙宝瑄:《忘山庐日记》下册,上海古籍出版社1983年版,第824页。

④ 杨米人:《清代北京竹枝词》,北京古籍出版社1982年版,第127页。

以广大市民为对象的都市消费空间。北平逐步拉近帝制时代由内、外城的区别所衍生与象征的身份、阶级与消费的尊卑差距。北平的青年学生则成为舞厅、溜冰场、电影院等新式休闲娱乐场所的主要群体，造就了北平新式消费的低度繁荣。① 抗战爆发后，在外敌威胁下，"新知识分子"与生于斯长于斯的北京老派学者合流，对北京持文化层面的认同，共抵国难②。

雅俗之间，并无绝对的界限，成为民间朴素天然的浮世绘。比如，骡马市大街东起南新华街，西至宣武门外大街，清初日有两市，晨为活市，活市之后继死市，交易疲者，以赴屠厂，清代设骡马局。因临菜市口刑场，大街多棺材铺、冥纸店、杠房、寿衣店等，具有强烈的民间色彩。同时，明末清初的一位历史学家谈迁就在当时的外城骡马市一带完成了500多万字的编年体明代大事记《国榷》，也兼备市井中的文化暗流。文化的传承、转向与雅俗的互动，成为京味一种独特的品质。

城墙脚下

正阳门与西直门是北京城墙最有代表性的两个门，

---

① 许慧琦：《古都新貌——迁都后到抗战前的北平城市消费（1928—1937）》，台北学生书局2008年版，第150页。
② 董玥：《国家视角与本土文化—民国文学中的北京》，见陈平原、王德威编：《北京：都市想象与文化记忆》，北京大学出版社2005年版，第239—269页。

被看作老北京的象征,也是帝国威仪的直接体现。王朝风气淡去之后,又发展为重要的商业区和人流集散地。瑞典人喜仁龙在《北京的城墙和城门》中描绘北京城墙之美:

> 除去冬天,每到傍晚晌,成千成万只燕子和蝙蝠在城门楼四周的上空叫着,飞着,绕来绕去,衬着五彩斑斓的晚霞,给北京罩着一层神秘庄严的气氛。在这种氛围里,你不得不承认,城门楼子本身就是一种灿烂的文化。

在北京城诸门中,正阳门规制最为隆崇,是中国封建社会后期城市布局、军事防御、礼仪制度和建筑艺术的形象体现,也是老北京历史文化的重要载体。原名丽正门,"四门三桥五牌楼",明清时期正阳门关帝、观音两庙,曾留下了许多奉祀、纪事的碑刻、诗文,具有重要的历史意义。① 陈宗藩《燕都丛考》中记述:内城垣上有"旗炮房九所",分布在九座城门楼旁,堆拨房一百三十五所,储火药房九十六所,外城垣上有堆拨房四十三所。

西直门是北京内城的九大古城门之一,自元朝开始

---

① 邢建华编著:《城楼古景:雄伟壮丽的古代建筑》,现代出版社 2015 年版,第 61—62 页。

第五章　雅俗共赏：京味文化的兼容博通

就是京畿的重要通行关口，可以算得上是一个古今闻名的地方。元代为大都城和义门所在地，明清时为京师内城九门之一，是除正阳门外规模最大的一个城门。光绪二十年（1894年）修西直门至颐和园之石路，同时修缮西直门城楼。另外，西直门还是明清两代自玉泉山向皇宫送水的水车必经之门，因此有"水门"之称。西直门内、外大街两侧多商业店铺，为区域性商业中心。西直门现已成为地片名，泛指西直门内、外大街与西直门南、北大街相交处的西直门桥附近。西直门地区附近有西城区青少年科技馆、西城区人民法院、西直门外百货商场、北京市技术应用研究所、西区邮票公司、六必居食品公司等。①

东直门是位于北京城内城东垣北侧的一座城门，主要包括东直门城楼、东直门箭楼、东直门闸楼和瓮城，聚集了大量外省人员，小商小贩遍地皆是，清代有商门之称。在1915年，当时的孙贵春修环城铁路，是从西直门经德胜门、安定门到东直门，和军工铁路相接，形成了环城铁路，东直门的交通变得更加便利。清末民初有一首流行的民谣，颇能显现东直门一带的繁华与交汇：

　　东直门挂着匾，界边就是俄罗斯馆；

---

① 《北京百科全书》编辑委员会编：《北京百科全书·西城卷》，奥林匹克出版社2000年版，第328—329页。

俄罗斯馆照电影,界边就是四眼井;
　　四眼井不打钟,界边就是雍和宫;
　　雍和宫有大殿,界边就是国子监;
　　国子监一关门,界边就是安定门;
　　安定门一甩手,界边就是交道口;
　　交道口跳三跳,界边就是土地庙;
　　土地庙求灵签,界边就是大兴县;
　　大兴县不问事,界边就是隆福寺;
　　隆福寺卖葫芦,界边就是四牌楼。
　　四牌楼南,四牌楼北,四牌楼底下喝凉水;
　　喝凉水怕人瞧,界边就是康熙桥;
　　康熙桥不白来,界边就是钓鱼台;
　　钓鱼台没有人,界边就是齐化门;
　　齐化门修铁道,南行北走不绕道。①

"九门征课一门专,马迹车尘互接连。内使自取花担税,朝朝插鬓掠双钱"。清代崇文门税局收入甚多,为了防止其他官吏忌妒,时常以"献鲜"为名,每年三月向皇帝及大臣送黄花鱼,十月送冬笋和银鱼,成为变相的分赃。② 不过,城门交界处商业繁盛,"每月逢四日

---

① 王文宝选编:《北京民间儿歌》,浙江人民出版社1982年版,第92—93页。
② 陈丹:《崇文门税关研究(1736—1908)》,河北大学硕士论文,2018年,第37—38页。

有市，日用及农器为多。其北四条胡同，则皆闺阁装饰所需，翠羽明珰，假花义髻之属，累累肆间"。到了北京的冬天，护城河上又是一番风景：

> 寒冬冰冻，以木作床，下镶钢条，一人在前引绳，可坐三四人，行冰如飞，名曰拖床。积雪残云，景更如画。冰上滑擦者，所著之履皆有铁齿，流行冰上，如星驰电掣，争先夺标取胜，名曰溜冰。都人于各护城河下，群聚滑擦，往还亦以拖床代渡。更将拖床连接一处，治酌陈储于上，欢饮高歌，两三人牵引，便捷如飞。较之坐骥乘车，远胜多矣（《帝京岁时纪胜》）。

总之，城墙根下，临近朝廷，下接老百姓，是一个帝制时代与民国时期民众生活、贸易与出入的公共空间，上演着一幕幕众生相。

琉璃厂下的风雅流变

明、清琉璃窑前一片空地，称厂甸。1917年（民国六年）即地建海王村公园，过去每年旧历正月初一在此附近设摊售货，游人云集，即所谓"逛厂甸"。琉璃厂北至西河沿，南到庄家桥及孙公园；东至延寿寺街及桶子胡同，西到南、北柳巷。琉璃厂的风雅，直到中华人民共和国成立之后延续至今。① 1963年，厂甸一带的货摊从和平门护城河桥头，一直摆到虎坊桥十字路口，游人高达400万人次。根据《琉璃厂小志》记载：

> 明代达官贵族，多居内城，清代则内城为旗籍人士所居，汉人率居外城，故诗文集中称宣武城南者为独多。康熙年间，琉璃厂有灯市之后，游人渐集，旋慈仁寺书市，亦移于此；

> 乾隆癸巳，四库开馆，四方文人麕集京师，参与编校，而各地书商，亦多辇书到京，设肆供应；故琉璃厂与当时文人有不可分离之势。又以王士祯、朱彝尊辈所居之地，与此比邻；王朱当年手植花木，亦遂为世所重，见诸吟咏。他如孙星衍尝居厂桥，而罗聘微时亦尝寄居琉璃厂观音阁，皆谈厂甸，故实者所不可忽也②。

在清代《新年竹枝词》就有咏"厂甸"的条目："元旦年年厂甸开，游人杂沓去还来。火神庙里多珠宝，买得残书几部回"。清代的琉璃厂，开设有书铺、南纸店、古玩铺、碑帖铺、裱画铺、图章铺、墨盒铺。全国

---

① 袁家方：《琉璃厂：京味商文化的遗产地》，《北京档案》2014年第7期，第7—8页。

② 孙殿起辑：《琉璃厂小志》，北京古籍出版社1982年版，第323页。

第五章　雅俗共赏：京味文化的兼容博通　　231

各地的古旧书籍，字画碑帖、古董文房及篆刻用具尽汇于此，往往百货云集，灯屏琉璃，万盏棚悬，又称"文市"。民国以来的琉璃厂，书店、古玩等业早已衰落，特别是北京沦陷时期，所有书店都是奄奄一息，许多店铺纷纷倒闭，正如当年《故都竹枝词》中所云："阅肆张罗雀掠门，海王村果静如林。空闲海估尊哥定，待价千年画宋元"，一片萧条景象。①

图5—3　民国初年的琉璃厂

到了今天，厂甸仅存小巷，一般所谓"厂甸"泛指"海王村公园"的附近地带。按照农历，每年正月初一至十五元宵节为集市，叫开厂甸，热闹非凡。东侧的吕

---

① 李萌：《京味聚宝盆琉璃厂》，《文化月刊》2012年第21期，第28—47页。

祖祠也香火极盛，善男信女道士云集。据 1923 年版《北京便览》统计，设于琉璃厂的南纸店就有"有信社、秀文斋、松古斋、松竹斋、松雪斋、松华斋、宣元阁、晋豫斋、敏古斋、清秘阁、翊文斋、伦池斋、资文阁、荣禄堂、荣宝斋、诒晋斋、万宝斋、静文斋、宝文斋、宝晋斋、懿文斋"等 21 家①，古董、书画、碑帖、篆刻、书画装裱、刻板镌碑、卖眼镜、烟筒、日用杂货等店铺更是数不胜数。因此，鲁迅就曾说琉璃厂是一个：特殊文化学校，清二三百年积为市廛，哺育了一代又一代文化名家。

2001 年，厂甸庙会在消失多年之后重又成为人们春节的好去处，并成为京城唯一不收门票的开放式庙会。因此，琉璃厂是一个北京独有的特殊集市，是个阳春白雪与下里巴人，社会所有阶层的人们共庆新春的文化大聚会、大联欢②。

茶馆

"太平父老清闲惯，多在酒楼茶社中"。确实，茶馆具有很多特殊的功能，许多好事者传播掌故秘闻、高谈阔论、天南海北，无所不知。民国公园附近的茶座则是

---

① 邹典飞：《浅析民国时期的北京书画市场》，《艺术品》2014 年第 12 期，第 50—51 页。

② 袁家方：《琉璃厂：京味商文化遗产地》，《北京档案》2014 年第 7 期，第 10 页。

第五章　雅俗共赏：京味文化的兼容博通

与市民的日常生活最为贴近的一个场所，那里决不仅仅是一个喝茶的去处，它几乎被人们当作了休息、闲谈、看书、写东西、会朋友、洗尘饯别、订婚结婚、宴请客人的最好选择。正所谓：菜好、点心好，自成一范围。最著名的茶馆、茶座就有"春明馆"、"长美轩"、"柏斯馨"和"来今雨轩"几家。"春明馆"比较旧式，"长美轩"新旧参半，"柏斯馨"则纯粹摩登化[1]。

店家场所供人们喝茶聊天、品尝小吃、谈生意、做买卖，进行各种演艺活动、行业聚会等多元功能，正因北京林立的茶馆，形成了京派茶馆，和川派、粤派、杭派茶馆并行于世。顾客鼎沸的春明馆保持着古色古香面目，是一碟一碟带着满洲气味的茶食，如山楂红、豌豆黄之类；长美轩则维新进化了，好像是清末民初的派头，除了包子、面食外，碟子有黄瓜子、黑瓜子等；柏斯馨则十足洋化，上两家总是喝茶，它则大多是吃柠檬水、橘子水、冰结凌、啤酒，它的点心也不是茶食、包子、面等，而是咖喱饺、火腿面包及什么礼拜六，还有许多说不上来的洋名字。[2]

可以说，北京城市里的交际花、公子哥儿、摩登青年、遗老遗少、绅士和知识人都喜欢在茶座里畅谈娱乐，

---

[1] 戴海斌：《中央公园与民初北京社会》，《北京社会科学》2005年第2期，第48—49页。

[2] 谢兴尧：《中山公园的茶座》，见崔国政、王彬娟《燕京风土录》，光明日报出版社2000年版，第509页。

相约茶座几乎成为中产者一种风尚①。至今在琉璃厂文化街上的"博福茶屋",上表对联是:"煮茗别开留客处,论文多近咒禅窗",有舒乙题写的"京味大茶馆",号称"酸梅汤敢说是天下第一,玫瑰露称得上盖世无双"。光绪三十二年(1906)十二月,在东安市场北面盖起了"吉祥茶园",这是当时北京内城的第一家戏院。

到明清之时,市井文化和品茗之风更盛,发展成为大众娱乐场所。京师茶馆,大致有清茶馆、大茶馆、书茶馆、酒茶馆和园林茶馆等几种。② 近代以来,北京茶馆的名声,自然是五福、茗仁为最。不过,活跃于茶馆酒楼之中的,只是偶尔有下层劳动人民为主的"短衣帮",大部分情况下是上层地主阶级、有钱人和读书人为代表的"长衫客"。

可以说,茶馆是北京民众社会、经济、文化生活的一个重要窗口,茶馆文化也是京味文化的一个重要方面。老舍先生的话剧《茶馆》,可以帮助人们了解清末民初的北京的社风民情。北京人饮茶者众,从皇帝贵族、达官贵人到市井小民,都有饮茶习惯。自然,不同阶层的饮者有不同的茶俗,这便使北京的茶文化具有多层次多样性的鲜明特点。

老舍先生因《茶馆》一书名气大噪,如今北京仍有

---

① 戴海斌:《中央公园与民初北京社会》,《北京社会科学》2005年第2期,第48—49页。

② 倪群:《老北京的茶馆》,《农业考古》2003年第2期,第128页。

第五章 雅俗共赏：京味文化的兼容博通 235

图 5—2 茶馆里的小世界

老舍主题茶馆，坐落在前门西大街3号楼，始建于1988年。茶馆位于三层，门口环饰着紫木透雕，老舍先生的塑像位居正中的"老舍茶馆"金字牌匾下方。

相声

现代相声艺术是北京的"土特产"与民族艺术，相传是在康熙、乾隆时期八角鼓丑角表演的基础上发展起来的。清末民初时期到1949年是传统相声的形成期，一般认为于清咸丰、同治年间相声初步形成。

2006年12月21日，经过3个多月的公示调查，北京市首批市级非物质文化遗产名录正式对外公布，相声包含其中。2008年6月7日,国务院关于公布第二批国家级非物质文化遗产名录和第一批国家级非物质文化遗产扩展项目名录正式对外公布,相声入选国家级"非遗"。

中国相声有三大发源地:北京天桥、天津劝业场和南京夫子庙。清中期之后,相声流行于京津冀,渐渐普及于全国及海内外。主要采用口头方式表演,有单口相声、对口相声、群口相声等。主要用北京话讲,各地也有以当地方言说的"方言相声"。在相声形成过程中广泛吸取口技、说书等艺术之长,寓庄于谐,以讽刺笑料表现真善美。传统曲目有《关公战秦琼》《戏剧与方言》《贾行家》《扒马褂》等,总数在两百个以上。反映现实生活的作品则以《夜行记》《买猴》《帽子工厂》等影响较大。①

道光年间张三禄是见于文字记载最早的相声艺人,本是八角鼓丑角艺人,后改说相声,他的艺术生涯始于清朝道光年间。在《随缘乐》子弟书中说:"学相声好似还魂张三禄,铜骡子于三胜到像活的一样"。清末英敛之在《也是集续篇》中就曾提到相声演员是"滑稽传中特别人才",形象地描绘了"逗"的艺术魅力,说:

---

① 杜学德:《中国民间演艺》,河北人民出版社2013年版,第141—146页。

第五章 雅俗共赏：京味文化的兼容博通

该相声者，每一张口，人则捧腹，甚有闻其趣语数年后向人述之，闻者尚笑不可抑，其感动力亦云大矣！

"天桥八大怪"之一的穷不怕，原名朱绍文，也是相声的鼻祖之一，他的表演以说、学、逗、唱为主要形式，主张题材取自生活。郁达夫在《屋楼》中说：随着许多小商人、闲惰阶级的妇女男子下了车，走下天桥，追逐享乐。据清《光绪顺天府志》记载："永定门大街，北接正阳门大街，井三。有桥曰天桥"，许多老相声艺人集中于此，靠相声维持生计。"酒旗戏鼓天桥市，多少游人不忆家"，正如著名学者齐如山在《天桥一览序》中所述："天桥者，因北平下级民众会合憩息之所也。入其中，而北平之社会风俗，一斑可见"。

许多江湖艺人在天桥"撂地"，露天设场，学艺、卖艺、传艺、生活。所谓"撂地"就是在地上画个白圈儿，作为演出场子，行话"画锅"。锅是做饭用的，画了锅，有了一个场子，艺人就有碗饭吃了。① 天桥因市场的兴起而繁荣发展，而这一市场，又是面向平民大众，集文化娱乐和商业服务为一体，文商结合，互为促进。它的兴起不仅是一个经济现象，也是一个文化现象。

---

① 葛忠雨编著：《图说北京三千年》，黄山书社 2009 年版，第 235 页。

在相声的催动下,天桥在它发展过程中,逐渐形成了独特的天桥平民文化。各个阶层人等不断交融合流,雅俗同生。虽然历经沧桑,却能持久不衰,相声逐步成为底层民众枯燥生活的一剂清凉[①]。

京城大鼓

"京城大鼓满京华,王府大户尽曲音"。京韵大鼓又称为京音大鼓,流行于北京、天津和华北、东北各地。一板一眼的京城大鼓,成就了百多年的曲艺辉煌。晚清时期,京城大鼓尚属整合期,到了民国年间,真正发展为一门系统的艺术。京韵大鼓传统曲目有《单刀会》《战长沙》《博望坡》《赵云截江》《草船借箭》《闹江州》《大西厢》《祭晴雯》《黛玉悲秋》等。[②]

在清代咸丰年间(1851—1861年),旗籍出身的艺人金德贵,在长期演唱中将有板没眼的木板大鼓,发展成一板一眼的板式,称为双板,字音也改成接近北京的语音。这种唱法曾命名为"京气大鼓",但没有流传开,人们仍然称他演唱的为怯大鼓。同治、光绪年间(1862—1908年),北京石头胡同的艺人胡金堂(胡十),为提高怯大鼓鼓词的质量,适应城市听众的需要,开始移植子弟书词《长坂坡》等入怯大鼓演唱。胡氏的

[①] 黄宗汉:《老北京天桥平民文化》,《北京社会科学》1996年第3期,第125—126页。

[②] 王勇编著:《京味文化》,时事出版社2008年版,第388—389页。

演唱嗓音脆亮，一气呵成，被誉为"一条线"，声名渐起，代表曲目有《樊金定骂城》《高怀德别女》等。①

学术界一般认为，京韵大鼓是由河北省沧州、河间一带流行的木板大鼓发展而来，传入天津、北京后，刘宝全改以北京的语音声调来吐字发音，吸收石韵书、马头调和京剧的一些唱法，创制新腔，专唱短篇曲目，称京韵大鼓，属于鼓词类曲艺音乐。其中，木板大鼓即"怯大鼓"，在北京曾称"京调大鼓"、"小口大鼓"、"音韵大鼓"、"文明大鼓"、"平韵大鼓"。

1946年（民国三十五年）北京成立曲艺公会后，大鼓艺术遂正式统一名称为"京韵大鼓"。至今，京城大鼓中的京味特色，仍然是不可替代的。

第三节　经济运转与京味流风

北京与通商口岸或沿边、沿江城市不同，诸如上海、天津、武汉、重庆等，经过开埠贸易，城市急剧扩展，内部空间结构的不断重组、人口增长日渐复杂，城市的变化十分明显，一目了然。

在传统的国家和家庭制度之外，能够把公众连接起来的纽带无疑是一些具有吸引力的公共空间，如寺庙、

---

① 蒋慧明编著：《京韵大鼓》，文化艺术出版社2013年版，第2—22页。

戏院、茶馆等。经济运转中心的变化，也促进了京味的扩展与流布，商品"百宝之所充斥，百器之所崇积"。清朝后期，随着城市经济的发展，商品流通的领域日益广泛。商业区仅集中于外城前门一带，难以适应城市经济的发展和居民生活的需求。商贩聚集，趋利经商，开辟新的集贸市场，在内外城逐渐形成新的商业中心，内城不得经商的禁令被打破。清朝末年民国年间，前门、王府井、西单先后成为北京城市的三大商业中心。

1903年（光绪二十九年），王府井大街出现东安市场。它是集日用百货、餐饮小吃、娱乐、杂耍为一体的综合性商场。东安市场顺应时代潮流，迅速兴盛。随后，吉祥茶园、东安电影院相继建成，吸引了更多的市民游客。民国年间，许多外商纷纷投资开店。王府井大街店铺、洋行鳞次栉比。到1934年，整个大街参加商会的中外商号达136家[①]，王府井成为京城著名的繁华商业街区，延续至今。由于毗邻使馆区，外交使节、来京的侨民众多，其附近又是达官显贵的住宅区，因此消费群体追求高档化、西洋化。王府井大街商品精美，价格昂贵，逐渐形成独特的商业特色。外国著名商行，如利威洋行、力古洋行、吴鲁生洋行等经营钟表、钻石、西服、礼服。中国商行，如中原百货公司、同升和鞋帽店、仁立地毯

[①] 吴建雍等：《北京城市生活史》，开明出版社1997年版，第299页。

第五章 雅俗共赏：京味文化的兼容博通

公司等，也经营各具特色高档商品。民国初年，北京政府的许多机构设立在西单附近。为适应新贵的需求，西单大街的店铺日益增多。1913年，六家小商店组成西单商场。此后，三友实业社、洋货庄等纷纷开业。西单大街逐渐繁盛，成为新兴的商业中心。传统的外城前门商业区，享誉京华500年。"京师之精华，尽在于此，热闹繁华，亦莫过于此"。前门火车站建成后，这里成为南来北往的货物集散地，促进了前门商业区的兴旺发达[1]，成了国货洋货的集散地，一时间"五色迷离眼欲盲，万方物货列纵横。举头天外分晴晦，路窄人皆接踵行"，"商铺花埠咸集于斯，一切景物较城外亦有生气"[2]。

新式传媒也走进老北京，促进了京剧等传统艺术的载体转型。留声机在上层普及之后，一些京剧名角如小叫天等人的唱段，曾多次被灌制成唱片。1905年，北京丰泰照相馆的创办人任庆泰从德国商人手中购买了一架法国制造的木壳手摇摄影机和14卷胶片，他拍摄了我国第一部电影——京剧名角谭鑫培主演的《定军山》。在1905年到1908年之间，北京影视业又相继拍摄了谭鑫培的《长坂坡》、俞菊笙和朱文英合演的《青石山》、俞菊笙的《艳阳楼》、俞振庭的《金钱豹》和《白水滩》、

---

[1] 习五一：《近代北京的城市功能与城市空间》，《建筑史论文集》第17辑，2002年第3期，第144页。

[2] 江棘：《行动着的空间——谈前门外戏园子在"京味文化"历史中的空间参与与实践》，《戏曲研究》2008年第3期，第144页。

许德义的《收关胜》以及小麻姑表演的《纺棉花》等，均为京剧片段。[①] 传统的剧场演出被搬上了银幕，引发了中国人观剧方式的重要变革。

不过，商业产品飞入寻常百姓家需要一个周期。1935年东安市场非常繁华，店铺类型也很多样，"以布店、鞋铺、西服庄、洋广杂货商店为最多，每种均在三十家以上。书店、帽店、金珠店、糕点铺、纸店为次。至其他如药房、玻璃庄、茶店、照像馆、镜框店、织袜厂、钟表店、古玩铺、首饰店、镶牙馆，每种三五家不等。各该铺商之内外一切布置，均极美丽"，商店里出售的物品可以说是应有尽有，如各种玩具、小摆设儿、珠宝、毛皮制品、各式服装、书籍、字画、糖果、蜜饯、糕点等。走廊的中间放着桌子，桌上摆满了旧的铜器、百货、杂物、刮舌子、梳子、筷子、糖果、蜜饯等。[②]

这些商品琳琅满目，但是仍然距离生活疾苦的平民较远，"游人顾客亦均中上级人士，故每日营业尚属发达"。而且，由于商业的发达，出现了"铺保"、"庙保"、"中保"和"具保人"等一些专门职业中间人。

[①] 李淑兰：《京味文化史论》，首都师范大学出版社2009年版，第242页。

[②] ［美］西德尼·D.甘博：《北京的社会调查》，中国书店2010年版，第220页。

第五章　雅俗共赏：京味文化的兼容博通

京剧声乐，可见京风

著名历史学家孟森曾说：易代之际，倡优之风，往往极盛。其自命风雅者，又借沧桑之感，黍麦之悲，为之点染其间，以自文其荡靡之习。① 这种判断，当然是立足于对传统社会结构以及变局秩序下民众生活的论说。

唱腔遍帝都，京剧是绝响。京剧之名始见于清光绪二年（1876）的《申报》，历史上曾有皮黄、二黄、黄腔、京调、京戏、平剧、国剧等称谓，清朝乾隆五十五年（1790）四大徽班进京后与北京剧坛的昆曲、汉剧、弋阳、乱弹等剧种，起初活跃于宫廷，后来不断平民化，经过五六十年的互动吸收，一大批艺人的创制实践，演变成为现代意义上的京剧，是目前中国最大的戏曲剧种。在乾嘉时代，形成了"花雅"之争。

京剧艺术集唱（歌唱）、念（念白）、做（表演）、打（武打）、舞（舞蹈）为一体，通过程式的表演手段叙演故事，刻画人物，角色可分为：生（男人）、旦（女人）、净（男人）、丑（男、女人皆有）四大行当。人物有忠奸之分、美丑之分、善恶之分，各个角色形象鲜明、栩栩如生。②

在民国北京的艺术舞台上，戏曲、曲艺等娱乐行业

---

① 孟森：《心史丛刊二集》，辽宁教育出版社1985年版，第85页。
② 刘勇编著：《京味文化》，时事出版社2008年版，第386页。

非常发达,这些艺术形式恰恰适应了京城自在的生活节奏。京剧、昆曲、评剧、大鼓、单弦、相声等曲艺形式在京城都有广阔的观众市场。观众从政客、商人到一般平民,涉及社会各阶层。以现代技术手段为基础的新型娱乐场所如电影院、游艺场、跳舞场等开始在北京出现,以电影对市民生活方式与价值观念的影响最为广泛。与传统娱乐休闲场所如茶楼、戏园的喧嚣不同,专业化的电影院让人觉得舒适和安静。观众们通过大屏幕能够感知到一个超越现实的影像世界,大大扩展了自身的思想疆域,在精神生活方面提升明显。[1]

实际上,民间艺人与各类戏曲的蓬勃发展,恰恰构成了京味俗文化的重要来源。清宫中专设戏班子"南府"(后改为升平署),紫禁城、御苑、王府中都建有戏楼。前门外一带建有很多民间戏园,著名的有广德楼、广和楼等,国粹京剧就源于这片区域,很多京剧名角如光绪年间的"十三伶"与后来的"四大名旦"都曾在此演出[2]。在汪曾祺笔下的人物云致秋,就是位经常跟名角同台演出,对学戏者倾囊相授的优秀京剧演员。听了京腔,肉酒不香。城市演剧是中国古代戏曲演出活动的重要组成部分,经济与市场动力充足,随着北京贸易发

---

[1] 张琳:《民国北京:从国都到城市》,《前线》2018年第5期,第103页。

[2] 赵雅丽:《京味文化的内涵、特点及传承发展》,《前线》2018年第3期,第85—86页。

第五章　雅俗共赏：京味文化的兼容博通　　245

展和各地商人的涌入，给戏曲演出带来巨大机会，显示出超强的文化消费能力。各省富商大贾在修造会馆的同时，有的也会出资营建戏台，聘请名班名伶演出，培育出庞大而活跃的戏曲消费市场。

"京角"是京剧形成之后的特有现象，近代中国享誉京师的京角众多，所谓进京三杰，即清朝晚期四大徽班进京的三大领袖人物，分别是：程长庚1811—1880（徽派）、余三胜1802—1866（汉派）、张二奎1813—1860（京派）。从清代乾隆五十五年（1790）起，原在南方演出的三庆、四喜、春台、和春四大徽班陆续进入北京，史称"三庆的轴子，四喜的曲子，和春的把子，春台的孩子"，他们与来自湖北的汉调艺人合作，同时又接受了昆曲、秦腔的部分剧目、曲调和表演方法，吸收了一些地方民间曲调，通过不断的交流、融合，最终形成京剧。①

徽班进京落脚在八大胡同之一的百顺胡同，京剧名人在这里居住过的就有730多人，有代表性的如谭鑫培、梅兰芳等。据《梦华琐簿》记载：

> 戏庄演剧必徽班。戏园之大者，如广德楼、广和楼、三庆园、庆乐园，亦必以徽班为主。下此则

---

① 朱祖希主编：《美丽北京》，蓝天出版社2015年版，第222—225页。

徽班、小班、西班，相杂适均矣。

辛亥革命后，北京、天津等地出现了女班，有的女演员颇著名声。1920年代以后，许多优秀女演员先后脱颖而出，艺术上相当成熟，且能独立挑班，1930年在北京广德楼实行了男女合演。这些优秀女演员，除较早的老生恩晓峰、筱兰英，旦角王克琴、刘喜奎等外，20年代以后有老生李桂芬、孟小冬，旦角雪艳琴、新艳秋等。[①]

殷谦在《殷谦杂文全集》说："中国作为文明古国，国粹是很多的。京剧这个国粹，命运多舛，已生不逢时，时下除少数年长的能哼上几句外，绝大多数年轻人已吃不消停腔落板的慢节奏了"。确实，现代流行歌曲以及多元化的娱乐方式对青年一代的巨大吸引力，京剧、曲艺、杂耍等古老的艺术缺乏集体认同，客观上确实面临着无可挽回的颓势。

消费在京城

蔡国庆成名曲《北京的桥》中唱道："过街天桥龙出海，地下通道穿长街。三元桥蝴蝶那个飞呀飞天外，安贞桥明珠绕呀花台"。京味文化中不乏温馨的场景，

---

① 蒋中崎：《中国戏曲演进与变革史》，中国戏剧出版社1999年版，第453页。

第五章 雅俗共赏：京味文化的兼容博通

老北京时期，孩子们"跳下河，游回北岸，爬上城墙，骑在城垛子上，嚼着萝卜甜秆，嘴里还骂骂咧咧地气人玩"。①

明清时期的北京是一个以传统小农经济为基础、以高度集权的政治为标志的大都会。北京显然可以归于"消费型城市"，但它与一般消费型城市最大的不同在于，它是帝国首都，是全国的政治、文化中心。寺庙不仅是"神明"和僧道的居所，也是北京城市民社会活动的公共空间，市场是摩登，庙会是过日子②。白塔寺庙会每月逢五、六开市，即农历初五、初六、十五、十六、二十五、二十六，每月共6天庙市。届期，"沿阜成门大街迤逦三、四里，以至庙内，摊贩杂陈，举凡人生日用所需，无不具备，届时仕女云集，人烟辐辏，颇类明时之内市、灯市与城隍庙市也"③。

确实，寺庙在明清时期的北京随处可见。甚至出现了看人要价，东安市场商贩"常观其身份贵贱而定价目之大小，故每每索价极昂，不知者多受欺骗"。各类庙会的商品可分为十四类：

（一）木材类。为木材、柴杖、木箱、木桶，各种

---

① 刘进元：《白毛》，北方文艺出版社1999年版。
② 张中行：《北平的庙会》，见《北京庙会史料通考》，北京燕山出版社2002年版，第21页。
③ 黄春和：《白塔寺》，华文出版社2003年版，第88页。

木器、竹器、柳条器、藤器和骨器、角器等，大多数都是农家手工业品。

（二）家具类。布拖掸、鸡毛掸、毛刷、镜筐、铜铁水壶、也多为农家手工业品。

（三）炼冶类。主要是铁铸火锅、火圈等

（四）金属类。刀剪、锁链，各种金属制品，旧金属等。

（五）交通类。大车用具，脚踏车用具等。

（六）土石类。砖、瓦、陶器等。

（七）化学类。香水、肥皂、医药、照相、搪瓷、瓷器、玻璃，香火香粉多为农村及北平城内手工业品。

（八）服用类。帽、鞋、袜、手套、成衣、其他日用杂货等，鞋袜手套，多为手工工厂出品。

（九）纺织类。棉布麻布（人造丝及棉纱织物）、丝绸、边带、棉绳等。纺织品、麻布有的是机械工厂制造的。

（十）皮革类。皮革、皮夹、皮带、皮鞋。

（十一）食品类。水果、干果、面食、糖食等。

（十二）印刷类。纸张、信封、信笺、图画、新旧书箱等。

（十三）饰物类。饰物、饰花、珠玉、古玩、音乐器具、仪器、体育器具、儿童玩具等。

（十四）草木鸟兽虫鱼花。如木、草、鸽、雀、猫、兔、狗、金鱼、油葫芦等①。

当然，庙会商品，主要是国货及手工业品，也有一些机制货物，如纺织物品、瓷器、橡胶玩具等，这些多属于走私货。许多外国人到处搜寻中国古物而造成了隆福寺古玩业的繁荣，海王村公园的古玩珍玩字画也十分有名。清代中期之后北京民间经济的发展，庙会宗教的主导作用发生根本动摇，商贸与文娱功能日益增强。地处繁华闹市的庙会，商业贸易功能迅速超过宗教的魅力。民众云集的庙会集市，为丰富多彩的民间游艺与市井消费提供了更加广阔的天然舞台②。而号称"全真第一丛林"的白云观庙会相对维持着繁荣，定期有"会神仙"、"顺星"、"打金钱眼"、"摸石猴"等活动。火神庙则是珠宝商贩集中地，文昌阁、土地祠又是书籍集中地，道路两边也都是买卖。

民国以后庙会的兴衰不一，随着满汉旗人失去国家供给的饷银，一些庙会逐渐衰落。作为香火的庙会，民国"重视阳历，以符世界大同"，由于公历和旧历交替，使人们对宗教祭日的记忆渐趋模糊，也由于社会逐渐开明，信仰宗教的人日渐减少，而逐渐凋零。城内外春场，则由于社会经济不振，国家内忧外患，士人游兴大减也

---

① 谢丹、李德英：《近代北京庙会经济试析》，《四川文物》1997年第6期，第52页。

② 习五一：《近代北京庙会文化演变的轨迹》，《近代史研究》1998年第1期，第214页。

逐渐衰落。①

图 5—4 1917 年海王村公园厂甸集市

而且,自民国时期开始的城市改造和拆除活动,影响了老北京民俗消费与市井文化的正常延续。因此,在中国生活了 30 年的意大利摄影师、独立纪录片制作人安德烈·卡瓦祖蒂,痛陈他所见中国城市改造中的文化破坏:

上世纪 80 年代还能享受一些:昆明是昆明的样

---

① 谢丹、李德英:《近代北京庙会经济试析》,《四川文物》1997 年第 6 期,第 53 页。

子，广州是广州的样子，北京是北京的样子，可是现在，都差不多。不看标牌都不知道是哪儿。这一点跟意大利不一样，那里几乎不变。中国，一天一个样，一年大变样——这是最可怕的东西。大量的资金、便宜的劳动力、现成的技术和设备、落后的基础和落后的观念，造成了史无前例的破坏和丑化，这也正是近些年来我为之焦虑的。

尽管在风月场所纵欲是一种"危险的愉悦"，但是渊源于历史秦楼楚院的娼妓业，清末的八大胡同声名远扬，甚至不少上层官绅有娈童男妓之好，到了民国各类烟花柳巷仍然分布于北京街市之间。一些民间信仰也在北京逐步滋生，如著名的"四大门"，是对四种灵异动物即狐狸（"胡门"）、黄鼠狼（"黄门"）、刺猬（"白门"）和蛇（"常门"）的总称，信仰者多。三姑是道姑、尼姑、卦姑。六婆是牙婆、媒婆、师婆、虔婆、药婆、稳婆。

北京小店里的雅致，极为突出地展示了京味的图影，陈建功在《辘轳把胡同9号》里，描述了一段北京人：三两张小八仙桌，十来把凳子。除了卖酒，兼售糖果烟茶。有的，是夫妻店；有的，由几个老头儿合营。店门口经常停着几辆平板三轮儿，车把上还搭着包袱皮儿呀，大棕绳儿呀，一眼便可知这是咱这号市井小民——扛大件的，糊顶棚的，"引车卖浆者流"光顾的地方。杯酒下肚，就想找人拉个话儿，从哑巴酒的滋味儿开始，继而到海内奇闻，家长里短。第二杯酒就能交上个"对着吹"的朋友。甲说了点子什么，乙说："敢情！"乙说了点子什么，甲也说："敢情！"渐渐说得甲、乙、丙、丁，各个脑门儿发亮，踌躇满志。

不少类似于休闲爱好的活动，邮票商社多集中在东安市场，虽然一些报刊宣称"集邮是无国界，无贫富，无阶级的一种公共娱乐，倒不是大资本家的专有品"，但是一套纪念邮票，已去斗米之资。虽欲珍藏，安可得哉？各个社会人等或收藏金石书画，或寄情花草鸟兽，或迷恋博弈烟酒，因志趣不同而高下有别，邮友、笔友、藏友、画友等派生型群体也逐步发育。老舍曾经感慨过京味的日渐堕落：

> 他真爱北平，可是现在已体会出来它是有毒的地方。那晴美的天光，琉璃瓦的宫殿，美好的饮食，和许多别的小小的方便与享受，都是毒物。它们使人舒服，消沉，苟安，懒惰。瑞全宁可到泥塘与血狱里去滚，也不愿回到那文化过熟的故乡。不过既没有旁的机会，他也只好回北平，去给北平消毒。①

---

① 老舍：《四世同堂》第3部《饥荒》，《老舍小说全集》第8卷，长江文艺出版社2004年版，第157页。

因此，京味文化，京味生活实际上是一个多元复杂体。知识分子口中的"消毒"或许有几分文法的夸张，但是依旧能够看出"文化过熟"和世风颓丧的影子。

第四节　知识转型与文人群像

京味是一支画笔，而操纵画笔者，除了千千万万的文化创造者和日常的民俗色彩，漂浮于城市上空的知识氛围和各色文人，相对体面与优容，也成为此种斑斓的核心主体。皇朝的衰败身处帝制末期，新知识的开启却在世纪初。在消费主义与商品主义思潮下，"物"的极大丰富与"文"的相对低落，出现经济与文化发展之间一种结构性失衡的特征。"术业有专攻"抵抗不住"道"的急剧变革，知识阶层在转型之下多元的群像，也是京味演进中重要的组成部分。

近代中国面临由传统社会向现代社会的急剧转型，各类思潮争相涌现，而传统读书人与新知阶层都有一部分成为时代的弄潮儿。晚清之际，新旧文化在北京的"瓜田李下"相互交织，保守思潮或会故态复萌，但挡不住新潮的强硬。1872年，清政府决定由容闳等人选派第一批幼童赴美国留学十五年，容尚谦、欧阳庚、梁敦彦、詹天佑等一批孩子报名留学，走向大洋彼岸，回国后带来了文化的新风，成为留学的先导。1920年代，当时北京作为全国文化教育中心，拥有全国最大的知识分子群体。1924年北京共有专科以上的学校44所，在校学生17238人，占全国大专生总数的40%。北京文坛群英荟萃，是近代中国科学与民主思潮的中心，成为新文化运动的发祥地。①

万般皆下品，惟有读书高，明清时期的北京有国子监，有宗学和觉罗学的贵胄学校，有八旗官学，在地方还有大量的私学和书院。开眼看世界的士大夫号召，"善师四夷者，能制四夷；不善师四夷者，外夷制之"。到了1840年之后，还有京师同文馆和各类西学教馆（洋学）。到了民国年间，教育走向社会，知识传播模式多元化，除了报刊媒体等新载体，类似于免费展览、图书阅览、演讲和格言亭等形式，也加快了民众之于公共卫生与文化知识的获取速度。

相对那些直面可见的社会物象，文化形态的演化、兴替，是远比政治、经济变迁更为复杂也更为深邃的历史过程。在传统社会，士大夫是一个知识阶层，他们是知识的占有者同时也是传播者，正学脉，综名实，究终始与格物致知。在中学主导的承平年代中，士人号称"读孔孟之书，学尧舜之道，明礼达用，规模宏远也"，京师可谓书香之都、学术之都，弦歌不绝。社会危机之剧，世道人心之变引发了"士风之变"，知识人衍生出

---

① 习五一：《近代北京的城市功能与城市空间》，《建筑史论文集》第17辑，2002年第3期，第140页。

某种局促和惶恐的心态。

"捡点行囊一担轻，京华望去几多程"京籍与在京士人代表着帝国文化的核心与风气。自古老中国与西方对抗和交合始，从视之为奇技淫巧到学习坚船利炮，再到对于西方制度文化的服膺，这一近代化的过程伴随的是民族性的觉醒和知识分子（士绅）的痛心疾首乃至逆反。仁人志士奔走呼告，"亡国灭种"之忧到"保国救种"之风潮不绝如缕，前赴后继，以求启发民智。清末士绅踊跃接触和传播西学，但也没有挽救帝国机体的衰退与帝都气象的永驻。

国未亡而科举先废。"能使英雄皆入觳，可怜帝子已无家"。民国之后，社会与文化的再度变迁，经学革命、史学革命、文界革命、诗界革命、典界革命、小说界革命、音乐界革命、文字革命等"新事物"目不暇接。面对横流的物欲，士人失去了科考体制的地位认可，义理、经济、考据、辞章百无一用，不免显得彷徨无措，旧学远离现实社会生活需求和时代发展趋向，知识阶层治学通经已经不再是一本万利的事情了。坚持"孔颜之乐"、贫贱不能移的人毕竟是少数，有的接受新知识较快的士人，求生存谋生计，迎合曾经嗤之以鼻的时代潮流，人云亦云，不再固守那种建构儒学理念之上的精神家园，"独立自主自由精神换不来孔方兄"，具有强烈的功利性，也会给京味带来别样的色彩。

晚清动荡急躁的社会风气，整个社会乃是"以一新构造代旧构造，以一新秩序代旧秩序"，这种诉求成为经世致用的集中表达，也是各类社会思潮的隐形彰显。对于进步的"遐想式"期待，导致了一些知识人的冒进与偏激。毕竟，废除科举制度和辛亥革命之后，"京师变天了"，时局混乱，走马观花般的你来我往，直抒己见，指陈时弊已不可能，明哲保身自然就成为北京士人普遍性的心理结构。一些恪守旧学的知识人，仍然满嘴之乎者也、道统世风，被看作"古板顽固与道貌岸然"、身着长袍马褂的落后形象，正如鲁迅在《孔乙己》中所描述的那样：没有进学，又不会营生，于是愈过愈穷，弄到将要讨饭了，这样的人不在少数，成为新社会的"多余人"。而新型知识分子，西装革履、语多洋文，经济阔气，紧跟"德先生与赛先生"，成为社会舞台上挥斥方遒的主体。

近代历史中洋人"你方唱罢我登台"，列强肆意挥洒的北京早已过去。但是在西风之下，现代化的生活模式却成为一个美好且现实存在的愿景。清廷颓塌之后，当新时代的"革命与打破传统"蔚然成风乃至成为潮流，革新与求变由此渐成普泛化流行语，而对于传统文化与京味日常的保护，虽有类似于"整理国故"的国粹派的倡导，然而终究不过淹没在社会大众的集体行为和政治取向的惯习之中，而真正的社会变革才成为民国部分学人打破框框、撕碎枷锁的光辉征途与星辰大海。

但是，部分知识人仍然维持着"崇雅"的生活习

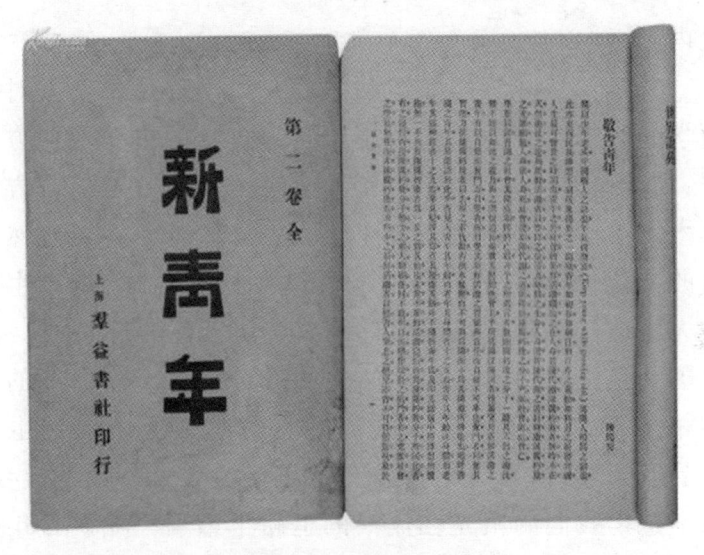

第五章　雅俗共赏：京味文化的兼容博通　257

图 5—5　《新青年》杂志

惯，"自喜轩窗无俗韵，聊将山水寄清音"。同时，由于身份的优越性，亦不像底层民众那样日日劳作，在礼法结构上呈现出所谓带有阶层话语的"君子小人与劳心者劳力者"之别，平素可以"忙里偷闲"，闲情逸致徜徉山水，凭吊胜景不滞于物，建构交际网络，休闲与娱乐文化也就随之而生。每年农历八月二十七日为孔子诞辰，他们在孔庙"禁止屠宰，祭文庙，各书室设供，师生瞻拜"。还有一点，北京下层俗文化的升级，显然也有受到以白话文运动为先锋的新文学大潮的影响。当然，知识人践行与社会大众共同塑造的京味文化之中，既包括汇聚传统的精华，但又难免会含有旧有封建传统文化的糟粕，比如说至今还存有的"京骂"、士人游戏风尘之内。

总之，从晚清洋务运动之后，风气移易，士人对于西学的疑虑转变为渴求，排斥转为自发的去获取西方知识，"力破成见，以求实际"，借法于西学，"以西方之学术灌输于中国，使中国日趋于文明富强之境"①。然而新的文化价值观并未形成体系："社会人心普遍产生一种无所适从感和危机意识，形成文化失范的现象"②。从民国到当代北京，在现代文化的融合下，天南海北的人们相聚于北京，行走于城市的霓虹灯之下，或许也有"错把异地当故乡"之感。正如鲁迅所言：所谓的故乡，只不过是我们的祖先在流浪的道路上最后一站。百年过去了，在不久的将来，我们也应给后来者一个文化上的故乡。让灵魂有所依附，让文化继续传承，构成了知识转型与文人群像的百年影像。

其实，因时而变，无须花枝般招展或多么华丽地表达，在多元化的价值中，不同人职业化地沉潜于自身的圈子和世界里。当漫步在北京任一角落，听到、看到、想到让你共鸣的声乐与情境，于竞逐之中停留驻足，感受到京味带来的心理认同和文化皈依。原本不是故乡的地方成为情感上的故乡，如此或才是文化价值的共趋。

---

① 容闳：《西学东渐记》，钟叔河主编：《走向世界丛书》，岳麓书社1985年版。

② 王先明：《论清代的"禁教"与"防夷"——"闭关主义"政策再认识》，《近代史研究》1993年第2期，第105页。

第五章　雅俗共赏：京味文化的兼容博通

小　结

　　京师，天下之奇观也。紫禁城的巍峨宫殿群，显示着皇家久远的气派。熙熙攘攘、摩肩接踵、呼朋引伴的市井生活，汇聚"三教九流，五行八作"，雅俗共赏的文化不断塑造着北京人的生活体验。周作人曾感慨北平剧变："若今昔同然，亦未尝无今昔之感，正不必待风景不殊举目有山河之异也"。① 京师地位退去之后，"上海自有上海好，北京其实也不孬"，市井俗语反映了民众对于城市的内心评价与认同。民国之后，劝人勉力、振兴实业、提倡国货的工商业发展理念，促进了北京本土行业的繁荣。

　　晚近士大夫习于声色，群以酒食征逐为乐，而京师尤甚。有好事者赋诗以纪之曰："六街如砥电灯红，彻夜轮蹄西复东。天乐听完听庆乐，惠丰吃罢吃同丰。街头尽是郎员主，谈助无非白发中。除却早衙迟画到，闲来只是逛胡同"。② 气象低沉，曾经的上层亲贵与时代潮流落落寡合，面对熙熙攘攘民间力量与雅俗文化的齐放开花，只能顾影自怜，感慨"世风日下"。辛亥革命之

---

　　① 周作人：《一岁货声》，见《夜读抄》，北新书局1934年版。
　　② 可见《清稗类钞》风俗类"都人之酒食声色"条。同条又解释说："盖天乐、庆乐为戏园名，惠丰、同丰京馆名，而胡同又为妓馆所在地也。"

后时局动荡，原本属于宫廷的大量书画和私藏品也流向民间，帝都气派不断淡漠。山雨未来风满楼，变化已经不远了。

　　皇家的斥责声、旗人的叹息声、洋人的呼哨声与民众的行走脚步声，构成京师雅俗范围内的交响乐。雅俗互动作为京味文化形成过程的一个环节，在当下东西驳杂的文化交集和选择恐惧中，不应忽视，这是一种富有穿透力的现实启示。

第六章 和乐交融:京味文化的和谐共生

不是历史发属于我们,而是我们属于历史。

感悟历史的多样态,亦是京味的潜流。聚焦于京味文化的思想光谱和城市视野之中,京味的来源与派生呈现出独特的和谐、共生和交融色彩。京味的文化网络和文化的京味表达之间,在社会发展变迁中呈现出特有的平衡张力,文化与制度的历史内涵发育于日常活动的实践惯例中。

自从"人猿相揖别"以后,文化就成为一种独特的人类现象。在汗牛充栋的京味文献和形式多样的京味文化中,包容着来自不同类型的社会要素和民俗习性,而这一特质最重要的前提就是,京味文化是一种和谐交融的文化形态,构成了京味的文化依据。同时,京味文化既有传统的桎梏,也有现代文明带来的弊端,这是京味发展中的一体两面。由传统带来的京味资源和现代文明催生的新要素,孕育形成健康、向上和独特的京味文化。这一过程,我们可以把它看作一个和乐交融、和谐共生的历史延续,也显示了文化的京味表达,这是一个阶段性特征,而不是最终的结果。

清帝国是一个少数民族政权,文化主体却仍然是汉族文化(尤其是儒家文化),但是满族文化的影响力也不容小觑。满洲文化对北京都城文化,产生了全面广泛、久远深刻的影响。京味在不断筛选与演变中,有机地融合了满、汉、蒙、藏等多民族文化精粹。1644年之后,带有民族融合特点的满族风俗风靡北京近300年,到了今天基本上已经"你中有我,我中有你",纯粹的满族风俗已经不多,大多演变成令人习焉不察的满汉融合型风俗。因此,王一川从时间、地点、工具和方式的角度对京味进行了界定:"定位于古都北京、定时于它的现代颓废时段、借助具体的北京人情风俗、通过回瞥方式去体验到的一种地缘文化景观"。① 即在近代北京城市转型与文化发展的进程中,既有中西、满汉冲突融合的疾风骤雨,也有传承不变的汩汩深情,所谓名士风度与娼优隶卒之间也实现着微妙的和谐。

第一节 都城形制与市井风华

刘易斯·芒福德说:"如果对历史有深湛的了解,对那些至今控制着人类的古老决定有了高度的自觉,我

---

① 王一川:《京味文学第三代》,北京大学出版社2006年版,第9页。

第六章 和乐交融：京味文化的和谐共生

们就有能力正视如今天人类面临的迫切抉择，而这一抉择无论向什么方向都终将改变人类"。如果可以说城市让生活更美好是一个我们暂且认同的理念，那么什么样的城市、城市里有什么与如何认识所处的城市，就不免需要进一步思考。现代城市如此，古代的城市亦复如是。都城市井风华的建构，规制背后的活跃，是"庶民文化"胜利对京城严谨的有机补充。

现代北京城市规划建设最为接近的历史基础是其近代的规划与建设实践。对于京师来说，建构于对自然理解之上的中国哲学思想与宇宙观念，充分体现在皇城的建筑之上。尊重自然、师法自然和顺应自然，一度成为各类建筑的自然性特征。随着权力系统的渗入，又表达出某种社会性和政治性。皇权敬天法祖、君权神授，颇有某种神秘性。明清两代的都城北京，在建筑规划层面更进一步突出了宫城在整个城市中的中心地位，南北中轴线与宫城前的横街形成一个"大T形"结构，中央官署依次集中在宫城前的中轴线两侧，两侧与四周分布着街道和市场，极为威严。

规整的建筑群与京城形制，九坛八庙最为典型。"九坛"是指天坛、地坛、朝日坛、夕月坛、先农坛、先蚕坛、祈谷坛、太岁坛和社稷坛，"八庙"是指太庙、奉先殿、传心殿、雍和宫、堂子、历代帝王庙和文庙（孔庙）。清末新政期间，朝廷就规划：立四个公共花园，设在东西南北四城，不取资费，提供给市民游览。

图6—1 故宫太和门

辛亥革命之后,坛庙开辟为市民公园。从皇家祭祀场所到民众游览的公园,北京坛庙的社会功能经历着深刻的变革。中央公园开办之后,引发了"逛新式园子"的热潮:想不到饥者易于食,渴者易于饮,每天游览的人,居然过了千啦①。这些曾经庄严辉煌的帝都坛庙群,成为今日北京最重要的历史文化遗产之一。

"正统"、"皇权"、"等级"的传统气息,往往表现出主导、规范、圆滑的优越意识,属于政治文化的范畴。

---

① 中央公园委员会编:《中央公园廿五周年纪念刊》1939年12月,第9页。

第六章 和乐交融：京味文化的和谐共生

北京汇聚和吸收全国各地文化优长，同时又辐射各地，影响全国，代表了中华文化的深厚积淀。京味文化突出一个"杂"字，其特质则是兼收并蓄的商人文化，或者说是市井文化、市民文化，它形成于工商业的发展过程中，贯穿着商业气息，注重利益、竞争和服务，追求娱乐、刺激和享受。也就是相对自由发展，驰骋发挥的近代商人意识。从某种意义上来说，京师文化保留封建正统文化层面更多一些，具有一定的保守性、政治性，而京味文化发祥于市民社会开放、交流的社会历史环境，往往具有求新求异的拓展性。①

著名学者费孝通先生对于乡土社会权力式微的表述，同样适应于晚清民国城市边角市井和百姓民俗："乡土社会里的权力结构，虽则名义上可以说是专制、独裁，但是除了自己不想持续的末代皇帝之外，在人民实际生活上看，是松弛的和微弱的，是挂名的，是无为的"。由于管理成本和行政耗费，没有地方官府愿意三天两头、没事找事去打破这类自秩序。在这种意义和界定中，晚清民间习俗和社会组织就呈现出多元特质，自然基于传统手工业模式下的商业贸易就显现出了很高的水平和辐射程度，北京的情况完全吻合。

在明清时期，根据各类统计，北京地区碧霞元君庙

---

① 王兆祥：《北京—天津城市文化比较》，《城市史研究》2000年第2期，第216页。

就有 20 多座①。环绕北京的五顶碧霞元君庙是帝国出于护卫京城的需要而设置的,清代统治者完全接受汉民族的世界观念,认为碧霞元君可以护卫自己的统治并给京城带来安定和吉祥。但这种人为的信仰地点的设置恐怕并没有引起普通民众太大的认同,所以它们的象征意义要大于其实际价值。民众通过日常活动,巧妙地"避开官方的注意和管制,自由自在地从事于自己的信仰活动毋宁说是相当一部分来妙峰山进香者的目的"②。鲁迅曾在《小杂感》中有段话常为研究者所引用:

> 人往往憎和尚,憎尼姑……憎耶教徒,而不憎道士。懂得此理者,懂得中国大半。

老百姓往往是佛道不分,以道解佛,而民间的神仙、禁忌也多与道教相关。以五大庙会为例,宗教意味不断淡化或变异,庙宇中固定居住的商家如花厂、花馆、照相馆、织毛巾厂等越来越多,庙宇已渐变为商业市街,这是庙会向前发展的趋势。而香火春场等渐渐破败,被

---

① 许道龄编纂、顾领刚署:《北平庙宇通检》,国立北平研究院史学研究,1936 年 9 月。
② 吴效群:《北京碧霞元君信仰与妙峰山庙会》,《民间文学论坛》1998 年第 1 期,第 48—51 页。

公园、博物馆、电影院等代替，亦属历史的必然。① 在晚清被迫开埠之前，北京的城市经济与集镇贸易实际上已经达到了相当的规模。不过是，市井店铺、集镇庙会与有关社会组织，货物商品以手工业制作为主，流动摊贩与店铺虽然活跃，但仍是在传统的框架内有序运转，具有一些保守色彩。

市井的趣味也体现在一些京师地名对联上。在清末蒙古族文人巴哩克杏芬所著的《京师地名对》中，就涉及很多北京的地名，天然成对：王府井，祖家街。磨盘大院，烟袋斜街。花之寺，陶然亭。前青厂，后青厂；大红门，小红门。南剪子巷，北剪子巷；东棋盘街，西棋盘街。一些乞丐的住所，也颇为戏谑地张贴对联：虽非羁旅招商店，却是藏龙卧虎堂。胡同里的四合院，世世代代住着北京人，"大道小街把北京城规划成许多方格子，方格中每隔五十步再开一个六步宽小夹道，用以左右联络。大道小街好比动脉静脉，小夹道就是毛细血管，毛细血管里住人"②。

高耸的皇宫大院，秩序井然。前三门外俱谓之南城，正阳门街居中则为中城，街东则为南城、东城，街西则为北城、西城。紫禁城是明清两朝24位帝王的居住场

---

① 谢丹、李德英：《近代北京庙会经济试析》，《四川文物》1997年第6期，第51—54页。

② 邓友梅：《"猎户星座"行动》，中国社会出版社2005年版，第86页。

所，位于北京的中心，是象征着皇权的核心。传统北京城体现了儒家皇权至上和道家天人合一的思想。北平的街道像棋盘似的依照对称原则排列，精华可以说全在天安门大街。它的宽广、整洁、辉煌，立刻就会使你觉到它象征着一个古国古城的伟大雍容的气象，后门大街恰好给它做一个强烈的反衬，"它偏僻、阴暗、漱隘、局促，没有一点可以让一个初来的游人留恋"[①]。季羡林也回忆道："在解放前的二十年中，北京基本上没有变。城墙高耸，宫朗连云，红墙黄瓦，相映生辉。驼铃与电车齐鸣，蓝天共碧水一色。一种古老的情味弥漫一切，这是北京的一面"[②]。

1900年在义和团运动中，八国联军占领北京，为了战时军运需要，比利时、法国和英国将京汉铁路从卢沟桥经西便门展修至正阳门，1901年首列火车开进北京城。1902年，英国又将已修到北京右安门外马家堡和永定门的京奉铁路，经东便门展至正阳门外的东使馆区。至此，作为古老的军事防御措施的北京城墙首次被代表现代工业文明的铁路所穿透。[③] 1916年，北洋政府建造了环城铁路，还改造了内城数座城门的瓮城，修造了西

---

① 朱光潜：《后门大街》，1936年，选自《如梦令》，第347页。
② 季羡林《我爱北京》，选自《北京我心中的城》，第122页。
③ 史明正：《清末民初北京城市空间演变之解读》，见北京市档案馆编：《档案与北京史国际学术讨论会论文集》，中国档案出版社2003年版，第493页。

第六章　和乐交融：京味文化的和谐共生

式火车站。1924年，和平门建成，南北新华街成为连接内外城的又一重要道路。

京师的形制，皇权处在宇宙四方的中枢位置，如同圈层结构，向外辐射，京风、士风与庶民之风三者之间，形成了一个动态平衡，百业汇聚、各色人等，皇族、官僚、士大夫与庶民在一个有秩序的系统内不断循环与流动，这是一种隐形的帝国文化机制。到了晚清之后，欧风在帝制末期城市生活的框架内不断发育，构成一种迥异的社会风尚，士农工商的传统四民结构也趋向于解体，并在整个20世纪影响了普通民众的日常生活。

清代中期之后，外城人流集中，比较繁华，宣武门身处闹市，来京客商云集是内外城交界之处，店铺繁多，因此是处决犯人的必经之地，以达到震慑作用，之后拉到菜市口行刑。故而，每当到犯人受刑期间，宣武门午炮大响，人来人往，充斥着看热闹的老百姓。犯人们被戴枷上镣锁或者五花大绑，从监牢出来押送到囚车上，过断头（魂）桥一带再经迷市，绕一圈后走宣外大街出宣武门到菜市口。监斩官员高坐西鹤年堂店门一带，刽子手随时待命。① 戊戌六君子之一的谭嗣同曾在这里喊出了"有心杀贼，无力回天，死得其所，快哉快哉"的豪迈遗言，更是为这刑场增添了一股子肃杀之气——不

---

① 刘鹏：《北京的菜市口》，《北京档案》2012年第3期，第48—49页；张宝申：《菜市口的记忆》，《北京档案》2010年第8期，第51—52页。

过,这更多是一种血腥的味道。

晚清时期,北京"一自维新修马路,眼前王道始平平",大栅栏一带也已经"画楼林立望重重,金碧辉煌瑞气浓。箫管歇余人静后,满街齐向自鸣钟"①,民众"竞用西物以为炫世"②,西风压倒了东风。民国时期,除了旧有的戏园、茶馆、妓院、杂技场还有新式的电影院③、公园、舞厅、游乐场,鳞次栉比,京剧、相声与"新戏"、"文明戏"之间东西交融。在今天宣武区一带的会馆、庙宇、戏楼、书肆、园林等历史遗存,仍然在诠释着历史上"宣南荟萃"的风华真意,"东风"却以另一种形式传之久远。

在20世纪之初,北京空间的演变及转型,特别是城墙的衰落、中轴线的变化,以及西式建筑和近代商业区的兴起诸方面,均明显地体现出现代主义这种既解放又控制的性格。风雨飘摇的政局变革带来了文化模式的急剧震荡,从中西冲突、"咸趋新学"到接纳新学,京师学风为之一变,宣南文化也发生了明显的变化,民国期间士人走向对新事物的竞逐,融入新式民俗生活,不断背离原有的科举文化价值观,步入多元的职业选择,客

---

① 杨米人:《清代北京竹枝词》,北京古籍出版社1982年版,第81页。
② 《论习气》,《申报》1895年1月17日。
③ 如北新华街的中央电影院、崇文门内大街的光陆电影院、前门箭楼的大观楼电影院、东城灯市口的飞仙电影院。

第六章　和乐交融：京味文化的和谐共生

观造就了北京文化的多元化，但也形成了"传统文化沙漠"的历史隐患。

民国初年，北京城内划分为10区。1928年（民国十七年）12月19日，北平市政府下令推行地方自治，设立了市辖区（自治区）。将全市分为15个区，各区以序号命名。1945年（民国三十四年）抗战胜利后，国民政府接收后，全市分为16个区，各区以序号命名。1947年（民国三十六年）3月，原郊区的第十三区至第十六区调整分界，由原来4个区改为8个区，即第十三区至第二十区。①

城市建设的规划也逐步考虑到文化的内涵与延续。2009年，北京市《促进城市南部地区加快发展行动计划》正式发布②，一时间，北京"新城南"再度成为热点，宣南文化的时代再见憧憬。在"新城南"被纳入规划的同时，另一传统的"老城南"项目也正在进行之中，2009年4月，崇文区和宣武区打破行政规划，以"北京城南文化"的统一形象申报"国家文化生态保护实验区"，要凸显城南以"皇城文化"、"民俗市井文化"、"民族宗教文化"、"士子文化"、"商贾文化"、"梨园文化"、"手工艺文化"等为标志的"城市文化形态"，这些派生型文化，构成了市井风华的核心要素，

---

① 参见北京市测绘设计研究院：《北京行政区划与地名历史变迁》，国家测绘地理信息管理中心网站，2016年5月26日。
② 《崇文宣武联保城南文化》，《新京报》2009年4月22日。

也延续着曾经都城形制氤氲下的行业多样性。

第二节 土气洋气与京城品位

思想开放不仅是宏观历史轨迹之上的整体变迁，在社会角落和市井生活中也展现出极大的变异性，构成了城市文化进化的点线面。我们在交融的过程中品尝北京的气味与世风，不仅仅是舌尖上的美食，或者是文字上的浪漫厚重，抑或是遗迹里的蛛丝马迹。在历史的脉延中，土货与洋货、土气与洋气、土味与洋味，都可以作为京城变迁的切口与视窗。当"洋味"融入城市文化的机体之内，京味的内涵显然有了意义的扩展，并时刻体现于生活方式的改进与变更过程中。

对于多元文化与京味之间，同样是"历史缩影"，在中西交通初始，其图景却有着本质的霄壤之别。明清时期京师之大，人口巨万。居京者、客居者深受文化熏陶，并怀有深厚的情感。不免，不知有多少才子聚居北京伏案读书，不知东方之既白。而作为现代旅游业的消费者，对北京持有向往者，也是艳羡北京的古老与文化。在鸦片战争的炮火尚未响起时，古老的清帝国平静地度过了康雍乾盛世，并颇为自信地享受着华夷之辨和天朝上国的文化自尊。西方文化像一股飓风扫荡了北京城市的节奏与气味。以旗人为代表唠嗑侃爷们的失语，从清代中期就开始了。南部中国和

第六章　和乐交融：京味文化的和谐共生

图6—2　认真工作的剃头匠

经由沿海通道北上至渤海湾的列强炮火震慑了古老京师的安稳秩序。船坚炮利与耀武扬威的西方人，抬头挺胸地进入了原本庞然大物、天朝上国的中国人视野里，并成为近代中国面临的最大问题。无论是皇家威严，还是民众生活，都在华洋关系变迁中实现着自身的微妙平衡。

在16世纪来华的外国人眼中，北京作为京师是非常整洁、规律和大气的。但是随着西方文明的崛起，北京就逐步变成了一个相对"土气"的城市。英国人阿绮波德·立德在其《穿蓝色长袍的国度》一书中写道："离开北京城时，每次呼吸都让人感到那时不讲公共卫生的时代。通州的大街凌乱不堪,到处是垃圾,路面印满了杂乱的车辙"。当然,北京及其周边的土气不仅是和洋气对比,也确实风土很大,"尘埃十丈如烟雾"。《燕京杂记》曾云:"黄河以北,渐有风沙,京中尤甚。每当风起,尘氛埃影,冲天蔽日,觌面不相识,俗谓之刮黄沙。月必数次或十数次,或竟月皆然"。"天苦多疾风,地苦多浮埃,人苦多贵官",是晚清士人李慈铭对于北京的描述,京人的辛酸与无奈,文人笔触屡见描摹。郁达夫就说:"北平的人事品物,原是无一不可爱的,就是大家觉得最要不得的北平的天候和地理联合上一起,在我也觉得是中国各大都会中所寻不出几处来的好地"①。一方面刻画了北京的风沙天气,另一方面又表达了政治科层对北京风气的影响。长久的京城处境,使得北京人毛孔中蕴含着对于权力的竞逐和狂欢,这原本是意料之中、人之常情,但久而久之此种相对静态的观念又掣肘了多元的可能性。

西方文明的倨傲,随着高楼林立,潮流纷繁更迭,渐次统治着城市的气象。"土味"也未必不可爱,在看似严肃风气的背后,又有一丝"右安门外少风尘,人影衣香早稻新。小有余芳开市后,坐看中顶进香人"的恬淡之乐。光绪三十二年(1906)5月21日,恽毓鼎在编书处品尝到来自上海的新鲜荔枝,"红肌白肉,汁甘而

---

① 郁达夫:《北平的四季》,选自《北京乎》,第 323 页。

第六章　和乐交融：京味文化的和谐共生

肥，胜灌装者数倍"。他不禁感叹，"今日水陆交通，凡东南鲜物如鲥鱼、枇杷之类，皆得餍北人口腹，吾侪此等际遇殊胜古人"。① 生活平静且有风味，历史上一直未得到发展、竞争力较低的北京当地贸易和手工艺工业获得实足的发展。因此就有人说，"北平的生活，可说完全是代表着东方色彩的平和生活"。②

在传统中国的宗藩与朝贡体制中，海洋邻国被纳入了"华夷秩序"之中。1840 年以后，英、法、美、俄等西方工业国家逐步通过不平等条约，将中国变为其产品倾销地、原材料输出地。随着传统驿站交通体系逐步被近代新型交通网络取代，区域交通枢纽作用逐步被天津、石家庄等取代。近代化的过程就是传统社会向现代社会的变迁过程，其含义广泛，具体到经济领域，主要是指传统经济向工业化、商品化的转变。这一转变过程，必然涉及产品市场定位问题，绝不是简单的"国际化"。北京城市的近代化本身也是一个巨大的市场，大到市政基础建设，小到食品、服饰、住宿等各个方面都需由传统向近代转变。

"洋味"开了城市的风气，晚明传教士利玛窦将西方近代文明带到京师，《坤舆万国全图》《几何原本》、自鸣钟等使北京士大夫耳目为之一新。清朝康熙时，西

---

① 恽毓鼎：《恽毓鼎澄斋日记》，浙江古籍出版社 2005 年版，第 315 页。

② 倪锡英：《北平》，中华书局 1936 年版，第 151 页。

方传教士进入宫廷，如南怀仁为钦天监监正，使近代科技文化对宫廷产生影响，也将中华文化传到欧洲。远道而来的西人，如耶稣会、方济各会等教士，不少就寄身宫廷。意大利人郎世宁，清康熙帝五十四年（1715）作为天主教耶稣会的修道士来中国传教，随即入宫进入如意馆，为清代宫廷十大画家之一，曾参加圆明园西洋楼的设计工作，历经康、雍、乾三朝，在中国从事绘画50多年，极大地影响了康熙之后的清代宫廷绘画和审美趣味。主要作品有《十骏犬图》《百骏图》《乾隆大阅图》《瑞谷图》《花鸟图》《百子图》等。① 清康熙帝五十四年（1715）作为天主教耶稣会的修道士郎世宁来中国传教，11月获康熙皇帝召见。当时康熙61岁，酷爱艺术与科学，虽然不赞成郎世宁所信仰的宗教，却把他当作一位艺术家看待，甚为礼遇。皇城气象的京城，洋人也从事着经营活动，"耶稣会会士在北京开设三家钱庄做高利贷生意，每家钱庄拥有五万到六万串钱的流动资金"。②

清代中叶以后，尤其开埠通商以后，城市成为西方殖民者政治、经济、文化侵略的登陆场，中西方两种截然不同的社会制度、经济结构和文化习俗在城市中相互

---

① 杨伯达：《郎世宁在清内廷的创作活动及其艺术成就》，《故宫博物院院刊》1988年第2期，第3—26页。

② 约·拉甫列茨基：《梵蒂冈宗教、财政与政治》，柔水译，世界知识出版社1959年版，第86页。

第六章　和乐交融：京味文化的和谐共生

撞击，出现了几千年从未遇到的复杂环境。同时，城镇的空间、人流和物流规模开始扩大，经济中心功能有所加强，绅商社会地位迅速上升。这样，城市中出现的问题日渐复杂化、多样化，城镇中的诸如市场、商业税收、交通、环境、建设、教育、治安等各种问题，在传统的管理体制中既无专门的机构，亦无法可依，走向现代的前夜。民国年间王府井大街店铺、洋行鳞次栉比。到1934年，整个大街参加商会的中外商号达136家。

京味因素在社会生活中渗透深远，但是有时候并不容易被直接观察，反而需要立足于文化延续的视野下进行界定。比如，由于生产方式的进步，许多文化事项不断消失，这原本是一个自然的过程。久而久之，失去此类文化渲染的城市图景总是少了一些什么，不少非物质文化遗产的抢救意义也在于此。财产分化与社会阶层的变化逐步使得北京开始出现贫民区，"北平本无贫民窟，尚不见现代城市贫富区域对峙之显著现象。但近年以来，贫民在经济压迫之下，已逐渐移居于城厢及城内街道偏僻房屋破旧之区域"[①]。

坚船利炮、声光化电和民主科学纷至沓来，洋气的西方事物强势来袭，构造了京师民众日常的节奏。1907年，出洋考察政治的大臣端方、戴鸿慈等人奏请模仿欧

[①] 陶孟和：《北平生活费之分析》，北平社会调查所1932年版，第22页。

洲，开设京师万牲园，也就是北京动物园的前身。电影刚传入北京时，是依托于茶馆、戏园的。"电光影戏京中称为电影，初自泰西流入中国南方各埠，继自上海、天津等处流行入京，惟常设专演之处亦无多"。① 一些戏园、茶楼在演戏之余会加演电影。1927年以后，电影已与戏园、茶楼分离，在都市娱乐空间中有了独立位置，扮演的娱乐角色也越来越重要，这与民间资本大量投入影院有很大关系。人们对于电影接纳也有一个过程：

> 十年以前，北京之电影院，寥寥无几。就余所知，仅东城之平安与城外之大观楼而已。盖斯时京人于电影，听之不能成瘾，更何论乎鉴别。平安皆外侨与豪阔贵眷，大观楼皆学生与店贾。北京之与电影，极幼稚矣。与上海较，相去何止十倍。嗣后有北大教授吴某，出而组织真光社，就东安市场丹桂茶园之址，于选片颇具心思，拟与平安相抗，而抑大观楼之势，果也收效不恶。更由粤商罗明佑君，纠集股份，而创真光剧院于东华门外，遍征文人，研究设备。对于院内布设，一洗从前戏院恶习，大受社会欢迎……电影生涯，

---

① 中华图书馆编辑部：《北京指南》，中华图书馆1919年版，第10页。

遂为人注目。①

故都在新民国的建设中呈现出"新面貌"。各类资本介入和活跃商业气氛下，使馆、银行、商铺、饭店、俱乐部、教堂、邮局和军营交错分布。由于北平社会存在阶层分化，在一些市民的观念中，娱乐文化也具有"阶级性"。正因西式生活的魅惑，一些热衷的人士称娱乐乃救国之道，也是面对时局的无奈之语。基于普通民众生计角度下的享乐批判也氤氲而生：

> 多少人呢，多半是为吃饭问题出来奔走，或有问题已经解决了，而图谋他以后的需要，因此就把这世界渲染的说不出的一种繁华。同时也就把所有的人们判断出若干的阶级，和什么上、下的名词。资产阶级的人是最先把这问题解决了，但解决以后，还有许多的需要，什么身体的享受必要安适，精神的感受必要快活。所以都市里的楼房、山村里的别墅、庄严的戏院、华贵的舞场，这多是他们这类人调剂精神、舒畅身体、寻找娱乐的所在。但是这类人不过占社会里最高的一小部分，其余的呢？是以身体和精神换来些劳动的钱，在这休息的空闲，也须有些娱乐，以安慰他那疲劳。但享受的程度，是

---

① 涤秋：《谈北京之电影院》，《北京画报》1937年第2卷第3期。

要随着身份。所以由这点起,就分析出若干的阶级来。一般的人们,也就按着他的身份,去享这相当的娱乐。①

告别帝制、民国建元,很多社会风气仍然处在变革过程之中,而非立刻"焕然一新"。虽然清朝已经覆灭,民国在名义上身份等级体制已经瓦解。然而,对财富的占有程度和社会位置的位阶又促成了阶层和生活的分化,封建的等级思想深刻印记于城市性格内。北京仍有大量滞后的因素,但也还有进步的一面,如各大剧场、戏楼、电影院中设置女座,这在当时还是颇引人注目的,时人做诗曰:"正坐洋椅不能盘,粉纸印来大戏单。楼上粉黛人似玉,满园不向戏台看"。② 北京雅俗共赏的城市生活,在各个市场之间,也自如切换,如崇文门外的"东晓市"、宣武门外的"夜市"和德胜门外的"晓市"等。诸如北京地坛庙会附近,老字号东来顺、馄饨侯、护国寺小吃、茶汤李等名吃品种繁多,风味醇正。在这些充满生机的地方,人潮涌动,曾是当时文人墨客的雅游之地,留下了许多传奇佳话。20世纪40年代毁于日军炮火中的云居寺,也在新时代显现出更大的生机。

窈窕淑女,君子好逑,被新文化所吸引的青年知识

---

① 李少兵:《1927—1937年的北京娱乐文化——官方、民间因素与新时尚的形成》,《历史档案》2005年第1期,第117页。

② 李家瑞编:《北平风俗类征》,商务印书馆1937年版,第346页。

第六章 和乐交融：京味文化的和谐共生

男女，也纷纷追求爱情、批判旧婚俗。"洋气"举国风靡，京味在痛苦与撕裂中不断演进、革命和扩充。客观来说，这一过程既有被动接受，也有主动吸收，随着历史的演变，京味文化发育出一种和乐交融、和谐共生的内在品质。反而是一些老行当，仍有生机。古董书画的归宿不是天堂，也不在地狱，北京的的潘家园就是一个好去处。如今的潘家园一带，市场经营的主要物品有仿古家具、文房四宝、古籍字画、旧书刊、玛瑙玉翠、陶瓷、中外钱币、竹木牙雕、皮影脸谱、佛教信物、民族服装、各色服饰及生活用品等，让然展现着勃勃的生机。在胡同巷里，领带、袜子、针线包、墨水瓶、旗袍与瓜皮帽，同时都挂在铁丝上，土洋兼备，颇有意趣。

辛亥革命之后科学昌明进步而都城文化低落，民国时期北平市政府也认识到了旧都的文化价值，颇有远见地指出："近代建设，以科学之进步，日趋完美，而通都大邑之建筑物遂美足以代表一国之文化。本市为数百年来之旧都，现存公共建筑物，无不具有历史上之价值，惟年久失修，多呈窳败之状，亟应及时修治，以美市容而保古物。"[①] 然而毕竟时代变了，民权张扬而帝制远去，改造还是必要的，正如当时的《新晨报》评价："因皇墙红砖黄瓦乃帝制遗物，不但有惹起帝王思想之

---

① 北京市档案馆藏档案，档号：J1-4-51，见李少兵：《1912—1937年北京城墙的变迁：城市角色、市民认知与文化存废》，《历史档案》2006年第3期，第118页。

危害，且阻碍党国主义之进行，拟改刷青白色以兴青白日之观感"。

　　作为休闲空间的公园等事物，是一个"洋人"的新事物。1913年，在市政公所的主持下，北京政府先是打通天安门前的东西大道，继而开辟南北池子和南长街两条贯通南北的大道，拆除大清门内的千步廊以及东西三座门两侧的宫墙，开辟了南池子、南河沿、南长街等处的皇城便门，这样天安门前就形成了交通便利的中央广场。1914年，故宫前半部的武英殿最先开放。接着，文华殿和太和、中和、保和三大殿开放，并辟为北京古物陈列所，"王气"不断流为市民之可观之处，心理距离大大减少。1924年，末代皇帝溥仪及其小朝廷被冯玉祥等人逐出宫，不久故宫博物院也正式开放，成为东方最大的遗址性艺术博物馆。①

　　1914年，威严不可侵犯的社稷坛被改为中央公园，向公众开放，这是北京第一个近代公园。此后，太庙、天坛、地坛、先农坛、北海、中南海以及西郊的颐和园等皇家禁苑相继开放，被开辟为市民文化、游艺和体育的活动场所。也造就了民国时期人口密度增长内城快于外城、外城快于四郊的人口集聚特征，内、外城及四郊

---

　　① 习五一：《民国时期北京的城市功能与城市空间》，《北京行政学院学报》2002年第5期，第78页。

的人口比例处于相对变动之中①，促进了城市内部流动的合理化，也加强了城市的消费层级与商业水平。公园之内，不仅北京市民云集，各国在京洋人也纷纷前来玩赏。

从土到洋，标志着文化的转向和社会的变迁。西方的城市异军突起，现代文明不断扩张。近代以来，与民族尊严、城市进化同样蹒跚而行的，还有传统文化。民国初年，在新文化的激荡口号中，象征守旧的传统文化，成为人人躲避的因循象征。而张扬着民主科学之光的西方文化，在新知识人的推助下，成为洋洋大观的京师风气。在老舍的小说《茶馆》里，王淑芳梳起了"时行的圆髻"并竭力游说李三剪掉象征顺民的小辫子，王利发大讲"文明"，满口"All Right"、"yes"等洋话，就连效忠清朝的宋恩子对松二爷的旧式请安也产生了不满：这是怎么啦？民国好几年了，怎么还请安？你们不会鞠躬吗？新的因素不断增长，旧的人和事物却因难以适应新形势而被日渐淘汰②。

人们对于西方的"狐疑"，于都市中延展为既定生活与行为方式的民俗，土洋之间的对比，又让不少老北京心存焦虑感。可以说，京师土气消逝，洋气纵横，复

---

① 高文超：《1912—1948 年北京人口空间分布格局变动及原因研究》，《人口学刊》2018 年第 6 期，第 62—66 页。

② 陈黎明、胡艳玲：《京味文化的一面镜子——对老舍〈茶馆〉的一种文化解读》，《洛阳大学学报》2002 年第 1 期，第 87 页。

杂变幻，既是皇权的发展极致与帝国挽歌，也是新时代、新文化和社会运动暴风雨来临之前的宁静。

第三节　多元文化与京味扩张

北京人把追根溯源叫"捯根儿"，我们也需要追溯和勾勒北京文化的多元与京味的扩张。

多元文化的共存及其融合发展为文化事业的不断推进创造了良好的环境。作为后来者客观地评述北京文化的多元与京味要素的多样，确实存在着对于历史与文化的压缩。假设把北京文化的内在发展路径压缩为一张二维的图画，那么所呈现出来的一定是色彩斑斓的无限风光与高低起伏。这种京味的方向性与曲折性，从晚清时期就已经展现出蔚为大观的交融局势，警察、卫生、消防等事业逐次建构。杨东平在《城市季风》中就认为：

> 如果说官和士大夫知识分子的文化奠定了日后"京派"文化的基本品性和面貌，那么下层的民间文化所造成的，正是"京味"。在另一个方向上，宫廷和士大夫的文化，也汲取了京味民间文化的营养①。

---

① 杨东平：《城市季风：北京和上海的文化精神》修订本，新星出版社2006年版，第97页。

第六章 和乐交融：京味文化的和谐共生

特别是在辛亥革命之后，民众梦想的安定与富强并没有姗姗而至。社会环境的复杂形态下，发展走向有扭曲，也有挣扎，苦撑待变对于城市文化亦是如此，文化形态更加多元，不断把文化思潮与文化体验分流到城市的角角落落之中。民国之后，秩序大变，各类思潮百花齐放，不同学派百家争鸣，互相交流取长补短，并在历史发展中形成了和谐共处、相利而不相害的文化模式，这对于北京文化多元底蕴的形成影响甚巨。

图 6—3　1909 年的股票

北京文化的多元化与共享性，带给了京味无限的扩张。在传统儒学的延伸下，京味文化与传统文化亦相融合，中国传统哲学讲究入世，即使是对于隐士三等的评判,也是大隐隐于朝,中隐隐于市,小隐隐于野的价值标准,士大夫以体国经野为追逐目标。传统文化的活力与存废是京味文化的基础,私人空间蓬勃发展于各色商业发育出的京师图景中。由皇亲贵戚形成的皇家文化,由外地入京做官、做买卖的人形成的士大夫文化以及由本地百姓形成的胡同文化,也属于京味的内涵之一。

民族化演变为全民化的习性,也需要发扬。例如,萨其玛源于清代关外三陵祭祀的祭品之一,成为京式四季糕点之一。满汉融合下的萨琪玛(sacima)写作"萨其马"、"沙其马"、"沙其玛"、"萨齐马",满族人关之后传入北京,之后流行于全国。据《燕京岁时记》:"萨其马乃满洲饽饽,以冰糖、奶油合白面为之,形如糯米,用不灰木烘炉烤进,遂成方块,甜腻可食",又据《光绪顺天府志》记载"赛利马为喇嘛点心,今市肆为之,用面杂以果品,和糖及猪油蒸成,味极美"。道光二十八年的《马神庙糖饼行行规碑》也写道"乃旗民僧道所必用。喜筵桌张,凡冠婚丧祭而不可无"。当年北新桥泰华斋饽饽铺的萨其玛奶油味最重,它北邻皇家寺庙雍和宫,喇嘛僧众是泰华斋的第一主顾,作为宫廷祭拜之供,用量很大。①

在中国传统社会结构中,皇族、官僚、士人与百业

---

① 葛忠雨:《图说北京三千年》,黄山书社2009年版,第392—393页。

民众构成大致的圈层，在维系上从血缘关系、宗族关系出发，构成宝塔式的循环体系。京师秩序的同构性，不仅体现在诸多建筑等物质层面，文化与社会的投射层面更为突出。以宗法文化、儒学文化、民间文化为代表的传统文化和以传教士文化、公共文化、物质文化为代表的西式文化，共同造就了京味的多元化特征。帝都中国民众在变迁的洪流中，都沾染了些许京味与多元化的色彩。

换句话说，京味文化到了民国后期，乃至1949年之后新中国成立的一系列变迁，早已在东西交冲、互相吸收和不断融和中实现了合流，成为一个以北京为空间的文化统一体。

宗法制度与传统文化

一个城市的精神文化风貌是由其城市性质决定的，同时也离不开历史发展的基本脉络。在古代中国中央集权体制下，看重宗法制度，旗人和普通汉族民众的产业延续和继承，也基本是朝廷权力机制的复制。北京是中国历史上的政治权力中心，官本位、等级意识在官员以及市民中比其他城市要浓厚得多，在社会生活上总有维持风化的诉求和桎梏。民国时期，一些士人外形上没有了"顶戴花翎"，但是心里的"辫子"却影响了对社会的判断和认知。

比如传承千年的宗法制度，序长幼，辨贵贱，别嫌疑，礼之大者也，北京人更看重家法与合法性。唐律及明、清律皆规定，男子无子始许立嗣。立嗣只许立辈分相当的侄子为嗣子，不得立女子为嗣，也不得立异姓子而乱宗，旗人的继承也被汉化，逐步呈现出序列性。嫡长子继承制对于中国君主专制政体的具体运行方式更具有无比深远的影响。无论是嫡长制本身还是它的各种变态形式，在"家国同构性质下的专制政治"这一大前提下，都只能流了一种非智能的选择方式，都必然导致君主在权力和实际能力之问发生严重的脱节和矛盾。同时，也正是这种矛盾运动，使专制君权有可能突破"家天下"的、"私"的格局，在客观上成为一种代表统治阶级整体利益的"公共权力"。① 宗法文化之于京味文化，是一种相对保守的文化形态。

中西交融与京味文化

中西交融的激烈，既有政治的博弈，也有文化的冲突。在十六世纪杨光先反对汤若望时，曾提出"宁可使中夏无好历法，不可使中夏有西洋人"。到了十九世纪，倭仁发出同样的声音："宁使中国无技艺，不使中国有西学"，都是对于西洋的反感。道光二十五年（1845）刻印的《都门纪略》以及之后《都门汇纂》《朝市丛

---

① 张星久：《中国君主制政体下的皇位嫡长子继承制新论》，《武汉大学学报》1998年第5期，第27—28页。

载》《北京指南》《最新北平指南》《旧都文物略》等生活指南，也基本概括了北京的风物大貌，兼具东西特征。

天朝大国以自己为世界的中心，计时方式必然也是以自己为中心的，所以每个皇帝登基以后必做的一件事就是更改年号，确定新的计时方式。这是朝廷维护皇权的一个重要手段，也是皇帝给臣民安排生活的依据。从清光绪二十八年（1902）起，中国就开始实行标准时制度，中国海关曾制定东海沿岸的海岸时，这个海岸时就是以东经120度的时刻为标准的。到1939年中华民国内政部将全国分为五个时区，北平位于中原时区，随着时代的变化，采取西方时钟与技术成为京师的必然。

京味是一种"旧京传统"，在内涵上自然更多与传统的延续性相关联，也就体现出对于西方事物一种"欲说还休"的状态，分化出保守与先进的两个文化阵营，几乎是京味的双重世界。通商城市以贸易为中介，并通过强行建立租界等手段，将西方资本主义社会新的技术、城市建设与管理、文化样式及价值观移植嫁接到传统城市之中。在传统的古都风貌之外，近代的各种西式建筑或中西结合的新式建筑与传统建筑混杂在一起，开始形成近代特色的城市风貌①。众所周知，东交民巷使馆区是近代北京的"城中之国"，虽在北京辖区内，却享受

---

① 王亚男：《抗战胜利至新中国建立前北京的城市建设（1945～1949年）》，《北京规划建设》2010年第3期，第143页。

着治外法权，这本身使其具有一定的公共性质。有学者统计，1901年仅东交民巷的各国使馆卫队人数即达到了2000人，1932年北京外侨国籍计有20多个，分布于北京内外十五个区。到1947年外侨国籍数达到了39个，职业更是五花八门。

1840年以后，原本属于明清两代"五府六部"和"迎宾馆"所在地变成了使馆区，先后设立了英、俄、德、法等使馆，1901年后改为使馆街，英、美、法等11国在巷内成立联合行政机构，还开设了美国花旗银行、法国东方汇理银行、英国汇丰银行、日本横滨正金银行、麦加利银行、俄国俄华道胜银行、德国德华银行、法国邮局、各类医院等西式建筑。还有各种教堂，如东交民巷圣米厄尔堂、南沟沿救主堂、崇文门亚斯立堂、西直门内西堂、西什库北堂、王府井东堂、宣武门南堂等。王府井大街与东交民巷使馆区近在咫尺，外交使节众多。同时，王府井和使馆区周边又是高官显贵聚居区，社会地位高，消费品位与消费习惯具有一定的层次性。而且，洋行逐步众多，经营钟表、钻石、西服等西洋色彩浓厚的商品成为买卖主流。无论是七层楼高的北京饭店，还是周围的豪华电影院、戏院，协和医院，这个"国中之国"内部的商业形态也在东西交融中催动了京味的扩张。因此，使馆界与老北京构成了鲜明的新旧对比。

北京使馆区一带房屋的西式改造及其附近的王府井大街作为贸易交融中心的便捷购物条件、相对独立的教育体系与宗教活动、西式的交通、通讯与报纸、现代的医疗卫生设施以及西式的娱乐游戏等诸多西方形态的移植使得东西生活呈现交融之势。多数洋人在北京活得悠游自在，可以很方便地雇佣仆人，难怪北京法国医院的一名意大利修女称北京是天堂①。各种外商纷纷入驻，如英国毛兰洋行和瑞士上百纳公司——这是所谓中西交融下的"天堂北京"。因此，在庚子年间使馆区洋人麇集，曾有童谣念道"吃面不搁醋，炮打西什库；吃面不搁酱，炮打交民巷"，颇见老北京城市气象与西方新生活的格格不入。

同时，在这一特殊背景下，六国饭店作为一种高档消费场所又与当时的国内政治、学术与社会生活发生多重关联，清廷贵族，群学时髦，相率奔走于六国饭店，为外人点缀风景，构成了一种独特的公共空间。六国饭店店由新瑞和洋行设计，1902年在东交民巷路南、玉河东岸建成。早期生意一般，1905年由英国人牵头，重新募资，吸纳六国资本，爱尔德设计，因此而得名。一个普通客房内部的布置包括："整洁、盖着绸面鸭绒被的英式床，花边窗帘，装有镜子的大衣柜，电灯，配有冷热水龙头的盥洗室，床头小桌和桌上红色丝绸罩着的小灯，舒适的安乐椅等"，是一家极为高档的西式饭店。

---

① 参见李少兵、齐小林、蔡蕾薇：《北京的洋市民：欧美人士与民国北京》，北京师范大学出版社2016年版。

图6—4 六国饭店

而据1908年日本人编辑的《北京志》记载,"外国人经营之旅馆,大多在东单牌楼、东交民巷、东长安街等地。居现时北京旅馆中规模最大者为比利时人经营之瓦贡里(中国人称之为六国饭店或各国饭店),位于东交民巷御河桥畔,为砖瓦结构之二层楼房,巍峨耸立,乃北京最壮美建筑物,房费一日八美元"。20世纪30年代风行一时的《北平旅行指南》中,六国饭店也被列为著名旅馆之列,地址标注为御河桥东。据建筑史家张复合先生的总结,六国饭店属于近代北京"西洋楼式"早期建筑中外国人作品之代表。其建筑坐东朝西,平面近似"山"字形,中部和南北侧翼西向山墙做半圆山花装饰,可能受到圆明园西洋楼建筑的影响。[①] 六国饭店和

[①] 李扬:《从六国饭店看近代北京公共空间之演变》,《北京史学论丛》,2015年版,第181—184页。

法国人开设的北京饭店是当时京城最高档的两家饭店,给北京民众第一次带来面包、咖啡、牛排和一整套的西式餐饮礼仪。① 1949 年后,六国饭店被改建为华风宾馆。

东西交融之下,也有很多不和谐的因素,比如自清代开始的吸毒瘾君子,到了民国年间也是泛滥于北京街市,面如土色,被称为白面儿鬼。由于社会管理的松动,民国北平吸食海洛因、鸦片的人非常多,有些底层民众自制力差,甚至有"哪怕只剩一条裤衩也要换成白面吸"的说法,影响了民族体质和市民风貌,这些因素也是北京社会存在过的,更是需要被剔除的。不过,对北京有深厚情感的老舍其描述颇有代表性,几乎是一个完美的形象:

> 北平在人为之中显出自然,几乎是什么地方既不挤得慌,又不太僻静:最小的胡同里的房子也有院子与树;最空旷的地方也离买卖街与住宅不远。这种分配法可以算——在我的经验中天下第一了。北平的好处不在处处设备得完全,而在他处处有空,可以使人自由地喘气;不在于有好些美丽的建筑,而在于建筑的四周都有空闲的地方,使他

---

① 高峰:《六国饭店:民国第一社交场》,《文史博览》2015 年第 2 期,第 52 页。

们成为美景①。

或许在有轨电车系统吸引民众目光的同时，老北京街巷的幽雅，仍然是一个人人艳羡的居所。

大院文化与京味交融

大院文化是时代的烙印，影响着京城的风气和文化圈，大院中也走出诸多精英。1949年，部队进入了北京城，部队和新成立的政府部门，都需要居住和办公的地方，而当时的国民政府首都在南京，北京旧政府拥有产权的房子不多，无法容纳新政府大量人群队伍，特别是从四面八方都赶过来的各类人才。

于是，新政府在中华人民共和国成立的头10年加强北京社会改造，盖办公楼盖宿舍，用围墙围起来，与传统的胡同文化隔离开来，形成了独特的"大院文化"。而这10年新盖的建筑物的面积相当于旧北京原来几百年形成的建筑面积，当然新建筑也包括了人民大会堂等10大建筑。大院里的人，要不就是军队首长，要不就是机关干部。因此，他们的子女都产生了某种特殊的优越感。② 这部分人颇有站在舞台中央的思维与担当，沉溺

---

① 老舍：《想北平》，见姜德明编：《北京乎——现代作家笔下的北京（1901—1949）》，生活·读书·新知三联书店1992年版，第410页。

② 李炜：《北京的"大院文化"开始衰败》，《凯迪社区》2012年1月30日。

第六章 和乐交融：京味文化的和谐共生

于聚光灯下，王朔小说《顽主》中的主人公就曾说：

> 人生就是那么回事，就是踢足球，一大帮人跑来跑去，可能整场都踢不进一个球，但还得玩命踢，因为观众在玩命中喝彩、打气。

在时代秩序的导引下，大院以及生活于其间、以干部和知识分子为主的新北京人，蕴含着巨大的政治和文化能量，登上舞台中心，成为过去北京社会和城市文化的真正主角，但也有过消沉与迷失。的确，"大院子弟"们在经历了20世纪70年代的"动物凶猛"和80年代的"顽主"时光之后，于90年代重又回归主流社会，并跻身为城市的精英阶层。"大院子弟"的形象也在崔健、王朔、姜文、冯小刚等文化精英的影响力之下进入文学研究的视野之内①。也有的老北京大院人，手足无措地应对着市场经济大潮，进入21世纪之后则成为胡同、四合院最后的留守者。

在70年代末，伤痕文学、问题小说、反思文学、怀旧文学盛行于大院乃至全国。时代的大转折，特别是改革开放之后，多元文化与冲突带来的是整体社会思想的结构性游离与缺乏边界。不少"大院子弟"走出胡同四

---

① 何明敏：《城市转型时期的空间改造与文化重构——京味话剧中的当代胡同市民形象解读》，《华中师范大学学报》（人文社会科学版）2017年第3期，第139页。

合院，在各自领域都有丰硕的建树，而不仅仅是沉湎于过去时代的辉煌与"舞台"时刻。曾经先后发表《玩的就是心跳》《看上去很美》《动物凶猛》《无知者无畏》等中、长篇小说的作家王朔，就是大院文化的典型代表。

现代城市与京味重组

随着历史的迁转与曲折，休闲、娱乐和消费都发生了革命性变动。流行歌曲、摇滚歌曲和部分青年竞逐的"追星文化"，开放性与胸怀与过去已经不可同日而语。那些原本属于"靡靡之音"的异国歌曲传唱于大街小巷之中，这种"时代曲调"的变动与迁转，又不可避免地让观者勾连起了诸多历史上的图景与记忆——时代变了。老舍曾在《骆驼祥子》中这样感慨道：

> 它污浊、它美丽，它衰老，
> 它活泼，它安闲，它可爱，
> 它是伟大的——北平。

街区、道路、胡同、广场、寺庙、建筑、电影院、公园、戏园、茶馆、妓院，从清代延续到了民国北平，各个职业与阶层交融于这个地理空间内，有学人、艺人、警察、律师、侨民、妓女、学生、报人、商人、水夫、粪夫、人力车夫，可谓标准的城市景象。士人的聚居地也发生了变化，文化中心从宣南地区向北京大学附近区

第六章 和乐交融：京味文化的和谐共生

域的转移，见证了北京知识精英传统由历史悠久的士大夫文化向新型专业知识分子文化转型的过程。很明显，市民的休闲、娱乐、教育等精神文化活动在城市空间的使用和分配上所占的比例远远高于封建社会[①]。

京味是一种城市文化的"魂魄"。目前，高速城市化进程导致的危机不仅仅是老城文化的低落或京味的消逝，还有作为现代城市构成的建筑、住宅、商铺乃至各类景观的趋同性。我们可以假想这样一个场景，当我们抹去一个城市关于名称的标志时，会发现全国的大城市之间没有本质区别。

晚清民国时期"都人联袂来游，极一时之盛"的公园文化与万人空巷的戏院听剧早已经消逝，打球、下棋、投壶、射箭等娱乐初步建构，而现代生活的多样丰富几乎渗透入社会方方面面。如今，酒店、CBD、商业街、餐厅等，统一开发与经营，几乎来自于一个模板的复制，独具特色的宫殿、坛庙、园林、寺观、府邸、宅院、衙署、街道、胡同、牌坊逐步被虚化与遮蔽，缺乏"可辨识度"而丧失了文化个性且出现了"认同危机"[②]，这种现象也说明文化建设的重要性。

现代城市的多元性，既有和谐的因素，也有诸多不

[①] 王亚男：《近现代北京城市规划建设活动及城市变迁的历史影响》，《北京规划建设》2010 年第 4 期，第 137 页。

[②] 王建伟：《北京都市空间中的历史文脉传承》，《北京史学论丛》，2015 年版，第 158 页。

和谐的因素，无论是"生态自然的和谐"与"人与自然的和谐"，还是"人与人的和谐"与"人自我身心内外的和谐"，都离不开文化资源的优化配置，在各类彰显北京特色的文化产业和事物中，现代化与京味逐步相互汲取而合流，构成了城市内容的整合图景。

确实，京味文化在城市化发展偶尔显现弱势，正如在北京生活了十余年的美国人迈克尔·麦尔所说："一条条胡同逐渐被大型购物超市、高层公寓楼和宽阔的道路所取代，那些代表着城市历史，留在老北京们心目中的地标正在逐渐消失。可能不久前你还去吃过的老字号美味餐馆，逛过的热闹露天市场，甚至是造访过的温馨社区，在短短几周内就能面目全非，被夷为平地"[1]。

如今，美国的可口可乐、苹果手机、好莱坞电影等进入我们的日常生活之后，趋者影从，耐克、阿迪达斯等品牌风靡全球，内联升的千层底布鞋又能有几许生存空间？可以说，与老北京的炸酱面、京韵大鼓、老字号等消费现状构成鲜明对比。尽管我们不是出于复古的怀念，但是最好是保持原汁原味的地域性文化，新旧杂陈而不必全部求新，重现北京四合院里的生活场景和市井生活趣味，塑造本土城市景观，也未必是一件坏事情。特别是积淀深厚、持之久远的京味文化，必将是城市建

---

[1] [美]迈克尔·麦尔：《再会，老北京：一座转型的城，一段正在消逝的老街生活》，何雨珈译，上海译文出版社2013年版，第14页。

设乃至规划必要思想文化资源。

第四节 到京华去与文化符号

京城既是某一王朝的政治中心,也往往是其经济和文化中心。"北平为我国大都市之一,各地中年壮年男子来此求学、学艺及谋生者极多"[1]。从帝都到北平,城市开始逐步褪掉原来老贵妇人的装束,开始显现出勃勃的生机与活力[2],也就奠定了近代北京的文化气质与符号。林语堂就比较北京和巴黎:

> 巴黎和北京被人们公认为世界上最美的城市,有些人认为北京比巴黎更美。几乎所有到过北京的人都会渐渐喜欢上它。它的难以抵御的魅力恰如其难以理解和描绘的奥秘。事实上所有古老的大城市都像宽厚的老祖母,她们向孩子们展示出一个让人难以探寻净尽的大世界,孩子们只是高高兴兴地在她们慈爱的怀抱里成长[3]。

京华气质构成了传统时代天下士人的内在向心动

---

[1] 北平市政府卫生处编:《北平市政府卫生处民国22年度业务报告》,北平市政府卫生处印1933年版。
[2] 王勇编著:《京味文化·序言》,时事出版社2008年版,第4页。
[3] 林语堂:《大城北京》,陕西师范大学出版社2008年版,第5页。

力，北京不仅是政治中心、王气所在，而且还是士人交游与切磋的最佳空间。北京的士人最先捕捉到朝政的变化、政策的实施乃至最前沿的文化知识。对于一些地方精英来说，向往北京、寄居北京和融入北京，甚至出现不少商人"冒占京籍"和胥吏"延迟离京"的现象。这些都侧面说明了京城人是一个身份的标识与文化的痕迹。即使是服务行业，民国时期的北京劳动力也大都来自外来人口。

人们对于北京的特殊情愫，也表现在即使北京生活不易，也毫不犹豫地进入北京生活，趋之若鹜，不避艰难。晚清著名士人李慈铭在京师之际，生活艰苦，"近日窘绝，殆不能举火"。帝都北京的经济规制、法律实践、公共服务水准、精英集聚效应乃至蕴含的机遇，形成了京师独特的社会人文环境。科举模式之下，相对公平、开放的流动机理，促使具有体国经野、经世致用的士人皓首穷经，通过层层考核，跻身于京城的屋檐之下。最高官学在北京，统御与掌控着全国的人才招募，"黄宫嘉荫树，遗迹缅前贤"，北京国子监坐落于安定门内国子监街上，与国子监一墙之隔的东侧是北京孔庙，可以说京华气质不仅是一种政治向心力，也是一种文化凝聚力，具有强势的吸引性。

士人书香传家，力图为国报效，积极经世致用。无论是清代官僚门第的家风，还是久而形成的学风，都和"习得屠龙技、卖于帝王家"密切相关。子孙后代无论

第六章　和乐交融：京味文化的和谐共生

是恩荫谋取一官半职，还是通过科考正途跻身官场，光宗耀祖，基本上就是京官代际之间的最优选择，具有传统儒家强烈的入世与进取价值。因此，皓首穷经与随机而变者都有，觊觎着清代官僚体制的位阶。不过，那些身居非重要职位的京官，经济情况也很尴尬：轿破帘帷马破鞍，熬来白发亦诚难。粪车当道从旁过，便是当朝一品官。不仅如此，有的人为了生活与攀比，不得不变卖家产："先载车马后载人，载到师门二两银。惟有两餐载不得，一回典当一伤神"，可谓落魄至极。

作为文化之都，北京士人云集，有一种浓厚的学风，潜移默化地成为京师特有的文化气味。即使是普通的老北京儿，陈凯歌在他的自传里，这样写自己家满族出身的保姆，具有京师特有的温婉与气质：

> 奶奶是那种一生仅得温饱，却体面而自尊的北京人。她精明不失善良，爱面子也给人面子，因为不再是贵族反而靠了双手成了得了贵族气派的劳动者。她衣服永远干净，头发一丝不乱；耳聋，却能听到别人的痛苦；从不惹事也不怕事（《少年凯歌》）。

同时，礼制的延续需要知识阶层的传承与发扬。北京作为文化制度，与文化相关的产业和店铺无疑也发育出独特的空间。在众多文化形式中，旧书业①乃至笔墨纸砚买卖中心成为最有代表性的一类，琉璃厂、东安商场、隆福寺以及西单商场、前门打磨厂等地，顶峰时期书市几百家，则成为京华风味的独特表达，好学之人甚至"每阅书肆，不避寒暑"。士人买书成瘾，嘉庆年间潘际云《清芬堂集》琉璃厂诗云："细雨无尘驾小车，厂桥东畔晚行徐。奚童私向舆夫语，莫典春衣又买书"。一些人即使是身陷囹圄，对精神食粮渴求也很大，"北山在狱中，一日三餐，左图右史，倒很舒服"②，这就是文化的魅力与环境的塑造。当然，这个例子并不是一种独特现象，"今天车上那主儿别为了买书，又把春衣典给当铺"③。

1905年9月2日，袁世凯、张之洞等人奏请立停科举，以便推广学堂，咸趋实学。清廷诏准自1906年开始，所有乡会试一律停止，各省岁科考试亦即停止，并令学务大臣迅速颁发各种教科书，责成各督抚实力通筹，严饬府厅州县赶紧在乡城各处遍设蒙小学堂。④ 从此，在我国延续了1300多年的科举制正式废除。国子监

---

① 旧书摊又名书林、书铺、书棚、书堂、书屋、书籍铺、书坊、书斋、书轩、书肆、经籍铺、书籍铺，兼卖笔墨纸砚文房用品的，也叫纸马铺。
② 《晚清文学丛钞·轰天雷》第12回。
③ 王冶秋：《琉璃厂史话》，生活·读书·新知三联书店1963年版，第25页。
④ 原方：《知识分子论》，上海三联书店2005年版，第267—268页。

第六章 和乐交融：京味文化的和谐共生

"师徒济济，皆奋自镞砺，研求实学"的弦歌场景随着清帝退位，演变为知识人各自争鸣的文化阵营，与新文化泾渭有别。

实际上，京味文化确实是比较兼容并蓄的。但是，兼容性文化首先要处理的是传统与现代之间的紧张与冲突，即使我们假设北京文化具有某种润滑性。这很乐观，只是在面对变革时，即使秉持一种极度宽容平和的心态，那些自称最开放、非保守的人也会出现某种文化不适，进而开始批评浮躁的世风，怀念曾经相对静态的京师秩序，这是一种转折与变革时期的必然矛盾。尽管民国许多走在前列的文化人呼吁要学习西方文化、拯救民族危亡，但是面对天下失序、华夏低落的状态时，这种反弹就会出现又一轮压力，北京有轨电车的设计建造，就遭遇了类似的情形。

然而，排外思潮与固步自封是难以持久的，从对西式文明的"嗤之以鼻、奇技淫巧"到"纽约有的，北京也要有"，这种微妙的转变象征了一个时代的变革与递进。在此过程中，道路的铺设、通衢大道四通八达、香厂示范区的规划与建设、排放污水系统的整修、公共空间的开拓、现代供水系统的诞生、电力事业的举办、城市交通工具更新与电车的通行，大大加强了京华逐步褪去之后的城市品位，给那些向往者仍旧提供着极有"诱惑力"的物质基础。

士人对于文化流风余韵之雅致追逐与民众基于市井

生活的世俗向往，既有精神诉求也有物质享乐，文坛之风与民间之风相辅相成，逐步合谋同流，共同构成了雅俗共赏的城市京味底色。自然，京味的共享特征就不断催生与扩张，逐步成为城市的性格内涵之一。读书人除了使用文房四宝以外，还有笔筒、笔架、墨床、墨盒、臂搁、笔洗、书镇、水丞、水勺、砚滴、砚匣、印泥、印盒、裁刀、图章、卷筒等，荣宝斋文房四宝曾享誉士林。清人富察敦崇在《燕京岁时记·卖宪书》记载："十月颁历以后，大小书肆出售宪书"。文人多爱书，鲁迅在北京期间也酷爱搜集旧书，时常"疑其颇别致，于是留心访求，但不得；常维钧多识旧书肆中人，因托他搜寻，仍不得。"

新式报刊媒体与传统书籍共同构成了到京华去的"文化向心力"。近代藏书家伦明在《续书楼记》中曾经分析说："京师为人文渊薮，官于斯者，多由文学进身，乡、会试之士子，比年一集，清季变法，京朝官优给月薪，科举虽废，高级学校相继立，负笈来者尤众，以故京师书业甲全国"。[①] 到了民国时期，与时代风气相关的《新青年》《向导》《东方杂志》《小说月报》《禹贡》等报刊也风靡在京青年之中，往往是"清华园里观旧书、北大园里赏古玩、辅仁学校品西籍"，可谓一派文化兴

---

① 王余光、李东来主编：《伦明全集》，广东人民出版社2012年版，第240页。

盛的场景。

在旗汉分野尚未瓦解之时，宣南区是各省文人与应考举子的集散之地，并且分布着各类书肆与文房必需品，故而形成了南有琉璃厂书肆街、东有隆福寺书肆街，西有西单商场书铺、东有东安市场书铺四个古旧书市场主体，共同构建了北平鼎盛时期的古旧书业贸易格局，见证了北京旧书业最后的辉煌排场。胡应麟在《少室山房集》中记载：

> 凡燕中书肆，多在大明门之右及礼部门之外，及拱宸门之西。每会试举子，则书肆列于场前；每花朝后三日，则移于灯市；每朔望并下浣五日，则徙于城隍庙中。灯市极东，城隍庙极西，皆日中贸易所在也。灯市岁三日，城隍庙月三日，至期百货萃焉，书其一也。

民国时期北平的图书市场延续明清的特点，集中在以庙会与集市为主的琉璃厂及附近的厂甸一带，多为售卖文房四宝、线装书的古旧书店，成为文人学者频繁光顾之地。每逢旧历年关便是读书人至厂甸淘书的最佳时期。不少读书人每逢淘到中意之书，便如获至宝，在日记中记录品评。胡适在1931年2月间便多次至厂甸淘书，颇有收获。时任教于清华的朱希祖也喜欢到书肆海淘："至琉璃厂各书店阅书，购得书六七种。"据《钱玄同日记》记载,钱玄同仅在1928年1月20日至2月10日间,就前后13次到厂甸游逛,购得不少书籍①。北京旧书店、旧书摊在极盛时期,曾经一度发展到近400家。逡巡、徘徊和春风得意的士人,如纪晓岚、翁同龢、林则徐、王懿荣、吴大澂、康有为、谭嗣同、梁启超、李大钊、朱自清、鲁迅、周作人、胡适、郑振铎、吴承仕、黎锦熙、陈垣、傅种孙、沈钧儒、郭沫若、马衡、罗振玉、邓之诚、齐白石、张大千、于右任、陈师曾、林琴南、老舍、邓拓、吴晗、廖沫沙、翦伯赞、启功、白寿彝等人,都曾在北京的旧书摊、古玩店等地方留下足迹。

可以看出,北京旧书业自明清以来一直居于全国之冠,形成为北中国书业的一个中心。而其集散地,在晚明时为内城大明门之右、礼部门之外和拱宸门之西,清以来则先后崛起有慈仁寺书摊区,以及琉璃厂书肆街、隆福寺书肆街和上世纪中前叶的东安市场。至上世纪三十年代,更臻极盛②。当年在北平执教五年,就"购书逾五万册"的钱穆先生,在晚年于台北感慨回忆说:

> 北平如一书海,游其中,诚亦人生一乐事。至少自明清以来,游此书海者,已不知若干人。今则

---

① 胡悦晗:《1927—1937,北平读书人的生活剪影》,《同舟共进》2018年第1期,第84页。

② 此处旧书业内容参见了徐雁:《中国旧书业百年》,科学出版社2005年版。

此海已湮，亦更无人能游而知其乐趣者。言念及此，岂胜惘然！

士大夫的京风，除了娱乐之外，在于高雅与休闲。清末民初，北京的诗钟活动风靡一时，形成了一种文化的网络与象征，偶尔也谈谈国是、感慨时局。这是一种竞赛性的文字游戏活动，限一炷香功夫吟成一联或多联，香尽鸣钟，故而称为诗钟。往往采取"刻烛成诗"的办法限时，以细线坠铜钱系在线香上，线香燃烧到一定的时间，铜钱落在下面的铜盘中，铿然一响有似钟声，大家停笔交卷。①

陈衍在《石遗室诗话》中说："都下宴集相率为诗钟"。夏仁虎的《旧京杂记》中说："当时名流文酒之会率为诗钟"，北京地区先后成立了"萧鸣诗钟社"和"寒山诗钟社"，合计有将近500人，几乎是当时精英挥洒文采的重要阵地，宣武门外的广和居就是他们的出没之地。参加诗钟的人，许多都是京城名流，如"寒山社"社员中有王闿运、樊增祥、朱祖谋、夏敬观、严复、潘正声、叶恭绰、蔡乃煌、关赓麟、梁启超、夏仁虎等，都是历史和文坛上知名的人物。可见在清末民初，诗钟已经对北京的社会文化生活有相当的影响，成为一

---

① 王鹤龄：《诗钟的趣味与源流》，《中国典籍与文化》1995年第1期，第52页。

种文化象征。随着诗钟的文类及文学范畴的界定,晚清民初的士人将诗钟视为一个时代特别的文学类型,并且以传统的"变风变雅"说作为隐性的理论资源,从更广阔的文学和社会领域建立了一套独特的"游戏诗学"①。成为变局下特有的逸情闲志。

图6—7 梁启超

不过,文人的心灵自由在现实中充满了困境,在政治和社会的大变革中,诗钟活动很快消沉。在五四新文化运动之后,诗钟似乎带有旧的面孔,逐渐受到冷落,

---

① 潘静如:《时与变:晚清民国文学史上的诗钟》,《中山大学学报》2017年第4期;王鹤龄:《北京的诗钟活动和京味文化》,《北京政协》1996年第5期。

第六章 和乐交融：京味文化的和谐共生

但还有人爱好并组织朋友参见，诗酒酬唱。如民国十七年在京出版的《诗钟创格》一书，就刊印了翁偶虹的作品一百诗钟联。解放后张家驹在 1955 年组织"饭后钟"活动，有章士钊等人参加，写了很多佳作。近二三年钱荣先生办"晚香诗书画印研究社"，通过写诗钟练习写好律诗的诗联，有 40 余人参加，经常评比和刊印作品。士人以书会友、以书为媒、以文相交、谈论时局，联同旧书、古籍、文玩乃至衍生出的藏书诸事，成为北京的一个文化雅会。读书、喝茶、沙龙、采风与旅游，繁华僻静处遇知音、谈学术，如今也是一些知识人青睐的文化形式。

中国近现代史上许多著名人物，如孙中山、蒋介石、毛泽东、邓小平等人，皆与北京有不解之缘，无疑加强了北京的文化特征和政治符号，"进京赶考"也曾经作为一个历史性、时代性与政治性兼备的话语。

总而言之，北京胡同文化的封闭自守、和谐文化的多礼温和、旗人文化的满汉相融、没落贵族文化的幽默与找乐，虽不尽然是北京城市文化的根本和全部，但却从一个侧面彰显其时代特征与城市气质，为建构人与城、文学与城市的交错联系网提供了支撑。①

---

① 孙大萍：《京味文学中的胡同意象与胡同文化·摘要》，吉林大学硕士论文，2011 年。

小　结

京师，掌故海也，文化的过去就是文化未来的历史根基。每个人的衣、冠、文、物、食、住、行等事项，既是在特定空间里，也框架于所处的文化之中。对于京师来说，建筑上的严密形制与文化上的等级尊卑相互配合，互成系统，共同构造了京师秩序的礼法内涵。帝都的秩序森严，形制巍峨，内外有别，并且以城墙为隔离，划分出不同人等。在清代帝都，皇帝占据着紫禁城，贵族与八旗占据着内城，汉族官员和平民居住在外城前三门外。这些物象，是严谨而不好接近的。

北京又处于中原农耕文化、西北草原文化、东北森林文化、东面海洋文化的交汇点，这是北京成为中华多民族文化中心的枢机之所在[①]。在京味文化的交融中，农业文化、游牧文化、商业文化和海洋文化在历史发展中逐步一体并进，各个类型皆有所攫取。著名历史学家钱穆在《中国文化史导论》一书中纵论文化：大体文明文化，皆指人类群体生活言。文明偏在外，属物质方面。文化偏在内，属精神方面。故文明可以向外传播与接受，文化则必由其群体内部精神累积而产生。同时，钱穆又

[①] 阎崇年：《北京历史的文化感悟》，《光明日报》2012年9月11日，第012版，第1页。

第六章 和乐交融：京味文化的和谐共生

认为：人类文化由源头处看，大别不外三型，一是游牧文化，二是农耕文化，三是商业文化。可以说，到了清末民国时期，这三种甚至超越了三种之外的多重文化类型，基本得到了很高程度的弥合和交融。

晚清民国北京的文化分野和新旧思潮的离合互动，在京味文化的展演中逐步合流，构成了丰富多彩的城市生活和民众心理。很明显，对于漫长的历史进程和社会变化来说，居京个人的经历与感想往往如同浮萍之于汪洋，随着时间流逝意义日减、直至湮灭。而对于京味的传承而言，却是无法规避的历史纪念。令人欣喜的是，全球化的普遍性文明尚未能全然击退这座城市厚重的历史记忆。

毕竟，文化低落和不被重视的代价就是成为固态的遗迹，而失去了曾经的灵魂活性。诚信重礼、通达自在、雅俗共赏与和乐交融的京味文化，在历史的光影之中展现出文化形成的大致脉络与市井特征。那么，京味在新时代应该如何依存呢？

第七章　传统之后：京味文化的传承建构

城市的高速发展，本身既蕴涵着无限的机会，也面临着诸多的挑战，同时不可避免地带来了利益分配与社会资源的重组。如果投射到文化层面，那就是文化的多元性、多方向性乃至多极性，不断在进步与变革之间维持着传统与现代联结点的动态平衡。这种思路预示的是：文化的发展模式、文化的活力以及文化带来的建设功能，无法被漠视为可有可无之物，反而是经济升级之后的首要诉求。

1980年之后，北京变革日新月异、愈发国际化，老北京味也相应淡化。然而耐人寻味的是，光影魔幻的现代化进程背后，接近怀旧的"文化古城、故都风情"呼唤，则反映了物质丰盈之后人们对文化资源的强烈渴求。即使在大量西方元素、现代经济元素进入城市角落的背景下，京味的价值仍是传承久远的。作家王一川曾经有一个雅致的定义："京味的味是一种故都流兴，也就是故都北京在现代衰颓时散溢的最后的流兴"①。

走进新时代，心情豪迈，万象更新。2008年，北京举办了奥运会，许多外国友人惊叹自己体验了京味生活、京味品质和京味享受，来自德国的游客彼得和西蒙娜夫妇在什刹海大金丝胡同的一座四合院里暂住，古朴的四合院、团花的剪纸、雕花的"卧龙榻"，他们靠着石榴树、坐着小马扎、喝豆浆、吃油条，白天看比赛、晚上听京剧。诸如此类，使得京味再次有了一些"洋气"。在京津冀一体化发展的战略中，北京作为最核心的城市——当然不仅是政治经济的核心，也应该是文化的辐射核心。

第一节　传承京味与重回原乡

文化兴，则国家兴；文化衰，则国家衰。如果把城市文化理解为一个静态的过程，那么我们是难以触及文化变革过程中的风雨沧桑的；但是如果仅仅看到了城市文化中动态跃动，又可能会落入只见当下不识过去、喜新厌旧的窠臼之内。社会历史的发展是由普罗无数的个体组合而成，更多是一个复合连续的过程，延伸至当下，伸展到未来，形成互动的格局，文化过程亦复如是。在

---

① 王一川主编：《京味文学第三代：泛媒介场中的20世纪90年代北京文学》，北京大学出版社2006年版，第7页。

京味文化演变的百多年中,中与西、传统与现代、中央与地方等复杂的历史内涵,共同构成了京味的底色与传承的前提。有学者在谈及北京文化之时,已经涉及文化传承的路径问题,"城市的文化传承与更新,包含两个基本的方面,一方面是城市的建筑景观与风貌格局,另一方面则是城市的人文情态,即包括城市人的生活态度、行为特性、人际关系。前者是建筑—物质层面的,后者是精神—行为层面的"①。

追溯历史的价值在于展望未来,总结京味的历史演变与特征其意义不在于怀旧或回归古典,而在于京味文化蕴含的无限传统资源和新时代文化建设的京味依据,借此实现古今之间的协调并进,合理编织起京味的图景。如何传承、建设、消费与重塑京味,需要从历史中探寻,也需要在当代中超越。不可回避的是,近代中国社会的变革太剧、文化式微,各类新事物层出不穷,"有京无味"的残酷现实令不少有传承情怀的知识人颇多忧虑。无可置疑,北京在走向世界城市的步伐中,文化软实力无疑是重要的组成元素。目前,京味特色不是成风,而是京味文化确实失落。

京味元素已经成为北京文化的象征,文化转型又深刻地诠释了动静之间的融汇与平衡。京味文化兼具东西

---

① 陈来:《北京现代城市文化的传统与变迁》,《读书》2010 年第 9 期,第 3 页。

第七章 传统之后：京味文化的传承建构

特质，又在传统与现代资源之间双向汲取。从16世纪开始，各类奇异陆离的西器东传与分门别类的西学东渐，欧罗巴与亚细亚之间，跨越藩篱，在北京这个传统时代的大都会建构起了东西文明交流的空间界域。在长时段的文化演变与历史融合中，合东西为一体，呈现出不分彼此的京味文化，包含极广。如今，京味"在民间音乐、民间文学、民间舞蹈、传统戏剧、曲艺、民间杂技与竞技、民间美术、传统手工技艺、传统医药、民俗中都有所涉及，是中华民族智慧的结晶，具有重大的历史传承价值"[①]。2006年6月2日，文化部公布首批518项国家非物质文化遗产名录，北京有13项晋升"国家级"，琉璃厂的厂甸庙会和荣宝斋木版水印技艺也名列其中。

重回旧里家中居，童谣漫唱一家欢喜。京师风华转变为都市北京，城在变人亦变。松柏森然，古色古香不再重现，也会涌现出怀念京味的声音。寸土寸金是当下北京人对于北京的一个初步印象，物价昂贵，居大不易。从民国开始，北京已经形成了各民族、各阶层混居，百业杂处的城市格局。曾经繁荣的街市，日趋复兴和超越，2008年前门大街改造正式完工，就是一个例子。今天，漫步于北京街市，全球化的气息扑面而来，如爱慕、美特斯·邦威、李宁等民族品牌以及瑞典的H&M、西班牙

[①] 董晓莉：《"京味文化"走出去，提升国际文化影响力》，《北京观察》2013年第3期，第26页。

的 ZARA、日本优衣库、瑞士斯沃琪、美国星巴克、哈根达斯、新百伦、新元素餐厅、澳大利亚 M 餐厅等众多国际知名品牌都将入主前门大街。

　　整体来说，所谓老北京文化或京味儿文化是多民族、多地域的文化经过长期相互交融而形成的，由于其形成的历史大背景是延续数千年的中国古代农业社会，因此，老北京文化或京味儿文化，属于古代城市中的帝都气派、皇家情趣和市井民俗的综合表述，其性质是古代的，而非现代的[①]。沉湎于逝去的城愁或许不太可取，但是面对街道上的熙熙攘攘与社会经济的勃勃生机，一些老北京人不免慨叹。从近百年的光环四射到暂时性坠入"深渊"，渗透于平民阶层的京味文化，诉说着人情冷暖与世态炎凉，四合院文化也"被挑战、被碰撞、被诱惑、被瓦解"[②]。有人对京味的淡化言语中颇显惆怅："安乐居已经没有了，房子翻盖过了，据说现在那儿是一个什么贸易中心"。难免，庙会"味道"淡了、京味传承远去了、老北京人少了，甚至连不那么高雅的"京骂"也逐步销声匿迹，是人们面对急剧变革时代的朴素呼唤。在传承层面，缺乏强大而统一的品牌、缺乏优质内容与表现形式的创新、缺少京味人才、规模小、认同度不足

[①] 张宁：《"人文北京"：老北京文化的延续与发展》，《海内与海外》2009 年第 8 期。

[②] 吕智敏：《在传统与现代的文化变奏中开拓新的审美空间——转型期陈建功的京味小说》，《北京社会科学》1999 年第 2 期，第 81 页。

和滞后性等问题也是比较迫切的。勾勒京味的谱系与影响，对于传承京味意义深远。京味在不断淡化是一个事实，崔岱远作为一个地道的北京人，感慨道："从崇文门沿兴隆街往西一路走来，胡同里没有了喧闹的菜市，没有了在院门口看晚报的大爷，没有了跳皮筋儿的小妞儿，没有了同仁堂里飘出那熟悉的中药味儿，冷冷清清的，感觉是那么陌生"。① 老北京是知识人笔下的"常客"，诗人黄离在一首叫《隆福寺》的小诗中写道：

> 穿越这条小街，如同穿越自己卑微的灵魂，
> 我们历数真真假假的老字号，
> 却从未找到传说中的寺庙，
> 这条枯荣参半的老街，不足以见证，一个都市沧桑的历史。

京味的内在价值众所周知，但是在流行文化和极富诱惑的快餐文化导引下，京味的吸引力不免门庭冷落，城市文脉出现某种传承与断裂的危机。生活压力大，北京寸土寸金，也使得现代人对于北京有了不少恐惧感和疏离感。一些颇具京味的胡同庙宇，甚至断壁颓垣，荆棘丛生，这一忧虑与城市化的高速发展不可分离。当今

---

① 崔岱远：《北京，我的故乡》，《光明日报》2007年6月26日，第012版。

城市建设中普遍存在着形象趋同、缺乏个性的现象，富有特色的城市街区、建筑正被标准化的开发吞噬，优秀的地方文化、特色正在城市更新改造中消失。城市景观趋同，建筑失去特色，生活节律基本同一而失去了地域的"可辨识度"，使得京味发育的空间受到极大的影响。

"每条胡同都有自己的说头，每条街道都有自己的故事"，早在20世纪初期，流寓北京的文人雅士和革命者，都对北京不吝赞美。曾有一位叫萧远的市民，写了《都市整理谈》一文，号召政府应保存京城文化："恐岁久而渐灭无余，彼时悔益且无及也"。在20年前，作家萧乾在《人民日报》上发表了一篇文章，称"该有座北京市的博物馆了"。理由很简单：今天，年轻的市民连城墙也未必见过。他们可知道民国初年街上点的是什么路灯，居民怎么买井水，粪便如何处理，花市、猪羊市、骡马市，当年是个什么样子，东四、西单还有牌楼？这确实也是京味失落的一面。[①]

无论是在文学还是历史话语中，京味文化往往是现代、都市与古朴、乡愿二元描述并存的。与中国近代历史的大转型类似，京味文化显然也处于一个明显的变革时期。可以说，历史上的京城心态、京城形象与京城风情，建立在蕴含京味的社会生活之中，展演于各个阶层民众的民俗传承过程，从而凝练于饱含京味的文艺作品

---

① 刘一达：《京味文化何去何从》，《北京晚报》2004年10月26日。

与文化实践之内。如今,京味不仅可以通过小说、影视剧、话剧等艺术形式走向文化市场,又可以凭借商品的形式出于餐厅、酒店、商场、景点。不可否认,当下的京味文化已投入消费文化的怀抱,成为一种商业文化品牌①。

　　京味文化需要传承,也必须传承。2017年10月18日,习近平同志在十九大报告中特别强调,中国特色社会主义进入新时代,我国社会的主要矛盾已经转化为人民日益增长的美好生活需要和不平衡不充分的发展之间的矛盾。从乡愁到城愁,是对京味文化如何传承与建设的情感忧虑。京味在现实中不是某个货真价实的商品,而是一种文化情怀,难免不断淡化,冯小刚执导的电影《老炮儿》,主人公作为地道的老北京人,就不免在面对现代快节奏的生活下显得无所适从,对之前老北京的生活非常怀念与向往,颇具江湖气息与快意恩仇并最终悲壮完成了对过去生命模式的回归——然而,电影情节毕竟仅仅是电影话语。

　　经济要素的多样驱动着城市的多元扩张,经过百多年的变迁,特别是改革开放以来,北京由一个古意盎然的历史文化名城,摇身一变成为了一个混合着东西方文化的不同调性和难以看清面貌的巨型都市。新一代在这里生活的人大都无缘知道它以前的样子,社会生活的样

---

　　① 何明敏:《现代性语境下的京味文化》,《文学与文化》2014年第4期,第119页。

貌也更改得面目全非，人们说话做事的方式，甚至习惯性微露的表情都产生了不可逆转的变化。

梁思成曾对北京的建筑事业如此之论：在城市街心如能保存古老堂皇的楼宇，夹道的树荫，衙署的前庭，或优美的牌坊，比较用洋灰建造单小简陋的外国式喷水池或纪念碑实在合乎中国的身份，壮美得多。且那些仿制的洋式点缀，同欧美大理石富于"雕刻美"的市心建置相较起来，太像东施效颦，有伤尊严。因为一切有传统的精神，欧美街心伟大石造的纪念性雕刻物是由希腊而罗马而文艺复兴延续下来的血统，魄力极为雄厚，造诣极高，不是我们一朝一夕所能望其项背的。实际上，移植性的城市改造所具有的难度反倒提醒我们将目光投向本土的文化资源，遍布北京大街小巷的名人故居，是一个历史符号，在传承中也可以融入城市文化之中，具备了遗存的价值。因此：

> 悠久的历史和博大精深的文化，决定了中国建设世界城市的发展模式不是复制一个伦敦，再造一个纽约，更不是克隆一个东京和巴黎，而是要以深厚的中华文明沉淀为依托，吸收融合世界先进文明的成果，建设具有鲜明的民族特色、独特的人文魅力、丰富的文化内涵和高尚的文化品位的世界城市。[①]

[①] 《文化软实力：北京走向世界城市之路》，《光明日报》2010 年 3 月 5 日。

第七章　传统之后：京味文化的传承建构

北京文化中也有惨痛的历史要素和具备爱国教育的功能。1900年八国联军侵犯北京之际：城破之日，洋人杀人无数；但闻枪炮轰击声，妇幼呼救声，街上尸体枕藉。根据英国人的记载说：北京成了真正的坟场，到处都是死人，无人掩埋他们，任凭野狗去啃食躺着的尸体。八国联军亦侮辱妇女，任意蹂躏，"尝将其所获妇女，不分良曲老少，仅驱诸裱褙胡同，使列屋而居，作为官妓。其胡同西头，当经设法堵塞，以防逃逸。惟留东头为出入之路，使人监管，任联军人等入内游玩，随意奸宿。"许多普通民众，被侵略军百般侮辱而死或含冤自尽。[①] 牢记历史、不忘耻辱，这些过去的历史与革命文化、红色文化也是一脉相承的。饱受凌辱和国力不举，在当代逐渐成为不真实的历史。回忆永远是在事物已经成为既定的、不可逆反的过去之后而最终形塑，那么这种回忆就不仅仅是对过去的省思和丝毫不差的复制，更是一种话语的转折了。这也是强调不能忘怀的原因，并非是单一的民族情怀，而是根植于对京味的传承角度——爱国主义、革命教育和红色文化也是不可缺位的。

当然，原乡传统的"田园牧歌"与都市狂飙的现代"狂想曲"之间，其实也不是一个二元的对立，仅仅是一个面临文化因革的困境与彷徨。总之，要实现传统空

---

① 陈骁黎：《一口气读懂明清史》，民主与建设出版社2010年版，第277—278页。

间与现代空间的有机衔接,因为现代空间、未来空间,并不都是叠加在传统空间当中的。也就是说,传承京味文化与历史文脉应该达到三个境界:一是要让首都市民特别是老北京能够找到记忆中的老北京;二是能够品味到新北京中的老北京味道;三是能够感受到新北京与老北京的有机融合、交相辉映。①

第二节　建设京味与政策导引

历史本质是人的活动史②,在各类目标之下,框架与塑造着人生活的多元性,文化模式也次第建立。以京味为核心的北京城市文化之确立,是中国近代首都历史发展中的一项重要进程。它不仅决定了北京文化发展的基本走向与趋势,更通过各类文化载体塑造着人们对于传统与现代的认知,在某种意义上奠定了民众社会生活的重要内容与价值取向。

京味文化的发展,有其自然的演进规律,也离不开政策的导引要素。众所周知,传统中国城市的发展,由于受制于生态环境、地理交通等因素,城市空间与文化是自然形成的,这使得中国各城市呈现出其结构面貌、经济功能、地方官吏、生活方式、风俗习惯等方面的复

---

① 《传承历史文脉是可持续发展的重要基底》,《北京日报》2014 年 5 月 5 日,第 019 版。

② 《马克思恩格斯文集》第 1 卷,人民出版社 2009 年版,第 295 页。

杂性，形成了丰富多彩的地域文化。北京悠久的历史、核心的政治格局、硕大的城市体量、复杂的社会结构与人口结构、便捷的交通和通信网络、从清代相对统摄型的一元文化走向开放型文化体系，在京师—北平—北京的历史演变中，展现出独特的张力，也给城市文化建设提出了难题。北京作为我国的首都城市，在生产方式、生活方式、发展方式等方方面面都具有一定的示范性①，领全国风气之先。1924年，瑞典学者奥斯伍尔德·喜仁龙在其《北京的城墙和城门》一书中写道：

> 建设一个什么样的首都，怎样建设首都。

这是一个非常严峻的问题，但是包含于首都建设之内的文化建设很难毕其功于一役。京味文化的建设，不能局限于京味色彩的本身，更应从传承主体和社会适用性角度来审慎思考，才是意义与价值所在。京味文化建设的主体，需要有一个核心的认同群体。在明清时期，有功名身份是文化建构的驱动力量。由于时代转型和整体性的思想变动，在1911年之后地方文化精英的威望类似于中央权力的堕落过程，许多有学识、有品格者或不在乡，或不愿屈就，而城乡中庄农、殷实之户不敢为之，

---

① 连玉明：《先进的城市文化与北京精神》，《北京日报》2011年11月7日，第019版，第2页。

使得原有的权力分配关系发生变化,"四民之首、一乡之望"的地位迅速消沉,甚至演变为"平民之公敌",原本作为中坚力量和文化代表的精英走向了命运的终结与不幸的归宿。

城市中文化精英的消退,造就了民国时期京味色彩的暂时性瓦解。如今的"北漂"也成为京味的有机组成部分,成为一个数量庞大的新式精英。文化还乡成为多元结构和思潮中知识阶层相对恒定的诉求,也就是这部分人需担负起承袭与接续文明的角色。在北京追逐梦想的人,纵然蜗居,或许也有怨念,但是对北京却是又爱又恨。京味文化的建设,对人才的要求更高、更迫切,不仅需要一大批能够传承京味文化的专业人才,而且还需要一大批具有宽广视野,既能领悟京味文化内涵又熟悉文化市场运作规律的复合型人才。因此,必须实施价值共建,发挥政府引导、高等教育机构、市场驱动和自我认同等多方面的优势,流转北京其上的人文之韵才能延绵不绝。

地域特征与文化特质交融,是目前文化建设的两个路径。也就是说,既要突出地域性,也要提高普适性。北京文化文源深、文脉广、文气足、文运盛[1]。先进的文化理念是经济发展、社会进步最重要的动力之一。健

---

[1] 《中共北京市委关于发挥文化中心作用加快建设中国特色社会主义先进文化之都的意见》,《北京日报》2011年12月26日,第001版。

康的文化是软实力,也是新精神面貌。作为一种文化特质的京味文化,建设京味不仅关乎北京市民的幸福感与文化深度,也是新时代文化建设的必要路径和题中之意。在目前社会价值多元化、思想多变化和环境多样化的背景下,深刻把握现代化建设规律和城乡关系变化特征,顺应时代潮流,接受文化底蕴与改造文化环境是一个双向的过程,对"京味文化"建设情况做出一个策划,凸显京味存在感,是一个极为重要的历史任务。

图7—1 1900年以前各国驻京使馆一览表

国家	建立时间(年)	地址
英国	1861	东交民巷北侧,御河西,原梁公府
法国	1861	台基厂南口,东交民巷路北,原纯公府
俄国	1861	东交民巷北侧,御河西,英使馆南,原俄罗斯馆
美国	1862	东交民巷路南,御河西
德国	1862	东交民巷路南,洪昌胡同西
比利时	1866	崇文门内大街路东
西班牙	1868	东交民巷路北,中御河桥东
意大利	1869	东交民巷路北,台基厂南口东拐角
奥匈帝国	1871	东长安街路南,与堂子隔路相对,台基厂北口东
日本	1872	东交民巷中段路北,法国使馆西
荷兰	1873	东交民巷西段路南,巾帽胡同

现代化的都市生活,人们面临着三大问题。第一是传统与现代的转型过程中的文化失落感,特别是长期生

活于某一空间和社会环境中的人群；第二是追求个人自由和社会发展的契合度问题，随着城市的高速发展，物质基础短缺已经成为过去，但是对于个人自由与发展深度的方向却存在一些不匹配；第三是各类城市病、城市发展中不协调投射于个体的生命脉络中，共力形成了心理上的不平衡，欲望、财富乃至阴暗面发轫于由资本运作的社会运作机制之中。以上三大问题，构成了都市文明的另一面。

近代北京经历了城市规划建设思想从"全盘西化"转向"中西融合"的过程①。在当下北京的发展契机中，跟随北京城总体规划和国家战略，提高京味的质量，是可行路径之一。1990 年代，在《北京城市总体规划》中提出了历史文化保护区保护的层次与规划，1999 年《北京旧城历史文化保护区保护和控制范围规划》公布实施，重新认定了旧城区第一批 25 片历史文化保护区的保护范围和控制范围，陆陆续续又推出第二批与第三批，接近 50 片，例如前门—大栅栏历史文化保护区就是首批。2017 年 9 月 29 日，《北京城市总体规划（2016 年—2035 年）》公开发布，明确提出北京的一切工作必须坚持全国政治中心、文化中心、国际交往中心、科技创新中心的城市战略定位，履行为中央党政军领导机关工作

---

① 王亚男：《城市规划思想在北京的近现代化》，《北京规划建设》2010 年第 5 期，第 119 页。

服务,为国家国际交往服务,为科技和教育发展服务,为改善人民群众生活服务的基本职责。

同时,在《北京城市总体规划(2016年—2035年)》中要求,努力做好历史文化名城保护和城市特色风貌塑造。构建涵盖老城、中心城区、市域和京津冀的历史文化名城保护体系。加强老城和"三山五园"整体保护,老城不能再拆,通过腾退、恢复性修建,做到应保尽保。推进大运河文化带、长城文化带、西山永定河文化带建设。加强对世界遗产、历史文化街区、文物保护单位、历史建筑和工业遗产、中国历史文化名镇名村和传统村落、非物质文化遗产等的保护,凸显北京历史文化整体价值,塑造首都风范、古都风韵、时代风貌的城市特色。重视城市复兴,加强城市设计和风貌管控,建设高品质、人性化的公共空间,保持城市建筑风格的基调与多元化,打造首都建设的精品力作。

在清代至民国,保定是北京的文化辅助城,天津是工业和军事辅助城,承德是政治分中心,张家口是商业辅助城,京津冀之间本就相互依存。京津冀一体化是中国国务院总理李克强在2014年3月5日做政府工作报告时指出的方案,目的是加强环渤海及京津冀地区经济协作。2014年2月26日,习近平总书记在听取京津冀协同发展工作汇报时强调,实现京津冀协同发展是一个重大国家战略,要坚持优势互补、互利共赢、扎实推进,加快走出一条科学持续的协同发展路子。京津冀是中国的"首都圈",包括北京市、天津市以及河北省的保定、唐山、廊坊、沧州、秦皇岛、石家庄、张家口、承德、邯郸、邢台、衡水等11个地级市。其中北京、天津、保定、廊坊为中部核心功能区,京津保地区率先联动发展。

在各类要素协同中,逐步形成一核:北京,双城:北京、天津,三轴:京津发展轴、京保石发展轴、京唐秦发展轴,四区:中部核心功能区、东部滨海发展区、南部功能拓展区和西北部生态涵养区,多节点:包括石家庄、保定、唐山、邯郸等区域中心城市和张家口、承德、廊坊、秦皇岛、沧州、邢台、衡水等节点城市,两翼:北京城市副中心、河北雄安新区的新格局。

京味文化既体现于物质建设中,也体现于精神财富中,其分布、组合和发展在地域内存在复杂的相似性和差异性,这提示我们的是物质建设与精神建设的双轨并进才可以更加有效地开展京味文化的建设工作。社会各界需要以更开阔的视角不断挖掘历史文化内涵,扩大保护对象,构建四个层次、两大重点区域、三条文化带、九个方面的历史文化名城保护体系。做到在保护中发展,在发展中保护,让历史文化名城保护成果惠及更多民众。北京是一座历史悠久的城市,承载着古老文明意识的历史遗迹随处可见,应该充分利用并合理规划,根据《北京市总体规划(2016年—2035年)》的要求:

1. 加强老城、中心城区、市域和京津冀四个空间层次的历史文化名城保护。

第七章 传统之后：京味文化的传承建构

2. 加强老城和三山五园地区两大重点区域的整体保护。

3. 推进大运河文化带、长城文化带、西山永定河文化带的保护利用。

4. 加强世界遗产和文物、历史建筑和工业遗产、历史文化街区和特色地区、名镇名村和传统村落、风景名胜区、历史河湖水系和水文化遗产、山水格局和城址遗存、古树名木、非物质文化遗产九个方面的文化遗产保护传承与合理利用。

作家的笔触总是柔情的和怀旧的，崔岱远对四合院评价极高："北京的四合院是诗意的，不仅在于它的景致，还在于不出四合院就能品尝到四季的美味。让居住在都市里的北京人也能生活在田园诗般的情韵里"。[①] 但是，对于京味文化中一些不符合时代发展甚至糟粕的内容，也要不断剔除。唯有结束的告别，才会有全新的开始。正如晚清知识变革的矛盾与踌躇，变革与转型下的历史对古老城市的改造和侵蚀，几乎是一个时代的缩影。西学笼罩下的京师与抱残守缺不愿改变的士人一样，充满了无奈与彷徨，京味形成是一个富有张力的过程。

1978年十一届三中全会召开之后，文化事业如同其他行业一样，迎来了大发展、大繁荣时期，而社会呈现出

---

① 崔岱远：《四合院的"滋味"》，《新华每日电讯》2011年11月25日，第016版。

的活力与精神，更为京味文化的勃兴与创新提供了良好的环境与机遇。打造京味"支柱产业"，塑造京味品牌，建设京味创意栏目，探索北京不同文化产业领域中深度需求的特征、形态与可激发性途径，将诸如艺术产业、非物质文化遗产品牌、旅游产业、影视戏剧产业、教育产业和民俗文化产业有机融合。准确把握当前北京文化发展现状，展望今后北京文化发展态势，以城市文化为入口，透过京味，不断延伸。

一些富有京味的文艺活动再次复兴，"北京天桥小年文化庙会已经不仅仅是在推广北京曲剧，更多的是在做一个宏观的北京文化的概念，老北京的文化和北京曲剧是相辅相成的，只有在整体的北京文化中考量北京曲剧，我们的剧种才会更好地发展。希望京味儿文化能够深入人心，老百姓不仅喜欢北京曲剧，更能接受和爱上北京文化，感受到北京文化的魅力"①。总而言之，追寻文化根源、重视传统民俗、打造京味品牌，其实也是北京文化建设的必要考虑。即，要弘扬先进文化，增强京味文化创造活力，推动文化事业全面繁荣、文化产业快速发展，不断丰富人民精神世界、增强人民精神力量，不断增强文化整体实力和竞争力，使得北京真正具有"文化梦"的内涵。

---

① 本报记者·高艳鸽：《"老北京文化和北京曲剧是相辅相成的"》，《中国艺术报》2017年1月13日，第004版。

城门不在，人亦变幻不居，人们对于原乡城愁的追寻是没有止境的。定居法国的瑞士籍诗人菲利普·雅各泰曾经写道：正如我在生活里是个异乡人，我只和你说一些奇异的语词，因为你也许会是我的国度。我的春天，麦秸和枝丫里的雨滴搭的巢。北京文化的低迷，许多怀念过去的知识人成为心灵上的"异乡人"。著名诗人北岛在《城门开》的序文里面写道：要用文字重建一座城市，重建我的北京——用我的北京否定如今的北京。实际上，如何从"我的北京"建设为"我们的北京"，提高文化认同。最终达到：何处有"我的归宿"？那么，北京就有"我们的归宿"。

唤起过去，回到当下，让京味走进社会，让社会有曾经的"京味"，从而认同北京，重回原乡，这是建设京味的最终鹄的，也是消费与重塑京味的前提动力。

第三节 消费京味与重塑认同

城市是一个放大镜，拓宽了构成城市所有要素的图影。京味是一个折射镜，分解出生活中五光十色的"色彩地带"。这些色彩，有的还活跃于北京的舞台，有的则已经尘封于老旧的坟籍之内。从历史的角度来说，很多趋势虽然可以追根溯源但有时候偶然太多，没有绝对的道理。很多文化要素的消逝是一种必然，饱含怀旧与深情的人们却总希望能够挽救。因此京味文化的消费与重塑，也是如何传承与建设的最终目标与必要路径。

传统的消退是一个必然，同时新式文化要素登上历史舞台也构成了重塑传统的现实价值，消费京味与重塑认同之后，存在着内在的机理也是一个具有操作性的可行路径。丰富的文化市场资源，较为健全的文化市场体系，庞大的文化消费群体——作为全国文化中心，北京拥有不可比拟的文化优势，文化消费拓展空间巨大①。博物馆里的文物、墙上的艺术品、卷帙浩繁的文明成果这些都不匮乏。作为京师的帝都，并非没有"打盹"的时候，京味文化的隐然发育，流淌着市民日常生活的细流，更孕育着社会变迁的种子。我们或许无法复制百多年前都城的风物图景，却仍然可以在历史遗迹、文献记载和文化传承中体悟到京味特质演进中多种力量的较量：争夺与妥协，保守与激进，就是在多重合力之下，民国北京的文化象征与生活功能逐步取代了都城功能。按察历史、感受文化与生活在北京，在各类消费与重塑中，京味具有了新的面孔与内涵，或许也正是不断的螺旋式变动下，才在激荡与曲折的近代社会中得以脉延，这就是京味魅力而蕴涵丰富之处。

民国时期北京的高等教育机构林立，虽然1927年之后不再是首都，但在教育方面仍有关键优势，拥有北平

---

① 本报记者·温源：《激活文化消费北京应带什么头？》，《光明日报》2013年9月17日，第016版，第1页。

大学、清华大学、燕京大学等著名高校，被国际人士称为"中国的波士顿"。也正是这一时期，京味文化有一个文化氛围的依托。当代北京的教育设施完善程度远远大于民国时期，需要有效地发挥这一优势。民国三十六年（1947年）国民政府主计处统计局公布的统计资料，北平市人口为167万2438人，城市人口的数量已经具备了强大的消费动力。目前，文化消费在北京社会消费品中所占比重与首都全国文化中心的地位并不相称。让文化消费成为一种习惯，成为一种生活方式。或许，那种文化消费疲软的现象可以不断改变：

> 有人花很多钱去吃喝都舍得，但是去买一张票看电影却不舍得，提升文化消费的关键是培育居民的文化消费观念。同时政府要提供多样化平台，让老百姓更多享受文化消费的优惠、享受文化产业发展的成果，满足他们的需要，就是政府搭台，老百姓唱主角。①

没有消费的京味毫无疑问是没有持续动力的。京味可以作为撬动文化消费的支点，促进文化消费，也是加快转变首都经济增长方式的重要支撑。追踪这样一个形

---

① 本报记者温源：《激活文化消费 北京应带什么头？》，《光明日报》2013年9月17日，第016版，第2页。

成过程与呈现出的主要特点,会发现不少多元变更的图景。不过,对于城市化带来的诸多负面影响,也应该给与关切。民国时期陶孟和在《北京生活费之分析》中就以消费能力为标准,把北京市民分为上户、中户、下户、次贫户、极贫户①。毫无生活之资和仅仅温饱之人占据大多数,几乎剩不下一分钱来购买谋生以外的其他东西,教育、消遣、艺术、娱乐以及其他现代生活方式完全与他们绝缘。② 一叶落而知秋,民国时期这种阶层的分化其实既是一个历史问题,也是一个现实问题。京味文化的消费,离不开大多数人的认同,京味文化的重塑,也与经济基础相辅相成。

连续性与传统性、继承性与断裂性、现代性与趋新性,在北京这个文化熔炉中都有体现,也恰恰是社会复杂转型过程的文化挣扎与具体面相。确实,城市不仅仅是一个空间集聚的实体,也是一种社会文化的生态系统。京味是流动的历史,历史蕴含着动态的京味。不少恪守传统京味的知识人指责"商业的铜臭",但其实消费京味不仅是市场的必然,也是京味升级创新的必经之路。当人们不再满足于物质的获取,而寻找精神的皈依与认同之时,京味便显示出某种不可替代性。我们可以评判,

---

① 陶孟和:《北京生活费之分析》,商务印书馆1930年版,第7—8页。

② 史明正:《走向近代化的北京城———城市建设与社会变迁》,北京大学出版社1993年版。

第七章 传统之后：京味文化的传承建构

伴随着传统文化的衰颓，拜金主义、自由主义等不良习气也侵蚀着城市的机体和纹理，构成了现代化过程中一些不和谐的因素。但是，过去是一个难以摒弃的历史资源和城市病的良药，杨澄在《老北京梦寻》中写道：

> 房子再破、院墙再烂，那也是养育过一家几辈人的热窝窝——人死了，家败了，只要那对石门墩、那扇破木门还在，亲情记忆就浸透在砖头瓦块里；少小离家老大回的游子，只要一步迈进这梦中的四合院，那颗破裂的心，就可以神奇地愈合①。

在人口急剧流动的过程中，人头攒动，本土居民逐步边缘化，而边缘群体的"所在地化"，造就了某种文化失落。在现代化和城乡已然背离的热潮中，"土著"与"外来户"似乎都呈现出文化认同的失落与无力感。也就是说，应该让北京人说北京话，用北京话叙述北京的故事，描绘北京的风物，提高京味的自主发育性。很明显，京味新气象因何而来，需要重塑。保持市井风气，是京味维系的重要方式。至今，潘家园旧书市场、报国寺旧书市场、北大旧书市场、五道口旧书市场、鲁谷路综合市场、城南旧货市场等地仍保持着旺盛的生命力。不仅如此，星罗棋布的胡同以及老小区，也能见到书贩

---

① 杨澄：《老北京梦寻》，北京大学出版社 2014 年版，第 70 页。

惬意的摆开旧书,享受日浴的闲情与风雅,维持着小圈子的精神家园。

京味从古代向现代的变革与跨越,开始于晚清城市文化的消长与西方文化的来临,完成于民国年间,寻找这个嬗变轨迹也就找到了京味现代化的资源与依据。如今,京味相对式微而比京味有活力的新物质、电光石火等文化形态日益繁荣,给京味的传承、建设带来困境,也更加突出了京味重塑的重要性。文学作品亦是京味重要的载体之一,是一种文化脉络与历史传承的直接表达,也标识着民族文化最内在、最深厚、最根本的发展轨迹。在诸多"京味儿"小说家里,老舍最有代表性。他笔下的大小杂院、四合院、胡同、市民风俗和北京生活,具有一种京味的活性和现场感,极具文化情趣,而诸多生于斯、长于斯,有叙述冲动的老北京人,也陆陆续续用笔触来描绘京味曾经的图景。而当今浮躁世风之下,优秀的京味作品,则出现了某种断层。

很显然,加强文艺作品和影视媒体的传统作用,也是消费和重塑的重要方面。据舒乙统计,老舍作品中提及的240多个北京的山名、水名、胡同名、店铺名,有95%以上都是真实的[①]。在老舍的影响下,苏叔阳、李龙云、蓝荫海等剧作家续写胡同里的故事,如《有这样

---

① 刘勇、李春雨:《"京味"、"京派"与现代文学的文化资源》,《社会科学研究》2007年第1期,第7页。

一个小院》《左邻右舍》《小井胡同》《旮旯胡同》《北京大爷》等。新世纪初,更有优秀作品如《金鱼池》《万家灯火》《北街南院》《东房西屋》《海棠胡同》等剧本问世,兼具正统与诙谐,王朔也成为京味与大院文化的代表人物。

图7—2 民国时期中央公园

民国时期,周作人在《北京的茶食》一文中曾描述他走在西四牌楼南,"望着异馥斋丈许高的独木招牌而神往那模糊阴暗的字迹,又引起我一种焚香静坐的安闲而丰腴的生活幻想。"① 固守传统与融会中西,不仅是近代知识人纠结的文化命题,还是作为生存空间的城市与乡村所面临最重要的适应性问题。上海开风气之先,北

---

① 周作人:《雨天的书》,北新书局1935年版,第65页。

京似乎略显滞后，但是这种慢节奏却恰恰是传统与现代之间一种微妙的张力，规避了矫枉过正的文化焦虑。西方新潮的文化，遇见了最"古董"的城市，在近代北京上演了一处活话剧，呈现出转型时代特殊的时代景观。

确实，文学一方面作为记忆存储的媒介，可以使焦虑的人们在"怀旧"中暂得本体的安全感；另一方面文学所具有的"创造世界"的功能，可以使想象幻化为真实，这无疑是型构新文化认同的有效方式①。京味文学的一个很重要的特点来自于它不仅仅是可视的文本，同时也是可读可感知历史场景。有人就认为：阳春白雪式的严肃文学，消遣娱乐式的通俗文学，雅俗共赏式的调侃文学，将在北京各显身手②。京味文学的兴盛，促使"京味"从文学、影视扩展到日常生活、旅游业、饮食业、国际交往中，派生出京味休闲、京味旅游、京味美食等众多热门"京味行业"③，乃至于和京味文化重组汇成的"京味现象、京味表达"。

不少以京味为主题的作品刻画了老北京人的生存现状，也书写了对逐渐逝去"京味儿"的流连与遗憾。例

---

① 宋秋明、董琦琦：《记忆素与北京城市文化身份——对1980年代京味小说的一种解读》，《北京工业大学学报》2015年第1期，第63页。

② 许自强：《幽默、调侃与新旧京味文化》，《中国软科学》1995年第1期，第128页。

③ 张华强：《故都子民——北京人京味作家笔下的北京人文化性格》，西北大学硕士论文，2010年，第1页。

第七章　传统之后：京味文化的传承建构

如，在叶广芩的笔下，"旗人重礼"是满族文化的一个重要特点，同时也泛化为北京文化的一个重要方面，那就是尊重社会秩序、规范道德伦理、人情的古道热肠等所构成的整体性"文化场域"。这种状态在当下无疑遭受着来自商业逻辑与权力变异的双向夹击，既定的那些文化构成已经千疮百孔，而新的道德尚在建立当中，转型的过程中充满了创伤与阵痛，叶广芩善于捕捉这种时代的讯息并将之铭刻在文字之中，从而在失落的记忆中留影存真。涉及贵族文化的衰落题材，却并没有沦为感伤主义的怀旧；虽然有着剪不断理还乱的眷念，但依然是时代性的书写。她的所有主题都指向了一个追问：在我们喧嚣剧变的时代，如何让传统与时代进行对话，如何激活那些文化与精神遗产中还有生命力的东西，进而使它们成为源头活水连绵不绝灌注而下的涓涓清流①。

可以看出，京味当然不是复制或克隆出来的，而是一种真实的体验与书写。传承、建设乃至消费都需要建立在有生命力、雅俗共赏的前提之下。北京的文化重建，意味着找回失去了的优雅，而不只在营造旅游景点，让人看一个由假古董堆积而成的橱窗式的或舞台化的北京。有学者对北京文化的界定，颇具见解，"从古至今，北京文化在积淀中不断形成，意味着北京文化是一个不断

---

① 刘大先：《温情守望礼仪中国——以京味作家叶广芩作品为例》，《光明日报》2016 年 11 月 8 日，第 011 版，第 1 页。

发展、不断生长的体系。北京文化的内容丰富，形式多样，意味着北京文化是一个容纳百川、足够开放的体系。而北京文化中所包含的种种盘根错节的关系，也意味着北京文化是一个复杂的体系"①。换句话说，应该通过着力实施文化精品工程，运用扶持政策使思想性、艺术性、观赏性俱佳的优秀文艺作品与文化载体脱颖而出，科学合理地引领社会文化生活，同时保证多元化和人本性。

一枝独秀不是春，万紫千红春满园。但是，我们仍然还需要重视一个问题，那就是历史上的京味分化和消费重塑过程中的良莠识别。作为宝贵的地区与民族文化，我们对这一文化模式与形态致以敬意与温情。但是，不可回避的是，京味文化中也有很多不健康的内容、落后于时代的观念和已经被淘汰的文化因素，不少内容是虚实相生、真假难辨的。实际上，这也呼应了上文所说的不可盲目"复制、克隆或复古"，而要有选择地进行一种良性建构与推广，更加适应于现代社会的发展节奏与匹配模式。客观来说，旧的胡同民居建筑在当下北京大多已经衰败，市民大多数都比较向往现代化、服务便捷的楼房小区，寻求居住条件与环境的更新，这是一个事实，也与曾几何时坚守胡同生活的"固执"早已不同，因此京味在建设中需要与时俱进。有学者对此就有评论：

---

① 刘勇、姚舒扬：《谱系学对研究京味文化的意义》，《北京联合大学学报》2013年第4期，第5页。

"正如四合院式的酒店，传统的外衣之下是现代化的经营理念。因此它虽表现出反现代性的姿态，却不能真正意义上抵抗现代性，不过是以反现代性的表象来包装地方文化。作为地方文化的京味文化不可能在真正意义上得到复兴"①。

还有，对于京味文化中不和谐的声音，比如京骂、八大胡同中的寻花问柳活动、颓废固执的顽主老炮儿以及游戏人生、看破红尘、虚无主义、蔑视一切的人生观，更甚至有人把那些耽于享乐，惯走花柳场中，竞逐风月的作为卖弄来标榜，作为炫耀的资本。正如有的学者所论，我们应该逐步清除传统北京文化中的市井、暴戾、攀附和小市民习气，培养起与现代文明大都市地位相称的博大、雍容、雅俗平衡的文化气质，让"斯文扫地"、"脏话泛滥"等现象不再重现②，防止京味的庸俗化、粗鄙化与低质化。

再比如，清代民国时期的庙会文化，民国时期就有人注意到庙会市场的卫生问题："食物有粉灌肠，紫红的颜色，像凝滞着的紫血，一片片的切在平锅里面。老油的煎味难闻的很，加之烂蒜的气息，正是使人欲呕……尤其是脏水样的酸梅汤，黑赤的颜色，腐败的酸

---

① 何明敏：《现代性语境下的京味文化》，《文学与文化》2014 年第 4 期，第 119 页。

② 陈来：《"北京文化"的危机》，《群言》1994 年第 5 期，第 29—30 页。

味。盛酸梅汤是用一个直径尺半大的瓷盘,边缘很脏尘土、滞痕,也许还集有成千万的微菌。一大枚两玻璃杯,是劳动阶级的良好消暑剂,儿童的清心汤。代价是很少,很便宜,然而也许因为贪这个小便宜,便的了不治之病,而丧失了性命,失掉了灵魂"[①]。甚至,假货、劣质货横行。当下北京提倡庙会、发展庙市之时,这些现实问题也需要注意,加强监管。这些内容,作为曾经的文化符号与历史象征或许尚可,但是要大加提倡鼓励就没有必要了——不过,这并不是说要站在显微镜下品判京味文化,而是要以科学、合理与冷静客观的态度来检讨京味真正的"核心内容"。

新时代的号角与节奏驱动了文化的再升级。目前,在北京大街小巷之中,京味要素既有遗留,也有部分复生。京味传承者借助于各类工具与传媒,当代京味一些特质的再创新,敏锐地反映着北京的社会生活和北京人的观念心态,体现出北京城市文化的特点及其发展、变异和延续。传播媒介与方式不断革新,如果以各类文化资源为载体,搭建多种类型、不同层级的文化展示平台。充分运用数字传媒、移动互联等科技手段,构建立体、高效、覆盖面广、功能强大的京味文化传播网络。组织开展文化活动,打造一批京味文化品牌。我想,这是京

[①] 《市政评论》1934年12月,见《北京庙会史料通考》,北京燕山出版社2002年版,第114—115页。

味文化建设的路径之一。

消费动力不足,既有文化消费习惯的问题,也有消费者可支配收入提高的问题,更有社会保障完善的问题。确实,由于部分文化产品消费成本过高,"从北京文化消费的人群来看,居民收入水平的差距导致文化消费支付意愿和支付能力的差别。目前文化消费呈现明显高端化的趋势,中低收入人群难以承担高额的费用"[1],真正具有市场吸引力和受群众欢迎的文化精品与普世性文化产品仍然相对短缺。相信,在政府—市场"两只手"共力协作下,通过市场化运作,宣传民族文化和北京特色文化品牌,打造文化消费平台,可以促进优质京味产品不断涌现。比如,根据《中共北京市委关于发挥文化中心作用 加快建设中国特色社会主义先进文化之都的意见》的要求,在整合资源的基础上,每年统筹资金100亿元,用于支持首都文化发展。充分发挥市场机制的作用,着力培育500家骨干文化企业、100家文化上市公司、50家百亿级文化企业集团、3至5家千亿级文化企业集团,形成政府资金引导、社会资本参与、文化资源优化配置的投融资格局。[2]

---

[1] 本报记者·温源:《激活文化消费 北京应带什么头?》,《光明日报》2013年9月17日,第1页,第016版。
[2] 《中共北京市委关于发挥文化中心作用加快建设中国特色社会主义先进文化之都的意见》,《北京日报》2011年12月26日,第001版,第5页。

另外，由于北京人口结构的复杂性、知识层次的复合性与文化敏感的梯度性，消费者的需求千差万别，"以目前北京的发展态势来看，现代新兴产业、高科技产业、文化产业以及青年人趋之若鹜的流行时尚生活方式和文化消费趣味，均使传统与现代之间很难实现完全的协调发展"[1]。因此，更应该立足差异性和针对性，按不同地域、不同年龄、不同收入的消费群体加以细分，充分调研，了解各类需求，适应时代新变化，并把这些信息传递给文化产品生产经营者，鼓励创新，打造一大批京味文化精品，实现资源和需求的无缝对接，释放出蕴涵内部的消费动力资源。如此而言，那些具有城市特质的传统元素、典型符号，通过严谨的规划设计，巧妙贴切地融入到现代空间中去，不能"只是京味的幌子而无京味的实质内容"，使城市更有底蕴，更有风格，更有性格。

消费文化促进京味文化的延伸，重塑京味又给文化消费提供了消费对象。可以看出，京味文化的消费与重塑，尚有很长一段路要走，也只有在严谨规划与自然延续的过程中才能有效地消费与重塑。这条逻辑相继的"建设之路"尽管很艰难，但却是前景可期、价值深邃。无论是基于何种标准，"一个古老的文化传统能够延续下来，一个

---

[1] 张宁：《透视北京"传统"与"现代"之间的协调发展》，《北京史学论丛》，2017年版，第19页。

久远的文化记忆保持下来，一批古代的文物仍然在闪闪发光，一批地名、街名、老字号、老产品、老的风俗习惯延续下来，这是非常可贵的事，也是文化爱国主义与文化软实力的体现"①，这是非常重要的京味张力。

建构本土化京味与时尚体系，观照本土文化价值观、传播积极的生活态度理念才是更为有效和贴合实际的对策。总之，京味的消费与重塑和京味的传承与建设，构成了一个逻辑相继、轨辙延续和思路明晰的发展路径，也是在京味现实和城市沿革的理念上可以合理实施并完善的一种文化模式，相信可以在时代变奏中开拓京味发展新空间。

第四节　百年演进与当代发展

京味的历史性与文化性双向互动，构成了一条百年演进的轨迹。枯燥驳杂的现象在共时性和历时性的平衡中昭示着变动的路径，抽取出本质性认识：缺少传统资源的变动必然是无源之水、无本之木。但历史也证明了，不能容忍任何形式先验的预设，在规律中照样反对不同形式的顽固自守。京味的过去与故事在当下虽时时被表达或书写，然而并不是如复制般、原封不动地刻画历史，

---

① 王蒙：《北京的文化与记忆》，《光明日报》2012年1月20日，第009版，第1页。

是一个不断形成传统的过程。京味新旧要素，之间的张力，就是一个旧传统瓦解而新传统生成的微妙演化。

社会的发展最终是要以文化的进步来体现的，文化的繁荣是社会发展的标尺。北京集体记忆的"内层"与"内涵"，在历史变革中逐步抽象为北京元素、北京性格。换言之，精神文化或历史文脉是城市文化结构系统中的最高层次，是城市文化的内核或深层结构。① 留住城愁、留住回忆与在传统中有时尚、在时尚中有传统，京味之风是在当下都市快捷模式下的一抹晚霞，也是一个不可替代的文化认同驱动力。当下城市节奏的变化与京味文化的升级，显得愈发重要。

作为京味主体老北京人的失落与孤独，不是地区文化的独特个例，这一现象背后揭示的是城市化问题带来的普遍性弊端。虽然我们不能也不合适持"批判之剑"对城市化过程予以否定，但是在发展模式的框架内，不断科学调适与融合，却也并非没有可能。为了便于理解其中的关联与逻辑，我们可以从历史、现实、未来和价值四个维度来展开分析。

第一，历史维度。

从过去的角度来说，京味文化的基础是在皇家（宫

---

① 《传承历史文脉是可持续发展的重要基底》，《北京日报》2014 年 5 月 5 日，第 019 版。

廷）文化、士人（精英）文化和市井（民间）文化之间实现着某种微妙的平衡。这一客观造就的格局到了民国时期也并非猝然崩解，居上皇权的摧折没有直接改变文化赖以生存的根基，而需要一个长时段的过程。等级观念、贫富分化、权力导控乃至各类传统的影子，时不时地在现代化步伐中吸引着文化内容的修正。

1949年之后，京味文化发生了革命性的变化，这一进程不仅是融合了苏联色彩、大院文化、红色文化和政治要素，更为突出的是传统性在发展中逐步被剥离，尽管有一些曲折与不和谐的要素，但是京味仍然实现了健康、向上与整合的历史特质。

第二，现实维度。

从当下京味文化的发展来看，1978年改革开放之后的成果充分体现在作为物质文化的城市建设和作为精神文明的北京文化之内，方方面面，构成了京味在主旋律和多彩社会生活之间的脉动与活跃。随着城市发展的进一步升级，京味文化客观上已经难以追随高增长、新常态的局势，显得有一些"畏缩不前"。快节奏、多媒体与不断新生的文化内容，难以有机地与原有的京味特色融合贯通，呈现出某种新旧分野。

如果以群体来划分，京味似乎是胡同大爷、街巷之间的老北京的专利，而"趋新"的青年人，面对光怪陆离、五光十色的新文化，则展现出惊人的好奇心，对于那些象征过去的京味，则有一些兴致索然。其实无需指责，文化的消长总是与社会环境配套互动的，生活模式的改变，京味不能得到有效地认同与传承，核心在于文化内容的滞后性。

第三，未来维度。

立足过去与当下、展望未来，京味的发展与转型应该呈现出什么样的路径呢？商业文明与城市化形塑下的市民生活与思维观念，需要创新性的"文化刺激"，也需要依托于新的传播媒介。"老北京"一代不断凋零，但是现代的青年人在多年后又成为后来者眼中的"老北京"，这提示我们的是，文化尽管看似相对固定，但其中演变的轨迹往往是春风化雨、润物细无声的。如果不能在动态的视野中审定这一问题，得到的结果与提出的建议很难得其要领，甚至可以说相差甚远。一流的图书馆、歌剧院、音乐厅等文化载体，形式多样的文化周、文化活动[①]和文化主题旅游也如雨后春笋，但是立足于消费层面，仍然还有较大空间可以继续开拓、不断深化。

---

① 如已经有的北京文化惠民卡、北京惠民文化消费季、北京文化周、文化产品促销、文艺院团剧场影院补贴、税收返还、文化精品补贴、老字号品牌开拓海外市场、演出展览、24小时书店、特色图书馆、北京国际音乐节、北京国际戏剧·舞蹈演出季、"相约北京"联欢活动、北京中国广告节、北京国际图书节、北京国际摄影节、北京国际青年戏剧节、青年京剧演员北京擂台邀请赛、北京国际书画双年展、北京国际芭蕾舞比赛、寻找北京最美丽的乡村等。

第四，价值维度。

京味是一本延续百年的文化之树，也是充满了各种回忆与遗迹的综合体，价值界定与明确化是京味发展的必要路径。京味文化是历史的产物，又给历史以巨大影响。京味文化的活力如何，对社会的发展起到重要的作用。要"重视修史修志，让文物说话，把历史智慧告诉人们"，注重北京记忆的书写与呈现，传承记忆和彰显价值。到了 21 世纪的今天，文化形态呈现出高度多样与繁荣的局面，我们应该赋予京味新的历史使命，塑造一个扬弃历史传统而又充分体现时代精神、立足本国而又面向世界、层次贴合主旋律而又百花齐放的文化系统，并努力在新时代迸发出京味新的生命力与文化前景——这也是首都文化真正的魅力所在。那么京味的风情该何处落脚，凸显其价值？

规模化促进文化资源的整合，品质化提高京味的认同度。序列化、科学化文化引导，促进京味在新时期的新发展。针对性、有效性的对策提出，不断使得京味再度繁荣，提高民众的精神世界与深度广度，为社会主义文化建设助力，为打造北京的文化品牌提供京味的思想资源，将影视、设计、音乐、美术等文化艺术元素与生活消费充分结合，以高附加值的文化产品和服务延长文化消费链条，要让高质量、高水平的文化产品与服务成为有利可图的好"生意",而不是沉重的"包袱"①。在多轨模式的前进之下,京味的内容、生机与方向性相信会得到很大的改观。并且,在全球化及所谓后现代文化的到来,使得文化模式更趋差异多样、物化和碎片化,虚无主义的焦虑与文化的繁盛如影随形,保持文化自主性和民众认同性,赋予京味独特的民族价值,也是具有迫切性的。

图7—3 四合院里的安静

---

① 本报记者温源:《激活文化消费 北京应带什么头?》,《光明日报》2013年9月17日,第016版,第3页。

第七章 传统之后：京味文化的传承建构

北京作为全国文化中心城市，应当超越一般文化城市的范畴，并提高到全国文化中心城市的战略高度思考和规划文化建设发展①。不一样的文化，不一样的气质和不一样的尊严。只有不断传承与建设，京味文化方可持之久远；只有合理地消费与重塑，京味文化才能具有生机，活化起来，真正见天光、接地气、得人心，既能"走出去"，也能"收回来"。正如《北京城市总体规划》（2004年—2020年）中所说：弘扬历史文化，保护历史文化名城，形成传统文化与现代文明交相辉映、具有高度包容性、多元化的世界文化名城，提高国际影响力。

也就是说，在多层次、科学化的政策引导下，京味文化的价值界定不断与人文北京、科技北京、绿色北京的战略相配合②、再延伸，与文化名城的价值取向不断合流并进。同时，"亟须培养新的消费增长点，激发文化消费的促进带动作用，为北京经济稳定增长作出新贡献"③，体现出国家文化价值导向和国家文化的发展方向。在全球化背景下，促进中国与世界文化的融合，吸

---

① 李建盛：《文化发展看北京》，《人民日报》（海外版）2016年7月26日，第005版。
② 《中共北京市委关于发挥文化中心作用　加快建设中国特色社会主义先进文化之都的意见》，《北京日报》2011年12月26日，第001版。
③ 本报记者温源：《北京：文化优势怎样转为消费强势》，《光明日报》2014年8月28日，第014版。

收世界文化的优秀成果,不断提升城市综合竞争力。

日新月异,流质易变,各种技术与社会思潮层出不穷,在流行不断忘却与告别的年代,亦但愿我们尚未失去京味记忆的能力。总而言之,传承、建设、消费与重塑四步战略与有机协同,更是京味文化在新时代被认同和产生社会影响的必要路径。当然,文化类型与文化内容的超越与建构,不仅仅是作为地区性京味文化保存的历史使命,也是中国民族文化复兴与走向世界的宏远目标。

小　结

文化多元和文明多样性是人类社会发展演变几千年来的客观现实,构成了当今世界的基本特征,也是推动人类继续前行的重要动力。人类历史发展的过程,就是各种文明不断交流、融合、创新的过程。历史上各种文明都以各自的独特方式为人类进步做出了贡献,共同点缀了异彩纷呈的世界文化大花园。从长时段来看,北京在成为古代都城之后,皇家宫廷文化、传统士人文化、不同宗教文化以及市井草根文化等多种文化形态相互交融、影响。让文化与人相遇,让人与文化相知,是一个时代"文化引航"的大问题[①]。

[①] 张砥:《让"书香北京"涵养城市文化氛围》,《北京日报》2018年7月20日,第003版,第1页。

第七章　传统之后：京味文化的传承建构

从 1949 年之后共和国初期社会建设所期许的"楼上楼下，电灯电话；耕地不用牛，点灯不用油"，到如今"高楼大厦、车水马龙和人力极大解脱"的现代性生活，新式生活与价值观逐步取代了原来幽深的胡同巷里、静谧超然，那么京味的延展与承继便更应有一个良性循环的模式。在全球化进程的趋势下，国与国之间在政治、经济贸易上互相依存，文化更是凸显民族性的内部要素。切莫让传承吆喝叫卖，守住京味文化甚至成为某种口号与奢侈。

作为政治中心的京师具有明显的发展优势，京师文化的特征是多元性，多元文化在兼融、混融之后形成了独具特色的京味文化。历史的车轮迈进了新世纪、新时代，也面临着新机遇、新挑战。作为京味文化的塑造者、参与者和建设者，如果要深入落实首都城市战略定位，建设国际一流的和谐宜居之都，必须把文化的传承、建设、消费与重塑置于都市发展的脉络规划之内。传统的市井文化既有顽强的生命力，又有充满智慧的创造性。文化多样性的魅力，也是城市特质的前提和意义所在。京味的跨越与张力，也应成为北京（首都）文化建设的题中之意。

结语——京味文化之断想

何人不起故园情?

流年似水时光一去不复返,狭窄而幽深的巷子中央,曾经有"我"的故乡和少年时候居住的地方。土耳其诗人纳其姆·希克梅特曾说:"人生有两件东西不会忘记,那就是母亲的面孔和城市的面孔"。随着岁月的变迁,北京城的样子一直在变。毫无疑问,城市是人们的集体记忆和共同符号,其蕴含的要素和多元可能犹如一个被折射的光束,所形成的光谱构成了一个普罗大众鲜活的历史、文化、心理和行为的美丽图景。

像每个人都有自己的性格一样,北京也有其性格特征。北京是中国历史上的一座重要舞台,兴替起落,许多人物、事件在此牵连、扮演,具有独一无二的文化禀赋。天子故地,万方来朝,观古今于须臾,抚四海于一瞬,《春秋公羊传》曰:"京师者何?天子之居也。京者何?大也。师者何?众也。天子之居,必以众大之辞言之"。《汉书·儒林传·序》中言:"教化之行也,建首善自京师始,由内及外"。京师位居首善之地,自然有其重要的功能。北京作为传统时代的核心位置与意义,通畅顺达,主要表现为它是国家主流文化的辐射源,其文化强度集中体现了国家和民族的文化理想和精髓。同时,壮丽的古都景观,丰富的历史文化资源,浓郁的京味文化,让这座城市彰显着独特的历史文化风貌与城市魅力。

正如彼得·海尔所说:历史是一出没有结局的戏,每个结局都是这出戏新情节的开始。街谈巷议的四九城称谓饱含了人们对北京文化、情怀以及安静和谐氛围的怀念。近代以来,城市人的"乡愁情结"与乡村人的"城市渴望"在发展中构成了文化的两极结构,乡民进京与市民思乡同步进行、潜滋暗长。"我的故乡不止一个,凡我住过的地方都是故乡",铁打的北京流水的北漂,北京不拒绝追梦人,诸多青年人从四面八方来到北京。面对忙碌的、拥挤的、现代的新北京,音乐人汪峰《北京北京》的歌词写得好:

> 除了发动机的轰鸣和电气之音,我似乎听到了它烛骨般的心跳;咖啡馆与广场有三个街区,就像霓虹灯和月亮的距离;人们在挣扎中相互告慰和拥抱,寻找着追逐着奄奄一息的碎梦。

1924年,周作人在其文《故乡的野菜》中写道:

"现在我住在北京，于是北京就成了我的家乡了"。寓居北平识京味，听到的是南腔北调，吃到的是东辣西酸。来京追梦的多数人往往具有一定的学历或较高的文化素养、知识技能，他们主要寻求在文化产业、高新技术产业等领域一展抱负。的确如此，北京城市的规模迅速扩张，商业发达，就业机会较多，对各行各业劳动者有着非常强烈的吸引力。客观来讲，北京聚集了各种社团、企业和机构，包容了不同文化、职业、语言背景的居民，人们的活动趋向于专业化，居民的知识水平和技能比乡村居民高，这是一个不容争辩的事实。

如果视野扩大到全球化的发展历程之中，会发现作为民族文化的京味微妙地沾染着东西交合的图景。西方世界自1500年之后，诞生出新的生产方式和政治制度，但是与东方的差距缩小到最终超越东方，大致在18世纪时期。当米兰、佛罗伦萨、巴黎、香槟、伦敦、慕尼黑等城市嬗变为贸易、消费、制造与娱乐中心时，东方的城市仍然有条不紊地刻画着农业文明的节奏，这种强势的"文明扩张"不免影响到古老帝国的秩序。与农耕时代社会的相对静止有所区别，19世纪后半叶以来，被动型现代化的进程形塑了北京的风貌，同时也在转型交通历程中再次丰富了京味的内涵与外延。

京味文化的灵雅素淡与光怪陆离，既有胡同的雅致、四合院的静谧、老街区的古朴、茶馆的清香，也有技术进步的光影、快速的生活节律、急切的寻梦之旅以及令人探寻的都市图景。至今，我们行走在老北京的角落，观看着流动的四季之色，仍可以设身处地追溯起古人的情愫与追寻。百多年来老北京的京味文化，在传统城市社会缓慢走向现代化都市的进程中，总体趋势是走向衰落，却也别有几分多元多样的情调。文明的进化，伴随着血与火。北京城市的近代化历程，亦是在屈辱中艰难进步。传统中国的城市文明与西方式的城市管理大相径庭，究其原因在于城市功能客观上有商业贸易之作用，但是主要还是军事与政治功能，对于京师来说更是如此。在清王朝崩溃前夕的社会画卷中，八国联军侵华无疑加重了古老中国悲苦的味道。不得不说，京味有时候是苦涩的，也不那么光鲜亮丽。

京味文化是一个体系庞大与内涵厚重的文化世界，实实在在与北京城市相伴而随存在了百多年，并自始至终沿着自身的发展规律、形成机理乃至外来因素进行着创造与扩展，最终在动态中变革为一个中西交融、雅俗共赏和具有生命力的文化模式。在浩如烟海的典籍中，京味文化在很大范围内支撑着一个城市的品格和气质。

回首近代北京的往事，在多次残酷的洗礼中逐步长大、成熟。可以预见，现在以及不远之后的北京，已经不仅仅是曾经旗人老爷的北京，也不仅仅是老北京人的北京，而是"我们"的北京，一个拥有2000多万常住人口的超级大都市。即，无论你是旅居北京还是常住北京，对于每位个体来说，京味不是一种户籍，也不是一种身份，而是一种感悟、认知乃至生活——一种自由、平等与舒适的人居环境。

不可否认，对北京的认同程度肯定是有所差异。但是关于这座古都的城市记忆，深深烙印于曾游历或久居北京人民的记忆中，京味文化与底蕴色彩自觉地渗透至老北京的血液中、北京城的性格内——

三千多年历史变革，八百年来岁月如歌；古城煌煌称名于世，文化遗存千古流传；皇家巍峨遍布坟籍，市井气息氤氲街市；客行旧道感染胜景，北京风物低吟诉说。

永定门不永定，崇文门文气失，古城旧事或成陈迹，新北京的韵味喷薄而出。当下北京的状貌是我们这一代人的集体记忆，京味又将是北京人的文化标识与精神坐标。那么，京味如何久长与延续呢？我想，这在于每个北京人的努力。如今的北京人构成已经与老北京时代不可同日而语。北京"辐辏万方"，来自全国各地的人生活在原汁原味的北京，品尝着北京的美食与风情，感受着北京的城市声音与内心世界，"北京人与北京味"逐步融为一体，成为一个城市文化整体的社会景观和兼容开放的特质。

从京味文化到京味情结，深刻显示出京味作为一种生活标识的内在意义。可以说，兼具现代都市特征与传统坊市色彩的北京街区胡同，哺育和滋养着一代又一代北京人。在这里，有着数千年的历史沉淀和韵味，它们的距离如此遥远。在这里,也有着百多年的沧桑变化与社会流转,它们与我们又是如此接近。

通过以上对于京味的描述,我们可以看到京味的博大与兼容特征。既含蓄,又开放;既高雅,亦市井;既通达自在,同时避免不了些许保守。社会急剧变化,城市不断扩张,人口高速流动,都是历史变迁中或轻或重的痕迹,北京城却岿然不动,见证着诸多悲欢离合、兴盛衰落和伟大渺小。在那些极具民间色彩的瞬间里,京味描摹着过去一幅幅美丽的历史片断与图景。老北京人眼中的京味,已经极度蜕变。甚至,街巷胡同中对现代化充满排斥的村姑,也闲情慨叹着世风的低落——尽管这完全不能改变京味走向现代、走向未来。

京味,一种别样的味道。如今,北京拥堵的汽车给城市高速发展的节奏带来了些许迟缓体验。当时代的光影与火炬照在北京城市的角角落落,我们每个人生活在北京的大街小巷。胡同里磨剪刀的老大爷,走街串巷的剃头匠,偶尔闹市可见的耍杂技,京味文化与老北京风度鲜活的身影,在现实中以另外一种方式被传承。城市化急剧扩张,京味文化在现代化的见证下风光喜悦地揭开新序幕。自然京味的活力再次升华至另一个境界,伴随着传统文化的香火,奔驰出另一种城市性格。

逛戏园子,听京剧,看法源寺的丁香,体会北京味儿。1925年孙中山先生去世后停灵的碧云寺,依旧人声鼎沸。仿佛"磨剪刀、剃头喽、捐碗儿"的街巷叫卖,京味在时间流变中绽放出美梦之花。假设你再次行走在后海，穿梭于胡同，徜徉于古巷，问道于学府，驻足于老字号，攀爬在八达岭，漫步于颐和园的林荫小道之时，我想：在这个流质易变、不断忘却而奋力前行的快节奏时代里，希望我们都能秉持和珍视具有"京味"的生活记忆……俄国著名文学家契诃夫曾说过一个隽永的小句：

> 一个人一生中只要见过一次北雁南飞，他就再也做不成一个城里人了，他将至死都向往那种自由的生活。

海派文化涤荡着京味的雄浑，本书开头所言的城愁，或许就是一种类似于北雁南飞的温度与追忆。阎肃在《故乡是北京》中写道：唱不够那红墙碧瓦太和殿，道不尽那十里长街卧彩虹。只看那紫藤、古槐、四合院，便觉得甜丝丝，脆生生，京腔京韵自多情；唱不够那新潮欢涌王府井，道不尽那名厨佳肴色香浓，单想那油条豆浆家常饼，便勾起细悠悠，密茸茸，甘美芬芳故乡情。一座古城的老街情怀，一个城市的历史文脉，京味就是持之久远的城市之根。城中的乡愁远去、田园远去，而京韵、京味却以别样的形式不断传承和发展。遥望星空与城市光影，人生如逆旅，何处是吾乡？歌词是朴素易懂的："走遍了南北西东，也到过了许多名城。静静地想一想，我还是最爱我的北京"，北京就是故乡。

哪里也不如北京，哪里又比得上北京呢？那可不是，翻开书页驻足于北京的午后，春夏万物并作，秋冬木叶凋零，颐和园清爽的小风，依旧是曾经生活在这片土地上人们欢喜的温度。这应该就是古都的生命力，也是京味文化的厚重与深沉。或许一切主角终有尽头，可京味却似乎永远未完待续。如人饮水，冷暖自知。落花流水去，四九城的故事，街谈巷议，不断成为谈资。

可以说，京味文化为我们打开了一扇了解历史与社会的小窗，在时代变迁与光影中，在各色驳杂里，或许就蕴涵着文化的另类滋味。京味，就是这样一个延续不断而持之久远的生活体验与心灵归宿。

参考文献

李淑兰：《京味文化史论》，首都师范大学出版社2009年版。

王勇编著：《京味文化》，时事出版社2008年版。

黄萍荪：《北京史话》，子曰社1950年版。

习五一：《老北京的庙会民俗》，北京出版社2000年版。

习五一、邓亦兵：《北京通史》第9卷，北京燕山出版社2012年版。

孙冬虎、王均：《民国北京（北平）城市形态与功能演变》，华南理工大学出版社2015年版。

刘仲华：《世变、士风与清代京籍士人学术》，中国人民大学出版社2013年版。

董玥：《民国北京城：历史与怀旧》，生活·读书·新知三联书店2014年版。

徐雁：《中国旧书业百年》，科学出版社2005年版。

陈平原：《北京记忆与记忆北京》，生活·读书·新知三联书店 2008 年版。

赵园：《北京：城与人》，北京大学出版社 2002 年版。

徐城北：《转型艰难的老字号》，新世界出版社 2007 年版。

孙殿起辑：《琉璃厂小志》，北京古籍出版社 2001 年版。

史明正：《走向近代化的北京城——城市建设与社会变迁》，北京大学出版社 1995 年版。

朱耀廷主编：《北京文化史研究》，光明日报出版社 2008 年版。

甘海岚：《老舍与北京文化》，中国妇女出版社 1993 年版。

季剑青：《重写旧京：民国北京书写中的历史与记忆》，生活·读书·新知三联书店 2017 年版。

吴建雍等：《北京城市生活史》，开明出版社 1997 年版。

王亚男：《1900—1949 年北京的城市规划与建设研究》，东南大学出版社 2008 年版。

王一川主编：《京味文学第三代：泛媒介场中的 20 世纪 90 年代北京文学》，北京大学出版社 2006 年版。

袁熹：《近代北京的市民生活》，北京出版社 2000 年版。

李少兵、齐小林、蔡蕾薇：《北京的洋市民：欧美人士与民国北京》，北京师范大学出版社 2016 年版。

［美］韩书瑞：《北京：寺庙与城市生活（1400—1900）》，稻乡出版社 2014 年版。

赵世瑜：《狂欢与日常：明清以来的庙会与民间社会》，北京大学出版社 2017 年版。

于润琦：《文人笔下的旧京风情》，中国文联出版社 2003 年版。

李淑兰：《北京史稿》，学苑出版社 1994 年版。

刘小萌：《清代北京旗人社会》，中国社会科学出版社 2008 年版。

翁立：《北京的胡同》，中华书局 2017 年版。

岳升阳、黄宗汉、魏泉：《宣南：清代京师士人聚居区研究》，北京燕山出版社 2012 年版。

王升远：《文化殖民与都市空间》，生活·读书·新知三联书店 2017 年版。

王玲：《北京与周围城市关系史》，北京燕山出版社 1988 年版。

王建伟：《北京都市空间中的历史文脉传承》，中国社会科学出版社 2016 年版。

后　　记

　　现代化与全球化的"魅影"逐步介入寻常百姓家，正因文化的日趋多元性和复杂性，衍生出诸多根源于文化基准之上的社会问题。在地区文化认同度与特色性逐步降低的今天，如何书写每个人曾经体认和经历的原乡故事与生活回忆并科学地提升总结，是当代中国文化参与者、创造者与从业者需要关切的重要层面。京味作为北京文化中最具生命力的特质，对当下北京的发展仍然具有深远的影响，无疑是一个学术价值和现实意义兼备的时代命题。

　　人们对于原乡与过去的怀旧，是一个可持续性与富有变化的心理状态。而对于北京人来说，京味恰恰弥补了在现代化与全球化交织状态下所面临的一些精神空虚与手足无措。尽管目前一些京味文学对于过去的描写不见得那么真实与合理，缺乏择取而全盘肯定，存在着不少问题，或曰有一种"乡愿"气息，但这其实也深刻反映了社会各界对于京味要素的多重挖掘与文化价值有了重新的评估和多方向的源流寻根。

京味的形成既是一个历史过程，也是一个文化过程，这就意味着京味不仅与历史事实不可割离，而且与各色文学创作互为表里，共同构成了京味的"万花筒与西洋镜"。历史是一个京味的显微镜，虽然不一定能够见微知著，但是可以探寻出京味的底色与风韵。京味又是历史的折射镜，尽管近代中国历史所投射的图谱带光怪陆离，但是京味仍然突出了历史的文化主线与演进特征。历史与文化两种图景与旋律不断叠加，就是现代京味文化一种别样的沉淀与镜像。

此种"京味"，是一个共享开放的文化体系，可以品尝，可以感悟，可以触摸，也可以书写。作为个体的"我"确实不是一个北京人，也不属于宽泛意义上的"北漂"与"追梦者"，没有"土著"的珍贵回忆，也缺失一种日常观察的涓滴印象。只是，试图从"他者的眼光"与"历史的光影"之中，对于自我理解的北京文化，做一个长时段的勾勒和描述，在创作层面应该是有某种平等性的。

这本小书立足于百年来京味文化的全景扫描，是在前人丰厚记录和研究基础之上进行的一个关于北京文化的新思考与再整合。不过，当然仅仅是一个初步尝试。在复杂纷繁的文化脉络建构与描摹中，虽有多种论著珠玉在前，但依旧不可避免会出现这样或那样的问题，希望读者予以纠正、批评和补充。行文至此，需要特别感谢北京师范大学的沈湘平、杨志、常书红等先生,没有他们的鼓励、信任与支持,笔者是不可能完成本书的。